LA POUSSÉE SENSORI-MOTRICE

ZENA HELMAN

Professeur de Psychologie pathologique à l'Université de Lille

LA POUSSÉE SENSORI-MOTRICE

PSYCHOPATHOLOGIE STRUCTURALE
ET ÉLECTRO-ENCÉPHALOGRAPHIE

— CHARLES DESSART, ÉDITEUR —

2, GALERIE DES PRINCES, BRUXELLES

DU MÊME AUTEUR

Rorschach et électro-encéphalogramme chez l'enfant épileptique
   Presses Universitaires de France, 1959

Activité électrique du cerveau et structure mentale en psychochirurgie
   P.U.F., 1959

© Charles Dessart, Bruxelles 1971

AVANT-PROPOS

> « *La généralité doit ressortir
> du fond même de l'analyse.* »
> Claude Bernard

La poussée sensori-motrice nous apparaît aujourd'hui comme un phénomène central dans l'étude des traitements biologiques pratiqués en psychiatrie. Elle comporte l'observation de tout un ensemble de modifications de la structure mentale, auquel correspondent des variations dans l'enregistrement de l'activité électrique du cerveau.

Elle est issue des développements d'une psychopathologie structurale, après sa confrontation avec l'électro-encéphalographie.

Elle s'appuie sur une méthode des variations comparées psychologiques et psycho-biologiques, qui s'ajoute à l'étude des cas typiques en psychopathologie. Elle représente la pénétration d'une analyse structurale dans les processus évolutifs. Elle comporte l'introduction de conditions expérimentales dans des investigations d'inspiration clinique.

Les premières recherches joignant une analyse de la structure mentale à l'E.E.G., nous les commencions il y a une vingtaine d'années, en confrontant le Rorschach et le dessin avec l'examen électro-encéphalographique chez des enfants épileptiques. Dans ce domaine, des perspectives psychopathologiques et typologiques rencontraient celles de la psychologie génétique. Les résultats dépassaient le cadre de la maladie étudiée, en soulignant son intérêt comme point de départ. Quelque temps après, l'abord par la même méthode de malades mentaux soumis à des interventions psychochirurgicales s'enchaînait avec le travail sur l'épilepsie, tout en apportant des conditions de recherche et des données nouvelles, d'où naissait la notion de poussée sensori-motrice.

Sur la voie ainsi ouverte, nous devions ensuite nous adresser à d'autres thérapeutiques psychiatriques biologiques et, parmi elles, nous attacher longuement à la cure de sommeil. Après les premiers travaux poursuivis au Centre neuro-chirurgical Sainte-Anne et auprès de la consultation médico-psychologique pour enfants de Henri Wallon, nous avions la chance de trouver dans le service spécialisé du Dr Émile Monnerot un accueil, une aide et des ouvertures qui allaient largement favoriser une étude sur la cure de sommeil. Celle-ci nous apportait des conditions d'observation déjà bien différentes et des variations beaucoup plus fines que les modifications massives qui avaient constitué notre première expérience. C'est de cette étude, au cours de laquelle la méthode psychologique s'est diversifiée et élargie, que sont tirées les observations qui figurent dans le présent ouvrage.

Dans celui-ci, nous voulons faire la synthèse de ce qui se dégage des résultats obtenus jusqu'à présent. De la psychochirurgie aux électrochocs et aux comas insuliniques, de la cure de sommeil aux neuroleptiques, la notion de poussée sensori-motrice trace un fil conducteur. C'est elle, plus qu'une thérapeutique médicale particulière, qui fait en premier lieu l'objet de ces travaux.

A eux, d'autres études se joignent. La direction du Groupe auquel nous avons donné le nom de Françoise Minkowska, après sa mort en 1950, et des *Cahiers*, paraissant depuis 1958, avant l'enseignement de psychologie pathologique à l'Université de Lille, fait partie de ce cheminement, dont nous essayons maintenant de faire le point.

Puisant à un courant, où le langage et l'expression jouent un rôle fondamental comme voie d'accès aux phénomènes psychiques et où la notion de forme mentale s'élabore à l'intérieur de la psychopathologie, nous essayons de voir comment se posent aujourd'hui des problèmes tels que : structure et évolution, type et variations ; signification des instruments méthodologiques ; croisement entre les données psychopathologiques, psychogénétiques et psychobiologiques ; rapports de base avec la psychiatrie clinique, dont cependant la psychopathologie et l'analyse structurale se différencient, en dégageant des perspectives qui leur sont propres.

CHAPITRE PREMIER

La poussée sensori-motrice, son étude dans la cure de sommeil

Au cours des recherches sur la psychochirurgie que nous entreprenions en 1950, nous dégagions pour la première fois une notion qui doit aujourd'hui nous aider dans la compréhension de l'action des divers traitements biologiques appliqués en psychiatrie, dans celle des modifications psychiques dont on essaie de suivre l'évolution, dans l'abord expérimental de certaines relations psychobiologiques. A travers cet ensemble — lui-même connecté à d'autres études qui s'y apparentent ou convergent avec lui — elle prend sa place dans la poursuite d'une psychologie structurale qui fait une large part à l'expression et prend appui sur la psychopathologie.

La notion qui est venue donner sa signification aux modifications que le Rorschach et le dessin montraient après lobotomie — concernant le comportement, le mode de vision, le langage et l'expression plastique — est ce que nous avons appelé la « poussée sensori-motrice », réunissant sous ce terme des variations qui s'orientent vers le pôle épilepto-sensoriel ou sensori-moteur de la personnalité [1]. Ces variations qui conduisent vers une vision plus concrète de la réalité et un contact plus proche avec l'ambiance, constatées chez les différents genres de malades psychiatriques soumis à l'intervention, prenaient un relief particulier chez les schizophrènes, en contraste avec le fond mental sur lequel elles se produisaient, dominé par l'abstraction, l'immobilité, l'éloignement, la coupure.

A l'E.E.G., on inscrivait en même temps des perturbations post-opératoires sous forme de potentiels lents et amples, de morphologie surtout monomorphe, importants sur les régions frontales, qui pouvaient aller jusqu'à des bouffées sinusoïdales plus ou moins paroxystiques.

Nous voyions ainsi se produire simultanément une hypersynchronie

[1] Z. HELMAN, *Activité électrique du cerveau et structure mentale en psychochirurgie*, Presses Universitaires de France, Paris, 1959.

lente et une poussée sensori-motrice. Au cours de l'évolution post-opératoire, on pouvait aussi suivre les variations concomitantes de l'hypersynchronie et de la poussée sensori-motrice : leur régression et éventuellement leur recrudescence quand d'autres traitements, comme les électrochocs ou les comas insuliniques, étaient pratiqués quelque temps après la lobotomie.

Ce que nous voyions en comparant des examens pré et post-opératoires à l'occasion de ce traitement neuro-chirurgical des malades mentaux s'éclairait par le rapprochement avec l'étude des enfants épileptiques et épilepto-sensoriels, chez lesquels nous avions commencé d'abord notre confrontation du Rorschach et du dessin avec l'E.E.G.[1]

C'est sur le terrain de l'épilepsie que se manifestent, d'une façon non pas exclusive mais saillante, les formes psychiques liées à la structure sensori-motrice et les figures E.E.G. en rapport avec la tendance de l'activité électrique cérébrale à l'hypersynchronie.

D'une part, c'est là qu'a pris naissance la description d'un type mental caractérisé par une entrée en contact avec le réel à la fois adhésive et dynamique, se situant à l'opposé d'une pensée qui tend vers l'abstraction et la médiation symbolique. Avec le type « sensoriel » que F. MINKOWSKA oppose au « rationnel »[2] et le type « projectif » ou « moteur » dont H. WALLON rapproche un stade du développement de l'enfant[3], la psychopathologie de l'épilepsie trouvait des prolongements vers la typologie et la psychologie génétique.

D'autre part, parallèlement aux riches applications de l'E.E.G. à la clinique de l'épilepsie, l'électrophysiologie (MORUZZI, BREMER, FESSARD, JASPER) s'attachait à l'étude de l'un de ses mécanismes dominants, l'hypersynchronie : cette tendance excessive des ensembles neuroniques à pulser à l'unisson, qui abolit les résistances synaptiques, aboutit à un fonctionnement grégaire et massif et trouve son point culminant, paroxystique, dans la crise comitiale[4].

---

[1] Z. HELMAN, *Rorschach et électro-encéphalogramme chez l'enfant épileptique*, Presses Universitaires de France, Paris, 1959.

[2] F. MINKOWSKA, *Epilepsie und Schizophrenie im Erbgang mit besonderer Berucksichtigung der epileptoiden Konstitution und der epileptischen Struktur*, 1937. — *De Van Gogh et Seurat aux dessins d'enfants*, Presses du Temps Présent, Paris, 1949. — *Le Rorschach*, Desclée de Brouwer, Paris, 1956.

[3] H. WALLON, *L'enfant turbulent*, Alcan, Paris, 1925. — « La mentalité épileptique », *Journal de Psychologie*, 1925. — « La caractériologie », *Encyclopédie française, La vie mentale*, 8-10-9, 1938.

[4] G. MORUZZI, *L'épilepsie expérimentale*, éd. fr., 1950.
H. GASTAUT, « Les épilepsies », *Encyclopédie médico-chirurgicale, Neurologie*, 1951.

Puissante en épilepsie, la tendance à l'hypersynchronie peut apparaître aussi, plus ou moins marquée et sans avoir le même caractère paroxystique, en dehors des accès épileptiques et chez le sujet non comitial. Elle joue un rôle au cours de la maturation, chez l'enfant malade ou normal; elle tend, en général, à baisser avec l'âge, de l'enfant à l'adulte. Elle intervient dans les périodes lentes du sommeil. On la voit sous l'action des traitements biologiques pratiqués en psychiatrie, que ceux-ci provoquent ou non des crises épileptiques. L'hypersynchronie conduit d'ailleurs au problème général de la synchronisation, avec tous ses degrés et manifestations électrographiques. Les ondes alpha de l'E.E.G. étalon, considéré comme le tracé habituel de l'adulte normal à l'état de repos vigile, supposent un certain niveau de synchronisation, inférieur à celui des ondes lentes hypersynchrones. Partie d'aspects pathologiques, l'hypersynchronie achemine vers d'importants phénomènes de l'activité électrique spontanée des centres nerveux.

Par la confrontation du Rorschach et du dessin avec l'E.E.G., nous établissions une jonction entre des études psychopathologiques et électroencéphalographiques qui s'étaient jusque-là déroulées éloignées les unes des autres. A un croisement de chemins, une autre voie s'ouvrait qui partait, elle aussi, de l'épilepsie.

Les points de départ une fois trouvés, le Rorschach et le dessin, modulés et enrichis par la psychopathologie de l'épilepsie et de la schizophrénie, ainsi que par la phénoménologie du langage (F. MINKOWSKA et E. MINKOWSKI)[1], ont continué à développer leur analyse de la structure mentale au travers de l'expression; en même temps, il devenait possible aussi de comparer leurs variations à celles de l'E.E.G.[2].

Nous devions aborder les recherches sur la cure de sommeil, avec cette méthode d'investigation psycho-biologique élaborée d'abord sur le

---

A. FESSARD, « Les mécanismes de synchronisation interneuronique et leur intervention dans la crise épileptique », *Bases physiologiques et aspects cliniques de l'épilepsie*, Masson, Paris, 1958.

[1] F. MINKOWSKA, *De Van Gogh et Seurat aux dessins d'enfants*, Presses du Temps Présent, Paris, 1949. — *Le Rorschach*, Desclée de Brouwer, Paris, 1956.
E. MINKOWSKI, *Vers une cosmologie*, Alcan, Paris, 1936. — *La schizophrénie*, Desclée de Brouwer, Paris, 1re éd. 1927, 2e éd. 1953. — *Recueil d'articles 1923-1965 : psychopathologie, expression et langage, phénoménologie*, Cahiers du Groupe Françoise Minkowska, 1965. — *Traité de psychopathologie*, Presses Universitaires de France, 1966.

[2] E. MINKOWSKI et Z. HELMAN, « L'évolution des notions en psychopathologie et le Rorschach; ouvertures psychologiques et psychobiologiques », Rapport au *Congrès International de Rorschach*, Paris, 1965.

terrain de l'épilepsie, avec la connaissance des rapports entre les caractères épilepto-sensoriels ou sensori-moteurs [1] et la tendance à l'hypersynchronie que nous avions vu s'établir dans l'observation des enfants épilepto-sensoriels et des malades lobotomisés, avec l'important fait expérimental de la poussée sensori-motrice que la psychochirurgie nous avait permis de découvrir.

Si aujourd'hui les lobotomies sont beaucoup moins pratiquées qu'à l'époque où nous les étudiions, si des traitements nouveaux sont intervenus depuis, l'importance accordée à chaque moyen thérapeutique variant d'ailleurs au fur et à mesure des usages psychiatriques, les notions issues de l'expérience de la psychochirurgie la dépassent et permettent d'aller plus loin.

A la suite de ces résultats, le problème de la présence et du rôle de la poussée sensori-motrice, avec ses correspondants E.E.G., au cours d'autres traitements que les lobotomies se posait.

D'autre part, on était amené à s'interroger sur la possibilité de dégager aussi des variations structurales en rapport avec des modifications électro-encéphalographiques moins massives. Pouvait-on passer de l'hypersynchronie des grandes pertubations lentes à la simple synchronisation de l'activité de base, aux modifications du rythme alpha en particulier? Serait-on en mesure d'apprécier des fluctuations concomitantes plus fines ou plus proches d'une dynamique normale? Il paraissait souhaitable aussi d'envisager ce genre de variations en dehors d'un choc opératoire et des éventuelles détériorations qu'une intervention chirurgicale sur le cerveau était susceptible d'entraîner.

Nous commencions en 1957 à l'Hôpital Psychiatrique de Prémontré, dans le Service spécialisé dans les cures de sommeil hypotoxiques du Dr Émile MONNEROT [2], des recherches qui devaient se poursuivre pendant plusieurs années.

[1] Nous avons adopté le terme « sensori-moteur » en prolongement de ce que F. MINKOWSKA a appelé « sensoriel » et H. WALLON « moteur » dans leurs typologies dérivées de la psychopathologie de l'épilepsie. Par rapport au terme « épilepto-sensoriel », il a peut-être l'avantage de mieux éviter la confusion entre le type de structure qu'il désigne et l'épilepsie-maladie. (Voir aussi à ce sujet : *Rorschach et électro-encéphalogramme chez l'enfant épileptique*, Introduction, p. 21.)

[2] Sur les conceptions et pratiques des cures de sommeil dans le Service du Dr É. MONNEROT, voir : É. MONNEROT et J. LE CLOAREC, « Organisation du sommeil thérapeutique à Prémontré », *Annales médico-psychologiques*, janvier 1955; É. MONNEROT, L. BENICHOU et C. ROBIN, « La cure de sommeil hypotoxique », *Semaine des Hôpitaux de Paris*, n° 7,

Les malades que nous arrivions à suivre d'une façon prolongée nous donnaient parfois l'occasion d'observer aussi les effets d'autres traitements qui pouvaient intervenir après les cures de sommeil, comme après les lobotomies : sismothérapie, cure de Sakel, neuroleptiques. De telles observations continuent aujourd'hui, en particulier sur les neuroleptiques.

Les études poursuivies après celle de la psychochirurgie nous ont montré la portée étendue de la poussée sensori-motrice qu'on voit à l'œuvre, en relation avec des modifications électroencéphalographiques, au cours de traitements variés, aussi divers que ceux que nous venons de mentionner.

La cure de sommeil hypotoxique, avec ses effets moins spectaculaires mais aussi moins perturbateurs, a permis de dégager des variations moins massives que celles provoquées par des traitements comme les lobotomies ou les électrochocs, avec leurs grandes altérations électrographiques, et d'aborder la poussée sensori-motrice et ses fluctuations en rapport avec différents degrés et formes de synchronisation E.E.G.

A travers les examens des malades soumis à la cure de sommeil, nous continuons d'étudier la poussée sensori-motrice, sa nature et ses caractéristiques, ses modes d'action sur différents terrains. Et à travers l'étude de la poussée sensori-motrice, nous nous attachons à certains problèmes qui intéressent la psychologie générale, que nous pouvons ainsi aborder dans une trajectoire évolutive, au cours de variations concomitantes, celles des données psychologiques comparées entre elles et celles des correspondances psychobiologiques. Ici s'inscrivent :

l'impulsion motrice comme facteur fondamental dans la structure de la personnalité ;

la vision en images, ses liens avec le dynamisme moteur, ses rapports avec le langage, son rôle dans l'entrée en contact avec le réel — c'est-à-dire aussi bien dans le mode d'appréhension que dans le sentiment du réel.

Des aspects gestuels, perceptifs et mnémoniques, des problèmes qui se posent sur le plan moteur et sur celui de la représentation, sont étudiés,

juillet 1956 ; Évelyne MONNEROT, Émile MONNEROT, L. BENICHOU et DOCO, « Analyse des rôles respectifs du Largactil et du sommeil barbiturique dans les cures de sommeil potentialisées », *L'Encéphale*, n° 4, 1956 ; L. BENICHOU, *La cure de sommeil hypotoxique en pratique psychiatrique*, thèse médicale, Paris, 1957 ; É. MONNEROT, J. PUECH, L. BENICHOU, C. ROBIN et H. LANGLOIS, « La cure de sommeil conserve-t-elle des indications psychiatriques ? », *Annales médico-psychologiques*, décembre 1957 ; A. CAZÉ, *Alternance d'insuline et de sommeil thérapeutique appliquée à des états schizophréniques en hôpital psychiatrique*, thèse médicale, Paris, 1957.

dans le contexte de nos examens, en relation avec cette trame de fond qu'est la structure de la personnalité. C'est dans cette perspective que des épreuves qui mettent en jeu la psychomotricité, la construction spatiale, la reproduction de mémoire, sont pratiquées en connexion avec le Rorschach et l'expression plastique.

Au cours des recherches portant sur la cure de sommeil, la méthode employée dans les travaux antérieurs s'est élargie, par l'élaboration des données apportées par des instruments psychologiques complémentaires utilisés à côté du Rorschach et du dessin confrontés avec l'E.E.G. : Test myokinétique de MIRA, Figure complexe de REY, épreuve de la Balle dans le champ du test de TERMAN.

Les notions psychopathologiques et typologiques développées d'abord dans le Rorschach et le dessin — polarité épilepto-sensorielle et schizo-rationnelle, variations entre les deux pôles, poussée sensori-motrice — pénètrent dans ces épreuves. En s'adaptant progressivement au contexte, celles-ci acquièrent ainsi des significations nouvelles par rapport à leur usage courant par ailleurs, en même temps qu'elles apportent leur contribution à une analyse structurale qui se poursuit sur différents plans.

Nous donnons ici un aperçu général sur les données et l'interprétation de ces épreuves telles qu'elles se dégagent des travaux poursuivis jusqu'à présent dans cette perspective.

Le P.M.K. — psychodiagnostic myokinétique — proposé par MIRA comme un test moteur de la personnalité, consiste, on le sait, dans l'exécution graphique, d'une main après l'autre, ou des deux à la fois, sur le plan vertical, horizontal ou sagittal, de différents tracés : linéogrammes, zigzags, escaliers, chaînes, cercles, U, parallèles ; le sujet couvre le modèle, puis le continue, d'abord en regardant et, ensuite, par la pose d'un écran, sans contrôle visuel [1].

En abandonnant le côté psychométrique du test, le P.M.K. est employé ici comme une épreuve clinique, qui permet d'établir des tableaux-types et qui se montre, en même temps, sensible aux variations [2].

---

[1] MIRA Y LOPEZ, *Le psychodiagnostic myokinétique*, Centre de Psychologie Appliquée, Paris, 1re éd. 1951, 2e éd. 1962.

[2] M. LEFETZ, « Essai d'utilisation du Test myokinétique de Mira dans la perspective de la typologie de Mme Minkowska », *Cahiers du Groupe Françoise Minkowska*, 1958. — « Expression graphique et psychopathologie de l'épilepsie dans le Test myokinétique de Mira (P.M.K.) », in *Dessin et structure de la personnalité*, exposition du Groupe de Recherche et d'Enseignement Françoise Minkowska à l'Institut Pédagogique National, Paris, mai-juin 1963 ; catalogue, Centre d'Édition et de Vente des Publications de l'Éducation Nationale, Paris.

Au pôle schizo-rationnel, le blocage du mouvement nous apparaît comme le phénomène majeur des caractéristiques qui marquent le test chez les schizophrènes : tracé rétréci, pression légère ou épaisseurs discordantes, tassement par un mouvement sur place, geste qui se ferme avec souvent des déviations vers l'axe du corps, torsion dans la direction, renversement de sens et retour, arrêt.

Le pôle épilepto-sensoriel appelle, au contraire, le dynamisme du geste impulsif, appuyé, ample et ouvert, irrégulier d'ailleurs, avec ces alternances entre l'agglutinement et le brusque décollement que M. LEFETZ décrit en rapport avec l'adhésivité et l'explosivité de l'épileptique.

Avec la poussée sensori-motrice, on voit des arrêts ou des retours du mouvement disparaître ou s'atténuer ; certaines formes deviennent plus ouvertes ; les déviations par rapport au modèle s'amplifient ; il y a souvent agrandissement du trait, comme dans le dessin, accompagnant une libération du geste.

Dans nos examens, nous devons tenir compte aussi d'autres facteurs, tels les effets secondaires du traitement — troubles moteurs des neuroleptiques [1], ou désorientation accompagnant une obnubilation de la conscience — qui peuvent interférer avec ces aspects et parfois les masquer.

La copie et la reproduction de mémoire de la Figure complexe de REY permettent de considérer les modes de construction et la représentation des éléments d'une composition graphique [2].

Nous voyons ici s'opposer : une construction rationnelle partant du grand rectangle, qui sert de cadre et d'armature logique à la figure ; une

---

Z. HELMAN, A. BAUMIER et M. PERCHE, « Psychodiagnostic myokinétique de Mira chez un épileptique et chez un schizophrène », in *Dessin et structure de la personnalité*. — « Dessins d'un schizophrène comparés au Test myokinétique de Mira, à la Figure complexe de Rey et à la Balle dans le champ du test de Terman », *id*.

Z. HELMAN, « Poussée sensori-motrice en rapport avec la sensibilisation de l'E.E.G. à la stimulation lumineuse intermittente après cure de sommeil », *id*. — « Impulsion motrice et expression graphique. Dessin, Rorschach, test myokinétique de Mira et électroencéphalogramme dans l'observation d'une schizophrénie infantile entre 12 et 17 ans », *Cahiers du Groupe Françoise Minkowska*, 1963.

S. KEPES et M. PERCHE, « Dessin et test myokinétique de Mira y Lopez (P.M.K.), étude médico-psychologique en milieu industriel », in *Dessin et structure de la personnalité*. — « Rorschach et épreuves graphiques chez un alcoolique, étude médico-psychologique en milieu industriel », *Cahiers du Groupe Françoise Minkowska*, 1964.

[1] J. DELAY et P. DENIKER, *Méthodes chimiothérapiques en psychiatrie*, éd. Masson, Paris, 1961.

[2] Manuel, *Test de copie d'une figure complexe* de A. REY, Centre de Psychologie Appliquée, Paris, 1959.

construction concrète qui se fait détail après détail, par le rattachement progressif d'un élément à l'autre.

Parmi les différents types de construction qui ont été établis au cours de l'étude génétique des niveaux dont ce test a fait l'objet [1], la construction rationnelle est apparue comme l'échelon supérieur, augmentant avec l'âge et dominant chez l'adulte. Sa présence que nous relevons chez des malades schizophrènes même anciens, dissociés et incohérents, est d'autant plus frappante [2]; la faiblesse ne réside pas ici dans le cadre logique, mais dans la reproduction des éléments multiples qui composent la figure, ceux que nous pouvons comparer aux grands détails du Rorschach, mode de perception concret. On peut trouver, par contre, la construction qui débute par un détail significatif (comme la croix) et se fait de proche en proche, avec difficulté à percevoir d'emblée le cadre, chez des épileptiques où le niveau intellectuel n'est pas en cause [3].

La dominance d'une construction sur l'armature, dans la copie de la figure comme dans sa reproduction de mémoire, jointe dans celle-ci à une grande pauvreté des détails, qui s'effacent parfois jusqu'à ne plus laisser subsister que le cadre, nous sont apparues comme un type marquant dans les résultats obtenus chez les schizophrènes. Dans d'autres cas, l'exécution est décousue. On peut voir aussi des espaces vides, des séparations (détail extérieur en forme de croix non rattaché à l'ensemble de la figure).

La poussée sensori-motrice s'exprime de diverses façons : construction moins rationnelle, augmentation des détails qui enrichissent l'épreuve de mémoire, apparition de formes qui tendent vers une signification concrète (en particulier le rond avec trois points intérieurs suggérant un visage), disparition des séparations, remplacement de segments morcelés d'une façon bizarre par des éléments entiers et adéquats (en langage de Rorschach, passage du petit détail absurde au grand détail adapté). On peut constater aussi la régression de certaines déformations dues à une hypertrophie de la symétrie. Ceci touche au problème de la construction

---

[1] P. A. OSTERRIETH, *Le test de la copie d'une figure complexe. Contribution à l'étude de la perception et de la mémoire*, Delachaux et Niestlé, Genève, 1944.

[2] Z. HELMAN, A. BAUMIER et M. PERCHE, « Dessins d'un schizophrène comparés au Test myokinétique de Mira, à la Figure complexe de Rey et à la Balle dans le champ du test de Terman », *Dessin et structure de la personnalité*, 1963.

[3] Voir des exemples de construction concrète de la Figure de Rey chez des épileptiques adolescents de bon niveau intellectuel dans l'étude de S. LECLERC : « Quelques aspects de la structuration perceptive chez les enfants épileptiques », fig. 1 et 2, *Cahiers du Groupe Françoise Minkowska*, 1961.

symétrique, qui apparaît comme une tendance rationnelle dans la Figure de REY, comme dans le dessin.

La Balle perdue dans le champ constitue dans le Test de TERMAN l'une des épreuves d'une échelle des niveaux intellectuels : le sujet doit trouver le chemin qu'il suivrait pour chercher une balle perdue à l'intérieur d'un champ, celui-ci étant représenté par un cercle avec une ouverture comme entrée [1].

Cette épreuve, qui met en jeu la construction et le parcours de l'espace, le plan et le mouvement, peut aussi être considérée dans une perspective de typologie structurale [2].

Citons deux exemples qui illustrent nos deux pôles :

« Je cherche partout du bas en haut du champ, je redresse l'herbe, je fouille partout », dit une jeune épileptique de 16 ans, en remplissant toute la surface d'un dessin touffu aux traits arrondis et entrelacés, sans aucun plan. (Rorschach de type épilepto-sensoriel, vision détaillée, images de la nature parmi lesquelles surgit surtout celle de l'eau en mouvement.)

« Je tracerai le champ en deux, en quatre, je ferai chaque secteur », dit un ancien schizophrène de 52 ans, traçant un diamètre horizontal, un autre vertical, puis ajoutant quatre rayons qui partagent en deux chaque quadrant. (Rorschach dominé par la coupure et un langage très rationnel.)

Découper le champ d'une façon systématique, ou bien y entrer à peine, par un tracé hésitant et interrompu, se présentent comme des aspects schizo-rationnels caractéristiques.

Avec la poussée sensori-motrice, différentes modifications peuvent se produire : à la place d'un chemin à peine esquissé, un parcours du champ entier ; une plus grande continuité du tracé ; la disparition des arrêts ou des retours en arrière ; une représentation moins schématique et parfois l'intervention du dessin de la balle.

[1] C. BEIZMANN étudie l'épreuve, dont elle souligne la variété d'un sujet à l'autre, en rapport avec des traits de caractère : « Portée diagnostique de la projection dans une épreuve graphique », *Bulletin de Psychologie*, Paris, novembre 1963.

[2] Z. HELMAN, « Modifications psychologiques et électro-encéphalographiques sous l'influence de la cure de sommeil et des électrochocs dans un cas de schizophrénie », *Cahiers du Groupe Françoise Minkowska*, 1961. — « Poussée sensori-motrice en rapport avec la sensibilisation de l'E.E.G. à la stimulation lumineuse intermittente après cure de sommeil », *Dessin et structure de la personnalité*, 1963.
Z. HELMAN, A. BAUMIER et M. PERCHE, « Dessins d'un schizophrène comparés au Test myokinétique de Mira, à la Figure complexe de Rey et à la Balle dans le champ du Test de Terman », *Dessin et structure de la personnalité*.

La poussée sensori-motrice introduit dans l'exécution de ce test plus de continuité et de mouvement, comme elle va dans le sens du lien et de la kinesthésie dans le dessin et le Rorschach.

Épreuves d'expression de la personnalité, le Rorschach et le dessin sont orientés par les mêmes problèmes formels : vision globale et abstraite ou détaillée et concrète, pensée ou sentie ; signification indirecte et symbolique ou image et métaphore vécue ; mécanismes essentiels de la « coupure » et du « lien » ; rôle du facteur rationnel de la forme, affectif de la couleur, dynamique de la kinesthésie [1].

La poussée sensori-motrice marque les différents aspects du Rorschach : mode de perception, facteur déterminant, contenu, langage et comportement. Parmi toute la gamme de variations qui la traduisent, indiquons : l'augmentation des grands détails, la sensibilisation aux couleurs et au climat des planches, le renforcement du mouvement exprimé par les kinesthésies et les indications d'action dans le commentaire des réponses, l'éclosion des images sensorielles ; la stéréotypie — répétition mécanique — baisse, tandis que la persévération — adhérence à l'image — est favorisée ; le sujet entre davantage en contact avec l'interlocuteur ainsi qu'avec les planches, les touchant et mimant ce qu'il voit ; le langage devient moins abstrait et plus lié.

Parmi les variations du dessin, notons : le trait plus continu, plus dynamique et plus ample ; les formes moins rigides et moins schématiques ; les images plus détaillées, plus colorées et plus animées.

Au cours d'examens successifs chez le même sujet, ces différentes épreuves psychologiques sont continuellement comparées entre elles et confrontées avec l'E.E.G.

**

L'étude de la cure de sommeil porte sur 38 malades psychotiques et névrosés, dont 4 soumis au traitement alterné d'insuline-sommeil, totalisant 145 examens. Chaque examen comprend un enregistrement E.E.G. et des épreuves psychologiques, qui sont pratiqués au cours de la même journée. Les malades ont subi chacun entre 2 et 7 examens, le 1er avant et les autres après l'intervention du traitement — c'est-à-dire durant ou après la cure. Pour les examens qui ont lieu durant la période de cure, le

---

[1] Sur la méthode de Rorschach que nous employons et les notations utilisées dans les protocoles, voir *Rorschach et électro-encéphalogramme chez l'enfant épileptique*, Introduction

traitement [1] est dans la majorité des cas suspendu le matin, pour n'être repris que le soir après la fin des épreuves. (Quelquefois seulement, le traitement a été pratiqué le matin ; nous l'indiquons alors dans les observations que nous rapportons.)

La comparaison des examens pratiqués avant, pendant et après la période de traitement permet d'étudier :

a) des modifications psychologiques s'orientant vers le pôle sensori-moteur, liées à des variations du tracé E.E.G. en rapport avec l'enrichissement de l'activité alpha, la sensibilisation à l'hyperpnée et à la stimulation lumineuse intermittente, éventuellement l'apparition ou l'augmentation de potentiels lents, de façon générale avec la synchronisation de l'activité électrique ;

b) des modifications différentes, voire opposées à la poussée sensori-motrice, accompagnant un appauvrissement du rythme de base, un affaiblissement de la sensibilité à la S.L.I. ;

c) des fluctuations, avec apparition, régression, rebondissement de la poussée sensori-motrice, en correspondance avec les variations successives de l'E.E.G.

Si nous dressons un tableau du 2e examen comparé au 1er chez tous les malades étudiés, la poussée sensori-motrice accompagnée d'une synchronisation E.E.G. apparaît comme la tendance majeure des modifications apportées par la cure de sommeil ; nous la voyons dans 25 cas.

Des variations dans le sens d'une production plus pauvre et moins dynamique, où parfois s'accentuent des éléments caractéristiques de la série schizo-rationnelle, apparaissent dans 10 cas. Il faut noter que pour ces malades le 2e examen n'a jamais été pratiqué avant 12 ou 13 jours de cure ; la possibilité d'une poussée sensori-motrice apparue plus tôt et régressant rapidement n'est pas exclue. Les cas où le 2e examen montre un rythme alpha moins ample et moins abondant et une réaction affaiblie à la S.L.I. orientent vers une désynchronisation de l'activité électrique. Pour d'autres cas de ce groupe (5 sur 10), une légère baisse de fréquence du rythme alpha apparaît comme la seule variation décelable à l'E.E.G.

Les baisses de fréquence du rythme alpha sont courantes après la

---

[1] La cure de sommeil, d'une durée moyenne de 3 semaines, comporte une administration de médicaments par piqûres et cachets au moment des trois repas journaliers : matin, midi et soir.

cure de sommeil[1]. Dans notre travail en rapport avec les variations psychologiques, une différenciation ici s'impose : a) Le rythme alpha peut baisser de fréquence en même temps qu'il devient plus abondant et plus ample, éventuellement plus continu à l'hyperpnée et plus réactif à la stimulation lumineuse intermittente. b) Il peut baisser à la fois en fréquence, amplitude et abondance. Dans la première éventualité, nous avons une synchronisation électrique, à laquelle répond la poussée sensori-motrice. Dans la deuxième, surtout lorsqu'elle s'accompagne d'un affaiblissement de l'effet stroboscopique, nous enregistrons un appauvrissement du tracé (le rythme alpha décroît, sans être remplacé par des potentiels lents, thêta ou delta) qui favorise une poussée vers le pôle schizo-rationnel.

Comment comprendre les cas où l'abaissement de fréquence du rythme alpha est la seule variation appréciable du tracé E.E.G.? Nous constatons que des aspects schizoïdes sont renforcés dans certains de ces cas, sans pouvoir généraliser, sans en connaître la signification; nous laissons la question ouverte.

> Sur les 38 malades étudiés, trois restent en dehors des deux groupes, de 25 et de 10, que nous avons distingués. Comme ils ne sont pas représentés par les observations-exemples que nous allons rapporter, nous les indiquons ici d'une façon succincte :
>
> L'un est un épileptique éthylique, avec détérioration mentale et état dépressif, chez lequel les altérations lentes du 1er E.E.G. augmentent au 2e examen; le sens des variations structurales reste imprécis; le tableau psychologique apparaît dominé par une attitude névrotique d'opposition et de refus qui se renforce encore au 2e examen.
>
> L'autre est un alcoolique confus, qui souffre d'une atrophie corticale (cas particulier parmi les malades de cette étude); le 1er E.E.G. montre un rythme de base ralenti, une mauvaise réaction d'arrêt et des altérations delta; ensuite, tandis que le tracé s'améliore par une accélération du rythme de base et une atténuation des ondes delta, la dominante schizo-rationnelle et la composante épilepto-sensorielle prennent toutes les deux un aspect moins aigu, moins accusé qu'au départ.
>
> Le dernier est un malade dépressif, sans troubles organiques cérébraux, chez lequel aucune orientation déterminée ne se dégage des différences entre les deux examens.

Les examens qui sont comparés entre eux sont toujours pratiqués sur le sujet éveillé. La présente recherche n'est pas une étude du sommeil,

---

[1] L. BENICHOU rapporte déjà ce fait, d'après les examens de M. B. DELL : *La cure de sommeil hypotoxique en pratique psychiatrique*, thèse méd., 1957, p. 93-96.

mais des effets, à l'état de veille, d'un traitement qui augmente les heures de sommeil journalier par action médicamenteuse.

Cela n'empêche pas évidemment que nous rencontrions des variations du niveau de conscience — qui peut être plus ou moins bon, plus ou moins labile d'un moment à l'autre — pour lesquelles l'E.E.G. nous apporte ses indications. On voit souvent (environ dans la moitié de nos observations : 20 cas) la cure abaisser la vigilance : affaiblissement de la réaction d'arrêt à l'ouverture des yeux, c'est-à-dire du niveau d'attention ; apparition ou accentuation des fluctuations du niveau vigile durant l'enregistrement, l'activité alpha alternant avec des phases de léger assoupissement où le tracé s'aplatit et se ralentit (le rythme alpha réapparaissant spontanément ou comme réaction d'éveil aux stimuli). Dans quelques cas, la cure de sommeil paraît améliorer, au contraire, un trouble de la vigilance antérieur (5 cas). Dans d'autres observations, on ne constate pas de variations à ce point de vue ; on compare alors des tracés où n'intervient aucune perturbation de la vigilance (10 cas) ; chez quelques malades, celle-ci existe au départ et reste inchangée (3 cas).

Des rapports entre les variations de la vigilance et l'expression des modifications structurales de la personnalité, nous parlerons plus loin, au cours des observations présentées et dans le chapitre final.

Les périodes pendant lesquelles nos malades ont été suivis varient de quelques semaines à quelques années (2-3 semaines dans 5 cas, environ 4 ans dans 4 cas). Ainsi, une partie d'entre eux ont été encore revus bien après la cure de sommeil (qui dure en moyenne 3 semaines) ; souvent, d'autres traitements sont intervenus. C'est sur la période où se déroule la cure, ou celle qui en est encore très proche, que nous centrons ici notre étude, afin d'envisager les modifications qui s'opèrent sous son action directe et que nous voulons saisir, même lorsqu'elles sont plus ou moins passagères. Nous n'éliminerons pas tout à fait, dans les observations que nous allons montrer, quelques intrusions d'autres traitements ; pour ce que nous recherchons, ces intrications ont, elles aussi, un intérêt.

Sur les 38 cas étudiés, nous avons choisi comme exemples 10 observations. Les quatre premières — trois schizophrènes et un caractériel de type schizoïde — montrent la poussée sensori-motrice sur le terrain schizo-rationnel, là où les notions utilisées prennent d'abord leur relief. Nous la voyons ensuite chez un délirant. Nous envisagerons à la fin son mode d'action dans des états dépressifs — état mélancolique chez deux frères, syndrome subjectif chez un traumatisé crânien — après avoir donné une place aux variations contraires à la poussée sensori-motrice, pour lesquelles deux cas de dépression hypocondriaque nous servent d'exemples.

Dans ces observations, nous présentons, après un résumé clinique, notre étude du cas par les différents instruments que nous utilisons, chacun avec ses possibilités et des conditions qui lui sont propres, mais situé dans le contexte d'ensemble.

L'étude des données ainsi obtenues, leur continuelle confrontation à l'intérieur de l'examen individuel, la démarche par laquelle se bâtit l'observation psychologique, constituent la base d'une recherche, où théorie et expérience ne prennent leur sens et leur véritable dimension que si elles sont, non seulement étayées l'une par l'autre, mais aussi constamment élaborées et appréhendées l'une à travers l'autre.

CHAPITRE II

Poussée sensori-motrice sur le terrain schizo-rationnel

OBSERVATION MARCEL B.

Marcel B., 31 ans, est un malade schizophrène, dont les troubles ont commencé il y a un an : tend à s'isoler, devient renfermé et taciturne; présente des sourires immotivés, du parasitisme mimique.

A l'hospitalisation, on constate des attitudes d'écoute hallucinatoire, des sentiments d'influence et de transformation corporelle, une impression de répétition des situations, une conservation des attitudes. Le malade dit qu'on le fait agir, qu'on lui interdit de parler. Par instants, il regarde brusquement un coin de la salle; interrogé, il répond : « on me fait regarder par là ». A d'autres moments, le regard est indifférent et vide. Le parasitisme mimique est marqué : ferme un œil, fronce les sourcils, contracte les muscles du visage. L'expression dominante est celle d'une satisfaction niaise d'allure discordante, d'un sourire béat. Les gestes sont lents, la parole lente et monotone, les réponses brèves et évasives. L'orientation dans le temps et l'espace est conservée.

Marcel B. a été élevé par une tante à partir de l'âge de 5 ans, quand il a perdu sa mère, décédée d'une affection rénale. Son père est mort à 53 ans d'une maladie cardiaque. Marcel B., célibataire, continue d'habiter chez sa tante. Il est allé à l'école jusqu'à l'âge de 15 ans, sans obtenir le certificat d'études; selon sa tante, il étudiait avec difficulté, mais aussi les conditions de scolarité durant la guerre l'ont défavorisé. Il a travaillé comme manœuvre jusqu'à ce que sa maladie lui ait fait interrompre toute activité.

A part une injection de Largactil à 0,025 g. à l'entrée à l'hôpital, le malade n'a aucun traitement avant notre

1ᵉʳ examen, qui a lieu 3 jours après l'hospitalisation.

Le *1er* *E.E.G.* (fig. 1) montre un tracé continuellement plat, où le rythme alpha manque même à la fermeture des yeux. On ne distingue que de rares bouffées à 11 c/s infravoltées, à peine visibles.

Sur le montage reliant les électrodes au vertex, apparaissent des fréquences thêta, irrégulières, de petite amplitude.

L'hyperpnée ne change pas le tracé.

La S.L.I. n'a qu'une très légère action d'entraînement aux fréquences de 7 à 11 é/s; l'amplitude des rythmes induits reste très petite.

Interrogé sur ce qu'il a vu durant la S.L.I., le malade dit : « les rayons, rien; rouge, blanc; comme des étoiles »; il mime par un geste circulaire des deux mains, tournant en sens inverse, vers l'extérieur.

1er Rorschach

Petit de taille, la figure longue, le malade entre dans la salle avec une curieuse démarche dandinante, les jambes trop écartées. Son comportement, bizarre, reste le même durant tout l'examen. Il tourne continuellement la tête à droite et à gauche comme s'il écoutait, le regard en coin est fréquent; grimaces, sourires béats, soupirs, des « oui » dociles mais vides, tout est stéréotypé. Quand nous lui donnons la planche, il la garde passivement et, quand nous la retirons, il regarde souvent sa main gauche avec laquelle il la tenait. Il parle à voix basse et ne désigne qu'après nos insistances. On est obligé d'intervenir continuellement pour attirer son regard sur les planches qu'il fixe à peine, par intermittence, sans aucun intérêt. Les réponses sont très difficiles à obtenir.

(Pl. Ror.)

I

(Quand nous proposons le test, avant de montrer la pl., il dit « oui » sans écouter).

Un dessin. (Veut tourner pl. verso.) (?) Je sais pas... Qu'est-ce que c'est que ça... (Encouragements).

1. Chauve-souris, non? C'est ça? Il me semble. (Autre chose?) Là-dessus?... Ça... Une ligne (méd.). (Enc. +++) Ben, je sais pas.   G   F +   A ban

   Indication centre

   (Suggérons renverser pl.) > Comme ça? ∨ (Il regarde un peu à sa gauche;

nous insistons.) Je sais pas. (Enc.) (Tourne la tête à gauche, revient à la pl sans rien dire, tourne la tête à droite, hausse les épaules, à nouveau à gauche) (Enc.) Un dessin, hein? (Représente?) Je sais pas... (Enc.) Oui... Je ne vois pas qu'est-ce que c'est. (Fuit souvent la pl., jeu stéréotypé) (Insistons) Ça, je sais pas comment... (Enc.) Je ne vois pas. (Quand nous enlevons la pl., soupire profondément,)

ENQUÊTE : (C'est une chauve-souris parce que « ça a la même forme », la couleur ne joue pas).

II

(Laisse pl. telle que nous la posons entre ses mains, ne dit rien, enc.) Je vois pas qu'est-ce que c'est. (Détourne continuellement la tête, malgré nos insistances.) Je sais pas qu'est-ce que c'est... Je ne sais pas qu'est-ce que c'est...

1. Une bête, non? Je ne sais pas. (Quelle bête?) Je sais pas. (Lui demandons de montrer, geste vague sur toute la tache) (Même jeu du regard qui s'échappe continuellement. Insistons). Écrevisse, non? C'est ça? (Montrez!) La tête, tout ça. (Où est la tête?) C'est pas là (gris méd.)? (Regard intermittent malgré nos insistances, continuellement le même jeu) (Soupire, tourne la tête à droite avec une grimace) Non.

   (Sugg. renv. pl., tendance verso) \/ (Regarde de côté)... Des pinces ça (désigne les deux taches rouges bas, en formant la pince avec deux doigts). (?) D'écrevisse. (La même?) Ah oui, oui (sourires stéréotypés). (Enc.) Là-dedans? (Tient pl. de la main gauche, la droite à sa figure comme s'il réfléchissait.) Je ne vois rien. (Enc., même jeu) Ben, non. (Quand nous enlevons la pl., il regarde sa main gauche dans laquelle il la tenait.)

   ENQUÊTE : (écrevisse) Les deux mâchoires. (Lui demandons de montrer, indique les deux taches rouges en

D G   F —   A
            → nourr.

regardant ailleurs.) (Une écrevisse vivante ou qu'on mange?) Je sais pas. (Comment l'avez-vous vue?) Pour être mangée.

III

1. Pierrot, là, un oiseau. (Lui demandons de montrer, indique le noir.) Deux ailes. (Insistons sur oiseau, montre différents endroits du noir au hasard, comme s'il voulait deviner.) Ça (noir inf.), non? Un oiseau. Un moineau. (Jeu habituel, Enc.) Je ne sais pas qu'est-ce que c'est (rouge lat.). (Enc.) Je sais pas qu'est-ce que c'est ça (id.). D G   F —   A

    (Sugg. renv. pl.) < Comme ça? ∨ (Jeu habituel) Je sais pas qu'est-ce que c'est... hum... (même jeu, enc.) (Détourne la tête) Non.

    ENQUÊTE : (Le moineau est vu dans toute la tache noire, la tête au centre, les ailes latéralement.)

    (Sugg. H) Là-dedans, non. (Sugg. deux H) Oui, ça (désigne têtes ban. puis, sur insistance, montre le noir sans la « jambe » ban., de la main gauche à gauche, ensuite de la main dr. à droite). (H vu sans le noir inf., la « main » ban. faisant jambe, bras dans saillies lat.) (D   F +   H)

    (Sugg. Kin.) Je sais pas. (Insistons) Je vois pas. (Essayons lui montrer H ban. dans noir entier, il ne le voit pas. Pour le noir inf. il dit) Je sais pas ce que c'est ça. (Ça appartient à l'homme?) Non. (Malgré nos insistances, n'arrive pas à voir ni H ban. ni Kin.)

IV

(Toujours le même jeu)

1. C'est pas une chauve-souris ça?... Sa tête, non? Les ailes, non? (Nous insistons, moue négative.) G   F +   A ban

    (Sugg. renv. pl.) < Comme ça? ∨ (Tourne pl. sans même la regarder, jeu habituel et enc.) Je sais pas qu'est-ce que c'est... (Enc., il sourit, ne répond pas.) Des ailes peut-être (saillies g. lat. inf.). (De quoi?) Des ailes de chauve-souris. (La même?) Oui. (Regarde sa main gauche, quand nous enlevons la pl.).

ENQUÊTE : (Chauve-souris vue pour sa forme, elle ne déplaît pas.)

V

(Ne regarde la pl. que sur nos insistances)

1. C'en est encore une de chauve-souris. (Insistons) Sa tête là (Ht méd.) (grimaces de la bouche)... sa queue là (bas méd.)... (après enc.) les ailes, deux ailes (lat.). G   F +   A ban

   (Sugg. renv. pl.) Comme ça? ∨ (Même jeu et enc. +++) Des ailes. (?) De chauve-souris. (Autre chose?) Ben, non. (Quand nous enlevons pl., regarde sa main gauche dans laquelle il la tenait.)

VI

(Jeu habituel, puis tient sa tête de la main droite dans une attitude de réflexion) C'est... je ne sais pas... je ne vois pas ce que c'est.(Enc.).

1. Tortue, non? (Lui demandons de montrer, désigne G) G   F +   A

   (Sugg. renv. pl.) ∨ (Même jeu et enc.) Sa tête là (méd. bas). (Autre chose?) Non...

VII

(Id.) Qu'est-ce que c'est ça? (Même jeu de fuite) < ∧ (même jeu et enc.) Qu'est-ce que c'est ça...

1. Une chauve-souris aussi? (Lui demandons de montrer, désigne la tache entière, en détournant plusieurs fois la tête pendant ce temps.) D G   F —   A

   (Sugg. renv. pl.) ∨ (Même jeu, ne regarde pl. qu'avec retard, enc.) Ben, oui. Je sais pas ce que c'est. (Soupire, détourne la tête, insistons.)

2. Une chouette aussi. (Qu'est-ce que c'était avant?) Chauve-souris, je crois (fronce les sourcils comme s'il essayait de se rappeler). (Même jeu, tournant la tête surtout à gauche).   D G   F —   A
ou F Clob

ENQUÊTE : (chauve-souris) Elle est plutôt drôle.
(La couleur n'aurait pas joué pour la chouette non plus, l'image ne paraît pas triste.)

VIII

(Jeu habituel) Je sais pas qu'est-ce que c'est.

(Comportement stéréotypé)

1. Un oiseau aussi. (Lui demandons de montrer, désigne le contour de la tache entière, bâille) (Où est la tête?) Là (gris), non? (Le reste?) (Détourne la tête à gauche.)   D G   F —   A

(Sugg. renv. pl.; ne bouge pas, puis pose pl. > en regardant ailleurs.)

2. C'est un renard, une bête aussi? (A notre demande, désigne rose.) (Le jeu habituel continue.)   D   F +   A ban

ENQUÊTE : (rép. 2) (Comment voyez-vous le renard?) Comme ça. (Qu'est-ce qu'il fait?)... Ben, je sais pas. (Où est-il?)... Je ne sais pas d'où c'est qu'il est. (Se gratte, tourne la tête, aucun intérêt.) (Le renard est vu vivant, mais Kin. impossible.)

IX

(Même jeu, enc.)

C'en est encore de chauve-souris. (Lui demandons de montrer, il désigne le jaune, le vert et le rose.) (Mimique habituelle.)   D G   F —   A

(Sugg. renv. pl., tourne V, même jeu, enc.) Deux ailes (vert). (?) De chauve-souris (id. ∧). (Où est la tête?) ... Par ici (hésite, désigne centre du rose). (Jeu habituel, enc.) Non.

X

(Id.) Oui...

1. (Désigne gris sup.) Tête aussi là. (?) De chauve-souris. (?) Tout (gris + rose). (Jeu habituel, soupire) Qu'est-ce que c'est que ça (bleu lat.)? (Bâille en regardant ailleurs, toujours aucun intérêt.) Ça va pas avec ça (avec le rose)? Je sais pas qu'est-ce que c'est ça. (Avec la chauve-souris?) Ben, oui. Non? (Insistons, ne répond pas)... Des ailes. (Enc., ne répond pas, soupire, se détourne de la pl.)

   (Sugg. renv. pl.) ∨ Comme ça? (Bâille) Là? Je sais pas qu'est-ce que c'est ça... Je sais pas ce que c'est. (Enc. ++)... Je sais pas ce que c'est.

   D   F —   A

Durée	= 1 h.		
Réponses	= 12/4		
G	= 10 (6 D G)		
D	= 2		
F	= 11 (— 6)	F + %	= 45
F Clob	= 1?	Σ C	= 0
		Σ Kin	= 0
A	= 12	A %	= 100
		Stéréot. « chauve-souris »	

Le début est évasif : « un dessin », et toute la production est très pauvre et stéréotypée. Le plus souvent, il s'agit d'une seule réponse par planche, qui est globale. A la pl. VIII seulement apparaît, comme 2ᵉ réponse, le grand détail banal, vu comme « renard ». La pl. X comporte un D à la place des G habituels, mais avec une forme qui paraît dissociée.

Les réponses de couleur manquent complètement. Il en est de même pour les kinesthésies, même lorsqu'on essaie de les suggérer à l'enquête.

C'est la forme — banale ou mauvaise — qui détermine les réponses. On peut se demander si un facteur Clob joue aussi dans la vision itérative de la « chauve-souris »; il ne le semble pas d'après l'enquête.

Si l'image des ailes comporte un élément sensoriel, elle fait partie dans ce test de réponses dont le contenu se répète de façon stéréotypée des planches noires aux colorées.

1ᵉ épreuve de dessin (fig. 2)¹

L'épreuve, pour laquelle le sujet ne manifeste aucun intérêt, est continuellement parasitée par les grimaces de la bouche, le plissement du front, le regard en coin ou dirigé sur ses mains, le détournement de la tête d'un côté et de l'autre ; mêmes sourires béats et soupirs immotivés ; mêmes « oui » dociles et vagues qu'au cours du Rorschach. L'exécution se fait d'une façon intermittente et avec une lenteur monotone, par un trait petit, entrecoupé et flou, quelquefois repassé. Le malade ne maintient même pas la feuille sur laquelle il dessine, appuie à peine, en détache fréquemment son regard.

On est frappé par l'incertitude et le vague concernant le moment final de chaque dessin : l'exécution s'interrompt, reprend, sans fin déterminée ; ce n'est pas une tâche qui se développe d'une façon vivante jusqu'à ce que le but soit réalisé ; tout est vague dans le temps.

L'ordonnance dans la page est toujours la même : à gauche, plutôt vers le haut.

Le coloris est très pauvre ; il doit être suggéré et se réduit pour chaque dessin à une seule teinte ; celle-ci, à l'exception du rouge employé pour le dessin libre, est terne : marron surtout et une fois noir.

Les deux arbres — « un marronnier » et « un sapin » — se ressemblent par la forme triangulaire de leur couronne, enfermant des branches symétriques et séparées. Dans le dessin de la maison, la base et deux chemins coupés en constituent la partie la plus floue ; la cheminée ne fume pas. Dans celui du bonhomme, c'est la ligne des bras qui est particulièrement floue et les mains sont inexistantes. Le dessin libre représente un avion aux contours plus marqués et à la couleur plus vive ; mais, en contraste avec le reste, l'hélice est un gribouillis vague ; l'avion se dirige vers la gauche.

1ʳᵉ épreuve de la Balle dans le champ

Le sujet soupire, prend lentement le crayon, pose des questions : « Passer comme ça dedans ? Il faut faire un trait ? » Après de nouvelles explications, il fait lentement un tour, sans tenir sa feuille de la main gauche ; il s'arrête, regarde plusieurs fois différents côtés de la salle, puis reprend par un trait plus fin, soupire encore. A part ce cercle unique, d'un tracé mal assuré et interrompu, le champ reste vide.

---

¹ Le sujet dispose d'un crayon noir et d'une boîte de crayons de couleur. Il exécute une série de dessins sur les thèmes suivants : un arcre, un autre arbre, une maison, une personne, un dessin libre.

Le lendemain du 1er examen, commence une cure de sommeil qui dure 21 jours; 292 heures de sommeil, avec une moyenne journalière de 13 h. 54′; traitement : 4,40 g. Eunoctal, 5,50 g. Imménoctal, 1,375 g. Largactil.

Le *2e examen* est pratiqué après 13 jours de cure de sommeil.

Dans la salle de traitement, on note que le malade reste peu communicatif et qu'il n'agit — se lever, manger, faire sa toilette — que lorsqu'on le lui dit, et lentement.

2e E.E.G. (fig.1)

Sur les régions postérieures, le rythme alpha, dont la fréquence s'est abaissée à 8-9 c/s, est pauvre et de petite amplitude, avec de faibles effets à la fermeture des yeux; mais il est relativement plus présent qu'à l'examen précédant la cure de sommeil.

Sous l'électrode rolandique gauche, on voit maintenant des bouffées de rythme en arceaux à 10 c/s un peu plus ample que l'alpha occipital et bloqué comme lui par l'ouverture des yeux.

Des bouffées rapides à 15 c/s sont apparues.

Sur le montage au vertex, le rythme thêta a un aspect plus marqué et plus régulier.

L'hyperpnée active ces différentes fréquences : alpha, thêta, bêta.

Durant la S.L.I., on voit des ondes à 11 c/s plus régulières et un peu plus amples qu'avant.

Le malade dit au sujet du stroboscope : « des dessins, des étoiles, comme des rayons; rouge, vert, bleu ». Il indique un mouvement tournant vers la droite.

2e Rorschach

L'attention est encore très troublée, continuellement le regard alterne entre la planche et l'évasion; le malade tourne surtout fréquemment la tête du côté gauche (l'examinateur est assis à sa droite). Il pousse encore des soupirs immotivés, mais ne fait plus les mêmes grimaces qu'avant. Il désigne davantage qu'au 1er Rorschach; à plusieurs reprises, après avoir indiqué la tache, il examine sa main. On note l'apparition de gestes adhésifs, appuyant sur les taches, frottant, se répétant avec insistance; même s'ils sont empreints d'une certaine stéréotypie, ils introduisent dans le comportement envers les planches une modification appréciable. On retrouve le ton interrogateur marquant le doute. Les réponses sont données encore sur le mode d'une lenteur monotone, mais déjà plus productif.

(Pl. Behn-Ror.) *

I

(Prend pl. de la main gauche, jette un regard à sa gauche.)

1. Une écrevisse. Il faut vous dire ce que c'est? Une écrevisse, non? (Regarde à sa gauche.) (Lui demandons de montrer, désigne avec son médius droit, en allant de droite à gauche et retournant.) (Enc.) (Il frotte les petites saillies méd. bas) La tête, là. (?) De l'écrevisse. Ça aussi (centre noir). (?) Le corps là (geste appuyé de l'index dr.). (Jette souvent un regard à sa gauche.) Tout ça aussi (geste adhésif désignant la tache entière). (Autre chose?) Là on voit pas... (promène un peu son doigt sur la tache, regarde la tête penchée).　　D G　　F —　　A

2. Pas comme un chien? Ici aussi (dr., après g.). (Jette un regard à sa gauche en plissant le front.)　　D　　F +　　A ban

   (Sugg. renv. pl.) ∨ Comme ça? (Regarde à sa gauche.) Oui, et qu'est-ce que c'est ça... (tantôt revient à la pl. et tantôt regarde à sa gauche) Je sais pas comment... comment que c'est, je sais pas.

3. (Enc.) Ça, comme ça (tout le détail méd.), pas une chauve-souris? (Confirmons) Si? Oui. (Lui demandons de montrer, le fait par un geste appuyé et répété). (Autre chose?) Mais non... Non, c'était deux chiens. (Insistons) Ben, non.　　D　　F Clob　　A

   ENQUÊTE : (rép. 3) Cette tête-là (désigne, puis regarde ses doigts), ses ailes aussi. (La chauve-souris fait un peu peur, la couleur foncée a joué.)

---

* Dans les séries d'examens répétés, nous faisons parfois alterner les planches de Behn-Eschenburg (pl. Behn-Ror.) avec les planches originales de Rorschach (pl. Ror.).

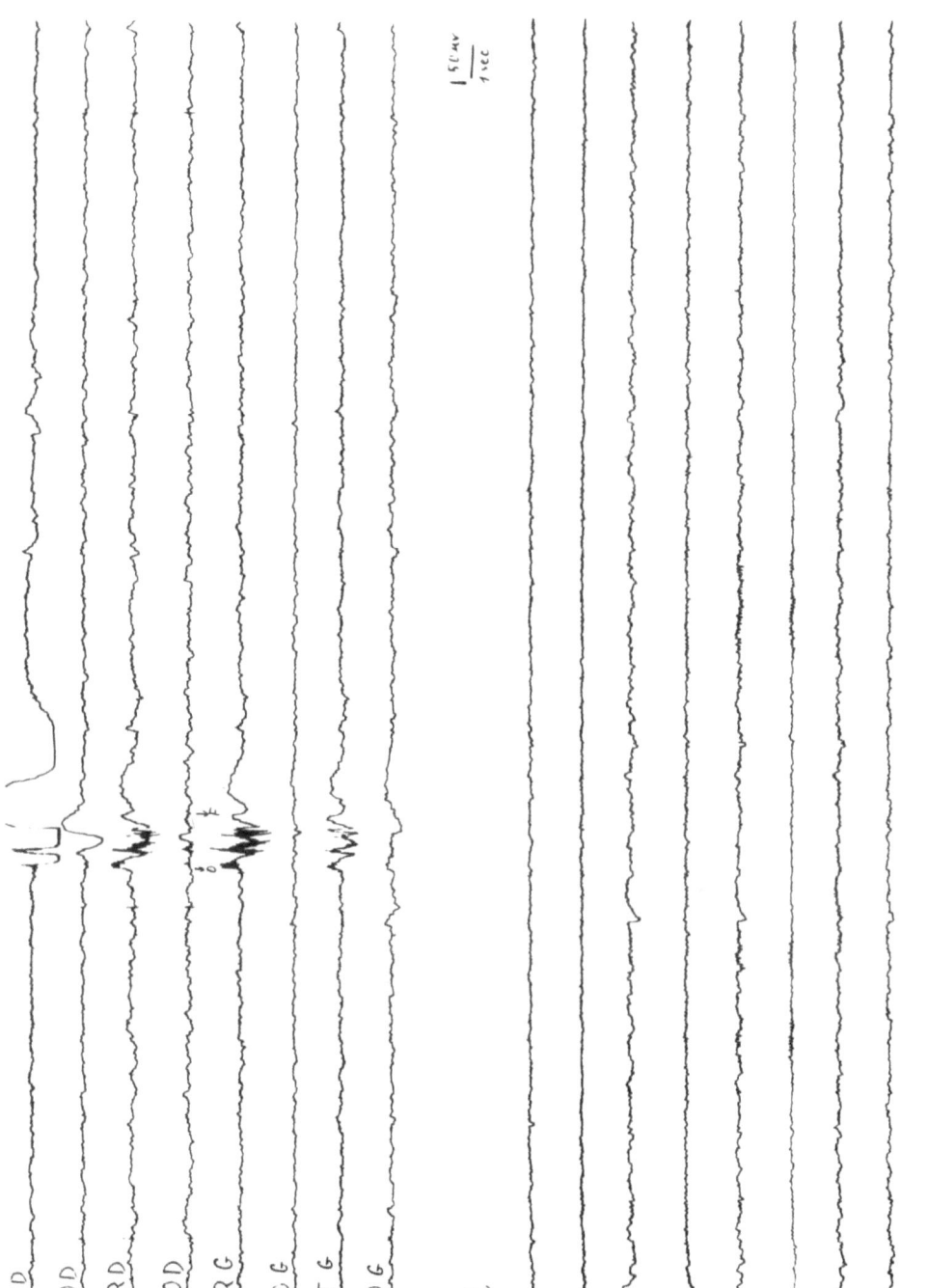

Fig. 1. Marcel B., E.E.G. : 1er examen, avant traitement ; 2e examen, après 13 jours de cure de sommeil.

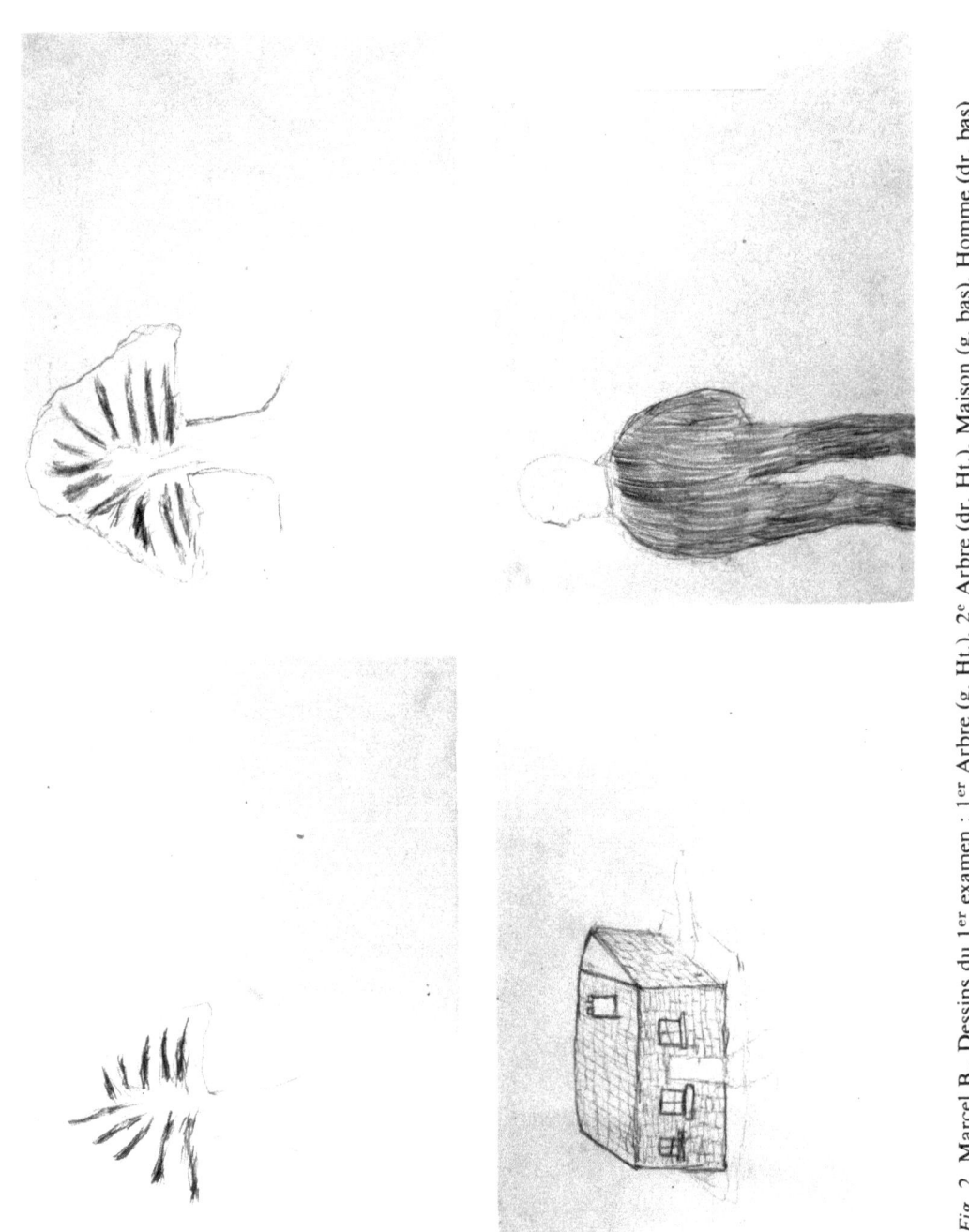

Fig. 2. Marcel B., Dessins du 1er examen : 1er Arbre (g. Ht.), 2e Arbre (dr. Ht.), Maison (g. bas), Homme (dr. bas)

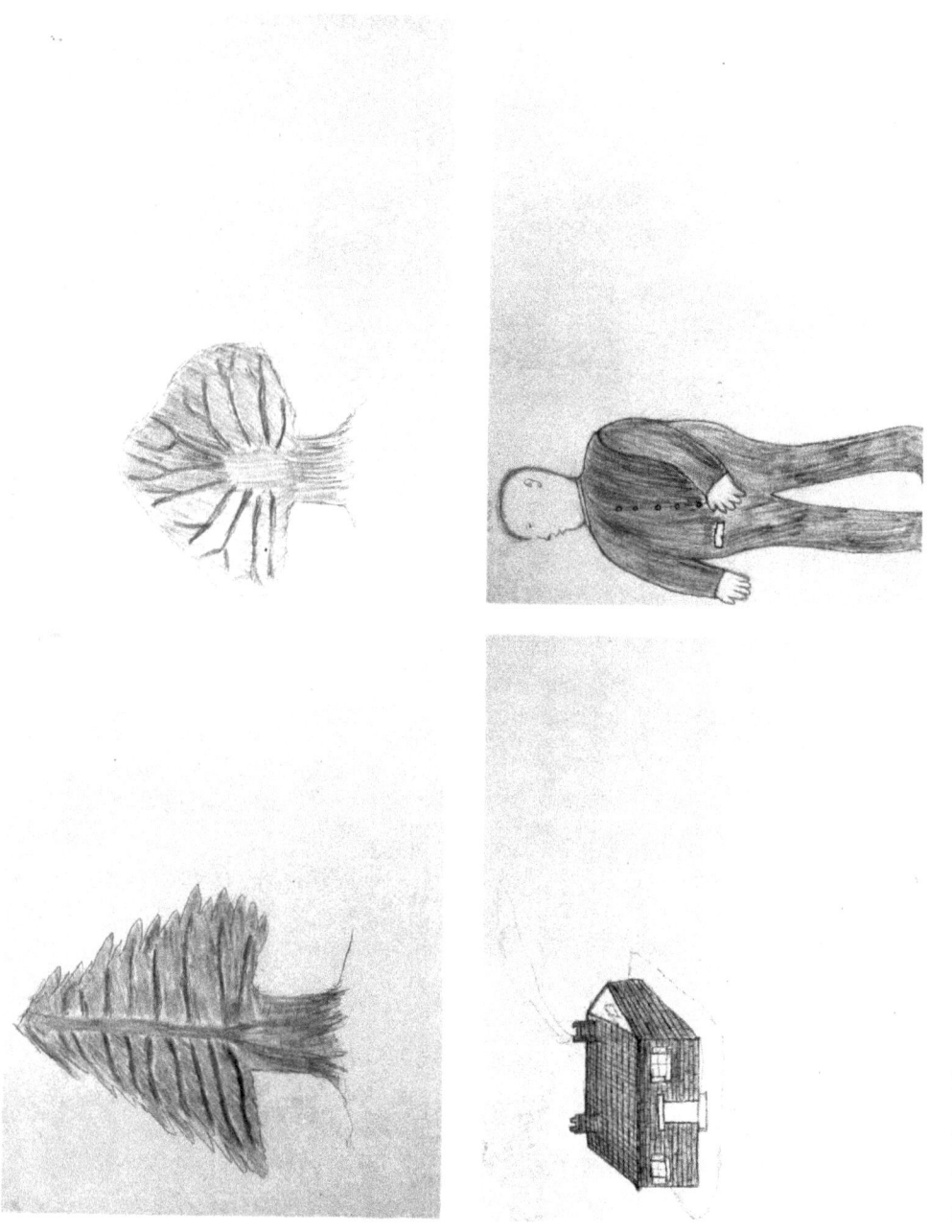

Fig. 3. Marcel B., 2e examen : Mêmes thèmes que fig. 2.

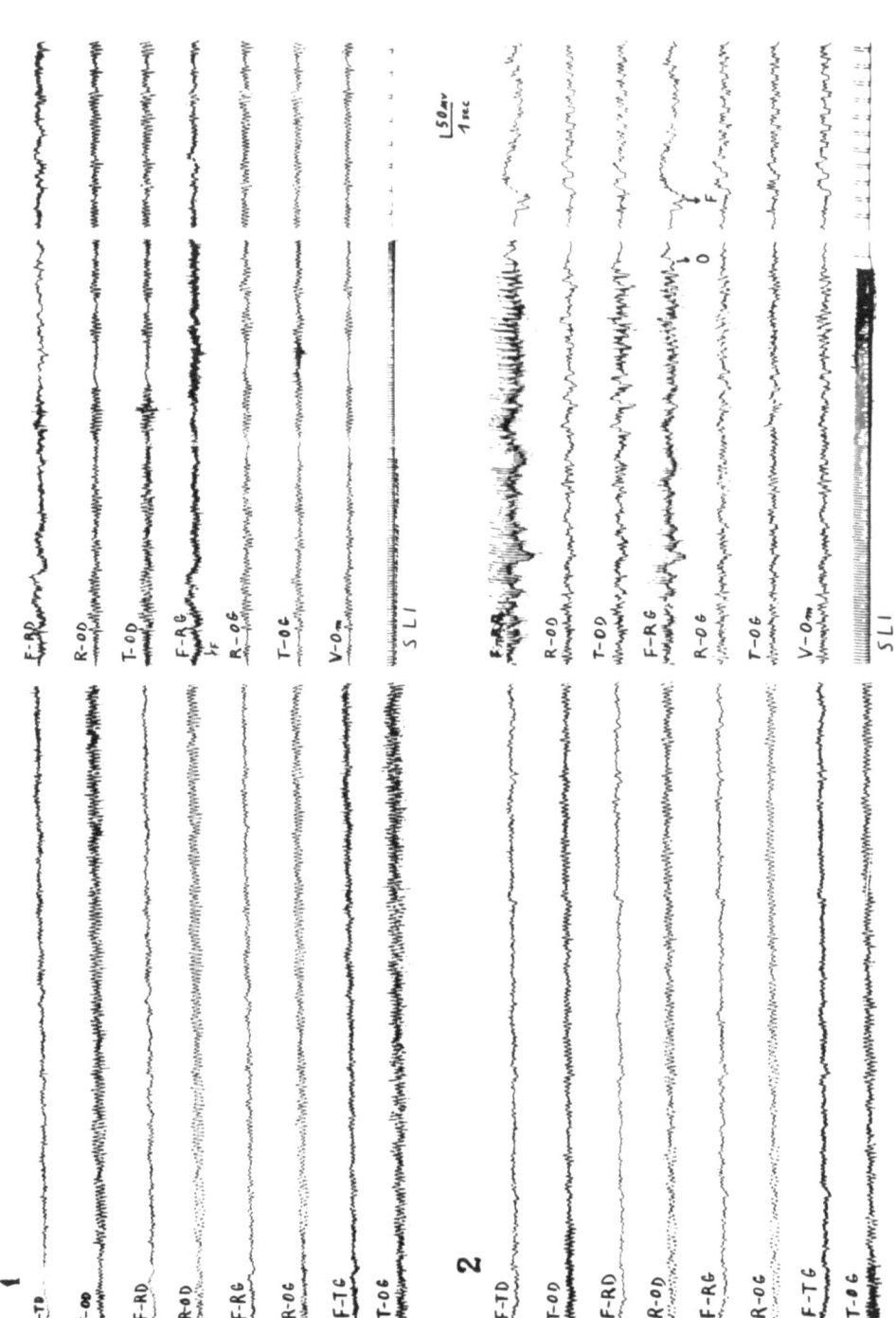

Fig. 4. Louis O. : 1er examen, avant traitement ; 2e examen, après cure de sommeil.

II

(Tient toujours pl. de la main gauche, le regard se détourne parfois.)

1. C'est pas un chien aussi? (geste adhésif de l'index droit touchant le noir gauche) (Jette un regard à sa gauche, puis revient à la pl.) Un ici aussi (dr.). (Regarde de côté, puis revient à la pl., enc.)   D   F+   A ban
(FK lien)

   ENQUÊTE : (Comment voyez-vous les chiens?) Comme ça (les désigne).
   (Sugg. Kin) Non… Ils sont en train de manger, non, ça (gris sombre). Non? Je sais pas qu'est-ce que c'est ça.

2. Ah oui, c'est pas deux crabes? (rouge inf., geste moins appuyé mais répété) Deux écrevisses. (Regarde à sa gauche) Ça, je ne sais pas ce que c'est (Regarde ailleurs, enc.) Ça, je sais pas ce que c'est, ça. (Regarde à sa gauche en fronçant les sourcils. Nous lui demandons ce qu'il regarde, il dit « non ». Cherche une motivation, sourire évasif)   D   F+   A

   (Sugg. renv. pl.) Ah oui, oui. ∨ Comment que c'est ça? (Regards furtifs à sa gauche alternant avec la pl., enc.) Ben oui, je sais pas ce que c'est ça. (Même jeu et enc.) Deux crabes.

   ENQUÊTE : (Les écrevisses sont vues vivantes.)

3. (Enc.) Ça, je ne sais pas ce que c'est (rouge méd. bas). (Regards fuyants, enc.) Oui, je vois pas ce que c'est. C'est pas une espèce d'écrevisse aussi? (Regarde à sa dr. puis revient à la pl., désigne spontanément) (Le jeu alternant du regard continue, enc.) Ben non, là je vois plus grand'chose.   D   F—   A

III

(Prend pl. main gauche) Merci, Madame.

1. Un oiseau (désigne de la main gauche noir sup. g.). (Insistons) Ici, comme ça   D   F—   A

(geste appuyé et répété de l'index droit sur le même D g.). (Enc.) Encore un ici (même geste pour D dr.).

(Fuite du regard, enc.)

2.	C'en est un ici aussi (désigne de la main dr. noir inf. dr. et g.).	D	F —	A
3.	Ici c'en est deux aussi (désigne rouge méd., puis regarde à sa gauche). (Quoi?) C'est pas deux oiseaux? (Enc.)	D	F —	A
4.	Ben ici, y en a encore un ici, ici (rouge lat. bas). (Regarde à sa gauche et soupire, enc.) Ben, non.	D	F —	A
	(Rappelons renv. pl.) Ah, oui. ∨ (Promène un peu son index droit sur la tache, jette quelques regards à sa gauche, enc.) Qu'est-ce que c'est ça, je sais pas (noir gauche Ht). (Fuites du regard)			
	Ici je sais pas ce que c'est. Deux oiseaux aussi là. (Regarde à sa gauche, peu intéressé par la pl.) (Tête des oiseaux?) Ici, ici aussi (extrémités int. Ht du D noir g. et dr.). (Soupire, regard perdu)		Répétition	
	(Têtes des oiseaux vues dans le rouge) C'est pas ici (vers ext.)? Il me semble. (Enc.) Oui. Ici c'en est pas un (rouge lat.)? Oui, on a dit. (Demandons quelque chose qu'il n'ait pas encore dit) Ici je vous l'ai pas dit, je crois. (Désigne rouge méd.; en réalité, il l'a dit mais l'oublie par manque d'intérêt et d'attention soutenue.)			
5.	(Enc.) Tortue, non? (Regarde dans la salle en haut, à sa gauche, à sa droite) (Autre chose?) Oui (le dit sur un ton distrait et se reprend), ben non, non.	D	F —	A
	ENQUÊTE : (Sugg. H) Ben non, non, je ne trouve rien.			
	(Sugg. deux H, long silence) Oui, on dirait un bonhomme aussi ici (désigne de la main dr. noir sup. dr.). (Insistons) Sa tête. (Regarde?) Par ici (vers int.). Les bras, le corps (désigne chaque détail, puis regarde ailleurs). (C'est tout?) Oui. (Les jambes?)	(D	F +	H)
	Ah oui, ici (désigne le bas du noir sup., puis le noir inf.). (Nous lui demandons	(G	F +	H ban)

de tout montrer à nouveau; il le fait bien, mais il lève la main quand il passe du noir sup. au noir inf.; il désigne les « jambes » de sa main gauche, qu'il examine ensuite.)

(Sugg. Kin.) Ben, je sais pas... ils font rien. (Insistons) Je ne sais qu'est-ce qu'ils font là. (Insistons encore, mais il regarde sans aucun intérêt la pl.) Je sais pas qu'est-ce qu'ils font là.

IV

1. (Répond rapidement) Chauve-souris, ça... la tête là (bas méd.; désigne de l'index droit, regarde ailleurs et repasse plusieurs fois le doigt en appuyant)... les ailes ça, non? Le corps aussi ça (désigne du médius droit, geste appuyé et répété)... (soupire, regarde ailleurs) les ailes, non, ça? (Désigne spontanément chaque détail.) (Passe son doigt sur le contour inf. de gauche à droite plusieurs fois) Les ailes aussi (id. plus Ht, répète par inattention, le regard alterné est continuel). (Enc.) Les ailes (en les désignant encore). (Vous l'avez déjà dit?) Oui, je vous l'ai déjà dit. (Jette un regard à la fenêtre vers sa droite en fronçant les sourcils, rappelons à la pl.) Oui. ∨ (Soupire.) G   F Clob   A ban

    ENQUÊTE : (La chauve-souris fait peur, le noir joue.)

2. (Touche Ht méd. en appuyant, soupire, regarde à sa gauche, enc.) C'est une tête aussi (geste répété appuyé). Chouette, non... (?) Là (geste circulaire sur le détail méd. Ht). (Enc.) Des ailes ça (les désigne), non. (?) De chouette. C'est ça? (Regarde ailleurs, enc.) Ben, non. (Soupire quand nous retirons la pl.) Dd/Dbl → G   F Clob   Ad → A

    ENQUÊTE : (La chouette fait peur, les « yeux ».)

V

1. (Après un court moment) Une hirondelle ça, non? (Jeu alternatif du regard, enc.) Des ailes aussi là (désigne g. et d., G   F +   A ban

puis regarde ailleurs)... corps là (geste appuyé et répété en désignant le centre noir). (Enc., soupire) Des ailes là (désigne puis regarde ailleurs).

2. (Rappelons tourner pl.) Oui. ∨ (Regarde vers la fenêtre, enc, il passe sa main droite sur la partie gauche du détail noir et gris adjacent méd.) Là y a une tête aussi (noir + gris méd.). (?) Je ne sais pas qu'est-ce que c'est ça. (Enc.) Comme ça (geste appuyé et répété désignant les parties g. et dr. du détail). (Demandons où sont le bas et le Ht de la tête, il change plusieurs fois, insistons) Le Ht ici (Ht ∨), le bas ici. (Tête?) Je ne sais pas qu'est-ce que c'est comme tête. (H ou A?) Pas une tête d'homme. (Enc.) Ben, non. (Regarde à sa gauche.)   D   F (c)   Ad

VI

(Regarde d'abord vers la fenêtre, ensuite la pl. qu'il tient comme d'habitude de la main gauche, pose la main droite sur la partie gauche, regarde encore ailleurs, enc.)

1. Encore une espèce de chouette aussi là, non? Une tête là (Dbl Ht méd.). (Nous insistons, geste appuyé et répété. Lui demandons de montrer la chouette, il soupire, désigne d'un geste adhésif en insistant sur le centre noir) Tout ça. (Regarde sa main gauche, soupire, revient à la pl. et répète) Tout ça. (Enc.) Des ailes (geste insistant et répété de la main droite en montrant à gauche et à droite, puis il bâille).   G/Dbl   F Clob   A

    ENQUÊTE : C'est les yeux (taches noires adjacentes au Dbl). (La chouette fait peur.)

2. (Rappelons tourner pl.) Oui. ∨ (tourne lentement) Une tête ici aussi, on dirait, non? (tiers Ht, geste appuyé de la main gauche puis répété de la main droite) (?) Je sais pas qu'est-ce que c'est que ça. (Enc.)... Je sais pas qu'est-ce que c'est. (Regarde un peu à sa droite) (H ou A?)   D   F (c)
→ F Clob   Ad

D'animal. (?) Un veau, une vache. (Regarde à gauche et à droite, enc.) Ben, non.

ENQUÊTE : Ses oreilles là (extrém. lat.), ses yeux (taches int.). (La tête est désagréable à cause des yeux.)

VII

(Pose son petit doigt sur la tache, regarde, le retire) Je sais pas ce que c'est ça... je sais pas qu'est-ce que c'est. (Regarde ailleurs, enc.) Ah oui, je sais pas.

1. Un crabe. (Lui demandons de montrer, désigne alternativement à gauche et à droite d'un geste appuyé et répété de la main droite. Lui demandons où est la tête, hésite puis désigne le bas. Enc.) Ben ça, des pattes (Ht), non? (De quoi?) Des pattes de crabe. (Enc.) Là, c'est la tête... (Soupire) D G   F Clob   A

   (Sugg. renv. pl.) Oui. ∨ (Regards alternatifs, soupire, enc.) C'est une tête là. (?) De crabe (id ∧). (Enc., il appuie sur le détail inf. gauche) Ici c'est... des pinces. (?) De crabe. (Regarde à sa gauche, soupire, enc.)   Répét.

   ENQUÊTE : (Le crabe déplaît, la couleur foncée joue.)

2. Là ça fait une tête aussi (dét. lat. Ht). (De quoi?) Je sais pas qu'est-ce que c'est ça. (H ou A?) Un animal. (?) Je vois pas qu'est-ce que c'est ça. (C'est une tête d'écrevisse ou une autre tête?) D'écrevisse. (Lui demandons à nouveau de montrer la tête) De chaque côté (g. et dr.); y en a deux alors. (Tout à l'heure?) Une. (Maintenant?) Ça fait deux. (L'écrevisse vue dans la tache entière rép. 1 se sépare en deux animaux rép. 2).   D G   F Clob   A

VIII

(Passe son médius droit sur la tache)

1. C'est pas une chouette aussi ça (gris Ht)? Je sais pas. Si?   D   F Clob   A

   ENQUÊTE : (chouette désagréable)

2. (Enc.) C'est pas un lézard ça (rouge g.)? D F + A ban
   Un ici aussi (dr.).
   ENQUÊTE : (Sugg. Kin.) Non.

3. Un oiseau aussi ici (marron dr.). (Soupire) (Demandons où est la tête) C'est pas... (hésite, enc., désigne ban. dr.) encore ici là (g.). D F + A ban

   ENQUÊTE : (Comment voyez-vous l'oiseau?) Comme ça (désigne par un geste appuyé et répété). (Quel oiseau?) Je sais pas... ah, une dinde, non? (Sugg. Kin.) Non, ils font pas grand-chose... Je sais pas qu'est-ce qu'ils font... je sais pas.

4. (Enc.) Deux oiseaux ici aussi (bleu int.). D C F A

5. (Enc.) Ici c'en est encore deux (jaune, désigne toujours). (Regarde ailleurs, enc.) C'est tout. D C F A

6. (Rappelons renv. pl.) ∨ (Soupire, regarde à gauche, enc.) Là c'en est encore un. (?) Un lézard, non, deux (bleu int.). (Enc.) Je ne vois plus rien. D F + A

IX

(Regarde à sa gauche avant de prendre pl.)

1. Papillon ça (mauve). D F C A

2. (Regarde ailleurs, enc.) (Pose son index droit sur bleu) Encore un ici, non? D F C A ban

3. (Enc.) C'en est encore un ici, non? (Désigne rouge Ht, puis regarde ailleurs comme d'habitude.) D F + A

   (Enc.) Encore un papillon là. (Vous l'avez dit?) Oui, oui. (Regarde à sa gauche, enc., pose le doigt sur le marron puis sur le bleu) Là c'en est encore un. (Enc.) Ben, je sais pas. (Regarde vers la fenêtre)   Répét.

4. (Rappelons t. pl.) ∨ (Regarde ailleurs, enc.) (Désigne le mauve) On dirait comme une chauve-souris aussi. D F + A

   (Regarde à sa gauche, en plissant le front et fronçant les sourcils avec une expression inquiète.) (Enc.) Ici aussi (rouge).   Répét.

(Enc.) Papillon aussi. (Enc.) Je ne vois plus rien là.

X

(Tout en tenant la pl. de la main gauche, tourne la tête à droite et à gauche avant de la regarder).

1.	Deux oiseaux aussi là (rouge Ht).	D	$F_i^]+$	A ban
2.	(Regard fuyant, enc.) Encore un aussi là (mauve dr. et g.).	D	F +	A
3.	(Regard fuyant, enc., soupire) C'en est un aussi (bleu int.), non? (?) Un papillon.	D	F C	A
4.	(Regarde ailleurs, enc.) C'en est un aussi de papillon là (vert méd.).	D	F C	A
(2)	(Enc., soupire) Un oiseau aussi (mauve gauche), non (bâille).		Répét.	
	(Sugg. t. pl., le fait lentement en regardant ailleurs, puis jeu regard alternatif)			
	(A ce moment, quelqu'un chante dans la salle à côté, le malade ne paraît pas s'en apercevoir.)			
5.	Encore un oiseau ici (vert ext. bas g., vu la tête en bas). (Regarde ailleurs, puis désigne le même détail à dr. d'un geste adhésif). Ici aussi, non?	D	F +	A
(1)	(Enc. Il désigne rouge bas, lui demandons s'il l'a déjà vu) Oui.		Répét.	
(3)	(Autre chose?) Ça c'est un oiseau aussi (bleu int. g.). (Lui demandons s'il l'a déjà vu) Non. (Enc.) Encore un ici (bleu dr.). (Lui demandons s'il l'a déjà vu) Non (faux). (Enc. il regarde ailleurs puis revient à la pl.) Non, ben non, je ne sais pas ce que c'est (promène le doigt vaguement sur la pl., bâille, regarde ailleurs, revient à la pl., enc.)... non.		Répét.	

Durée = 1 h. 18′
Réponses = 34/15

G = 7 (3 D G, 1 G/Dbl, 1 Dd/Dbl → G)
D = 27
F = 19 (— 7)   F + % = 68
F (c) = 2

F Clob	= 7 + 1 →		
F C	= 4		
C F	= 2	Σ C	= 4
Kin [1]	= 1 F K add	Σ Kin	= 1 add
A	= 32	A %	= 100
Ad	= 2	(A plus variés)	

La somme des réponses a presque triplé et le temps moyen de réaction, bien qu'encore long, s'est réduit de moitié.

Le type de perception s'est beaucoup modifié, par une importante augmentation des grands détails, tandis que les réponses globales se restreignent aux planches noires où elles sont plus adéquates (I, IV, V, VI, VII).

Le sujet réagit maintenant à la couleur. Des réponses de couleur apparaissent à chaque planche polychrome : 2 C F à la pl. VIII, 4 F C aux pl. IX et X. Les contenus en sont cependant stéréotypés : « deux oiseaux » pour les C F, un « papillon » pour les F C. Le nombre proportionnel des réponses aux planches colorées par rapport à la somme totale a augmenté.

La 1re réponse de la pl. VIII est un F Clob — « une chouette » — constituant une première réaction ici inadéquate. Mais la série de F Clob qui se produisent dans plusieurs planches noires, avec des contenus présentant une certaine variété, est en accord avec leur climat. En même temps que s'éveille la réaction affective aux couleurs, se marquent aussi dans ce test les réponses anxieuses au noir. L'image désagréable des « yeux », vus à plusieurs reprises dans de petites taches foncées médianes ou para-médianes, leur apporte une note obsessionnelle.

Il n'y a toujours pas de kinesthésie spontanée. Mais une kinesthésie entraînant le lien central à la pl. II est amenée par l'enquête. A la pl. III, la suggestion des figures humaines arrive à la vision des taches noires entières, tandis que celle-ci s'arrêtait au point de séparation avec la partie inférieure (« les jambes » des figures banales) dans le 1er Rorschach.

Les contenus, tout en se référant toujours à la même espèce — réponses animales — sont devenus plus variés.

2e épreuve de dessin (fig. 3)

Le malade ne tient toujours pas sa feuille, laissant sa main gauche inactive. Il regarde parfois de côté ou examine ses mains, mais en général

---

[1] Toutes les kinesthésies : K (humaine), FK (animale) et k (objet) ont dans notre méthode une signification commune.

l'attention est plus continue qu'au 1er examen ; elle est en partie meilleure qu'au cours du Rorschach de ce 2e examen. On retrouve les soupirs immotivés intermittents, quelques sourires autistiques, des « oui » passifs, mais pas les grimaces d'avant ; le parasitisme mimique s'est atténué. Malgré l'importance encore grande des petits traits entrecoupés, l'exécution est plus continue qu'au 1er examen. Les traits sont beaucoup repassés, tout est lent et monotone. Le vague concernant la fin du dessin persiste ; des repassages et des petits traits se surajoutent inutilement, laissant plus ou moins indéterminé le moment où il faudrait considérer la tâche comme achevée.

Cependant, les formes ont gagné en netteté et la couleur s'étend davantage, plus adéquate et plus riche.

L'emplacement habituel à gauche persiste, sauf pour le dessin libre qui prend maintenant toute la longueur de la page.

Les arbres laissent moins d'espace blanc au bas de la page. Ils ont encore des couronnes fermées sur des branches symétriques ; mais leurs troncs sont plus trapus et entre les deux arbres, « un sapin » et « un chêne », dont le premier s'est agrandi et le deuxième s'est arrondi, la forme varie davantage. Si la couleur est encore appliquée par bandes séparées, elle finit néanmoins par couvrir entièrement chaque arbre, contrairement au 1er examen ; c'est le vert qui est maintenant employé, en deux tons : surface claire et branches foncées.

La maison, aux traits beaucoup repassés, se présente avec des contours plus marqués, plus nets qu'au 1er examen. Le toit et les murs sont couverts d'un quadrillage très régulier, petit détail se répétant en série avec une lenteur uniforme, mais lui aussi donnant plus de relief que le dessin flou du 1er examen. Le trottoir entourant la base reste blanc, tracé en pointillé, et le petit bout de chemin central est toujours très flou. Mais le corps de la maison gagne en consistance et en chaleur par les surfaces colorées des murs et cheminées rouges, différant du toit noir. En même temps, la cheminée laisse s'échapper vers la droite, tracée au crayon, une langue de fumée assez grande.

L'homme a une forme plus claire et plus détaillée et si une seule couleur, le marron, est encore employée, de même qu'au 1er examen, elle a une meilleure densité. Le vêtement s'enrichit d'une rangée de boutons et d'une poche. Les pieds sont encore coupés par le bas de la page comme avant ; mais, fait important, la ligne des bras s'affirme dans un mouvement arrondi et les mains sont maintenant clairement dessinées.

Le dessin libre, qui part de la gauche pour s'étendre à présent jusqu'au bord droit de la page, a des formes précises et un coloris nuancé. Il représente « un cuirassé », avec un mât central relié par deux fils symétriques aux extrémités du bateau — « la radio » — trois canons et la coque peints en marron surchargé de bandes vertes — « le camouflage ». Ce bateau de guerre avance sur l'eau — bande horizontale lentement colorée par un mélange de bleu, violet et vert — lié ainsi à un milieu.

2ᵉ épreuve de la Balle dans le champ

Le sujet trace lentement un tour entier. A la fin, il ajoute un petit trait à la sortie et un autre symétriquement à la ligne d'entrée dans le champ. La solution se réduit à un seul cercle, comme au 1ᵉʳ examen, mais l'exécution se fait par un tracé plus net et non interrompu à l'intérieur du champ.

Nous revoyons ce malade à un *3ᵉ examen*, 5 mois après la fin de la cure de sommeil, 3 mois après une cure de Sakel qui, amenant une atténuation des troubles, a permis un essai de sortie de l'hôpital. L'E.E.G. présente à cet examen un rythme alpha spontané à 9-10 c/s subcontinu, ainsi qu'une réaction à la S.L.I. plus marquée pour ces fréquences, et une régression des ondes thêta et bêta. Au moment de ce tracé avec une activité plus régulière qu'aux enregistrements précédents, nous notons à l'examen psychologique une amélioration de l'attention. La poussée sensori-motrice par rapport au 1ᵉʳ examen se maintient, avec cependant des réponses de couleur moins nombreuses dans le Rorschach et un coloris plus pauvre dans le dessin libre qu'au 2ᵉ examen.

Sur le plan clinique, la cure de sommeil n'a pas apporté d'amélioration appréciable. Cependant, nos examens montrent qu'une modification psychologique dans le sens d'une poussée sensori-motrice assez nette a bien lieu durant la cure, en correspondance avec une synchronisation de l'activité électrique du cerveau.

A l'E.E.G., on enregistre l'apparition d'une activité alpha, qui était quasi invisible au départ, en même temps que des rythmes thêta plus réguliers qu'avant, une activation des différents rythmes par l'hyperpnée, un effet un peu plus marqué de la S.L.I.

Le Rorschach s'est modifié dans le sens d'une vision moins stéréotypée, plus active, plus concrète, plus empreinte d'affectivité et de syntonie. La pauvreté du 1ᵉʳ Rorschach fait encore mieux ressortir les changements apportés par le 2ᵉ, où la poussée sensori-motrice se dégage avec netteté dans l'analyse des différents facteurs du test.

Dans le dessin, les images deviennent moins effilochées, plus riches en détails, mieux colorées. En même temps que se développent des aspects sensoriels, notons aussi comment certains éléments rationnels s'intègrent ici à l'orientation générale imprimée par la poussée sensori-motrice et lui servent même de moyens : dans la 2e épreuve de dessin, la répétition du trait et la régularité des formes aboutissent à une représentation moins décousue et moins floue, plus claire et plus concrète que celle du 1er examen.

Dans des limites d'expression beaucoup plus réduites, l'épreuve de la Balle dans le champ montre quelques petites variations dans l'exécution graphique qui s'intègrent à la signification générale de l'examen.

OBSERVATION LOUIS O.

Louis O., 36 ans, présente un état psychopathique aigu, avec troubles dissociatifs et confusion mentale. A l'isolement et à l'indifférence s'associent des troubles du cours de la pensée, un sentiment de dépersonnalisation, des idées délirantes de persécution avec des thèmes fortement dépressifs, des hallucinations auditives et olfactives. L'orientation spatio- temporelle est très floue.

Dans le service, le malade s'isole, l'air triste et méditatif, et s'irrite quand on l'interroge.

A l'examen clinique, il parle à voix basse, avec parcimonie et réticence. Devant les questions qu'on lui pose, il dit quelques mots qui paraissent pleins de sous-entendus, ou bien ne répond pas en serrant les lèvres et fermant les yeux. Il dit souvent d'une façon stéréotypée : « je ne sais pas ». Il pense qu'on ne peut pas l'aider, puisqu'il n'est « plus rien »; il n'a plus de poitrine, ni de cœur. Il se dit entouré d'une conspiration dont il ne peut parler, fait allusion à des « buveurs de sang ». Certains savent sa pensée, ceux qui lui « mettent des aiguilles dans le crâne ».

C'est le troisième épisode psychopathique. Le premier internement a eu lieu à 28 ans et a duré deux ans. Le deuxième a eu lieu il y a un an, dans le même service qu'actuellement. L'observation de cet épisode fait état de troubles dissociatifs analogues, accompagnés d'éléments confusionnels : oublis immédiats et réponses inappropriées; troubles du cours de la pensée, interprétations anxieuses, écho de la pensée, hallucinations olfactives et gustatives, sentiment de dépersonnalisation; apathie envers l'entourage, ambivalence. Le malade parlait très peu, répondait souvent « je ne sais pas », marchait à petits pas, hésitait, lançait des regards furtifs ; il mangeait peu. On lui envoyait « des odeurs, des ondes », il s'entendait dire la nuit des choses désagréables par des hommes qu'il ne connaissait pas, on dirigeait sa pensée. On lui suçait le sang, son corps se transformait ; il n'était plus le même qu'avant, il avait l'impression de ne plus vivre, d'être mort. Une cure alternée de sommeil et de pré-comas insuliniques (cure type Povorinski) avait à ce moment apporté une amélioration.

L'état somatique est normal. Il n'y a pas d'éthylisme.

Louis O. est cultivateur. Il vit seul avec sa mère, le père est décédé. Il a fini l'école à 14 ans, avec le certificat d'études primaires.

Au *1er examen*, le malade n'a aucun traitement.

1er E.E.G. (fig. 4)

Le rythme alpha, à 8 c/s, se présente sur les régions occipitales avec une amplitude de 60 à 80 µv, continu, régulier et symétrique. Les mêmes fréquences apparaissent sur les région frontales, moins amples, moins régulières, plus discontinues.

La réaction d'arrêt est très perturbée. Le plus souvent, il persiste durant l'ouverture des yeux une activité alpha importante, d'amplitude appréciable, tout juste moins continue que durant la fermeture des yeux. La réaction d'arrêt devient positive lorsqu'on stimule l'attention ; autrement, elle ne s'exerce à la simple ouverture des yeux que par moments.

L'hyperpnée et la S.L.I. n'ont aucune action.

Les ordres sont exécutés avec maladresse ; le malade est confus et abattu ; il gémit, dit ne pas pouvoir tenir les yeux fermés ou faire l'hyperpnée. Celle-ci est obtenue par des injonctions répétées, le sujet tendant autrement à s'arrêter. Interrogé sur ce qu'il a vu durant la S.L.I., il répond : « Oh rien, des taches jaunes, des taches simplement, ça pétillait un peu. »

1er Rorschach

Très maigre, le visage pâle, les lèvres étirées très minces, le malade s'asseoit de biais, au bord de la chaise, la tête baissée. Il bouge peu ; la mimique se réduit surtout à un plissement dépressif du front et parfois un pâle sourire ; le regard se perd, tourné vers le bas. L'aspect est triste et fermé.

Spontanément peu actif, on doit le stimuler fréquemment et lui rappeler à chaque fois le renversement de la planche. On arrive cependant, dans ces conditions, à un nombre de réponses assez grand. Il prend la planche avec retard, désigne d'un geste raide ou hésitant. Souvent, il lâche la planche et se retire en croisant les bras et en laissant son regard se perdre dans le vague.

L'hésitation, le vague marquent le ton, comme le contenu des réponses.

(Pl. Ror.)

I

(Prend pl. avec retard de la main gauche.)

1.	Des têtes de bêtes (saillies lat. Ht).	D	F +	Ad
2.	Au milieu, la forme d'un crustacé ou du cancer (dét. méd.).	D	F +	A
(1)	(Lui demandons de montrer les têtes de bêtes) Ici et ici (désigne d'un geste raide saillies lat.).			
(2)	Ça c'est la tête du cancer. (Désigne dét. méd., geste raide, puis lâche la pl.)			
3.	(Enc.) Des taches. (Où?) Un peu partout. (Lui demandons montrer, désigne petites taches rondes foncées int. puis taches ext.) (Enc.) Non. (Sugg. renv. pl., la tourne de côté de la main gauche.)	Dd	(c)	Taches
4.	< Un papillon (désigne sur demande partie avec grandes saillies à gauche). (Lâche pl. regard rêveur) (Sugg. renv. pl.)	D → Do	F +	A
5.	Comme ça? (Renverse pl. ∨, regarde. Enc.) Oh, pas grand-chose... des rochers ou des bêtes. (Lui demandons de montrer les rochers, geste vague Ht gauche — Demandons où sont les bêtes) Ça je ne peux pas dire, c'est ce qu'il y a des fois sur les rochers qu'on retire de la mer, les crustacés, ou même dans la terre, des temps préhistoriques. (Lui demandons de montrer — il ne dit rien, promène sa main gauche avec hésitation jusqu'à ce qu'il arrive à la saillie méd. sup.)	D	F (c)	Rocher/A/ préhist.

46 LA POUSSÉE SENSORI-MOTRICE

6. La colonne vertébrale de quelqu'un (centre); d'une bête ou d'une personne humaine. — D   F +   Ost

(5) (Question sur les animaux préhistoriques) Ça à peu près... des crustacés, c'est ce qu'il y a dans la mer, des poissons.

2. ∧ Ça a la forme ni plus ni moins du cancer. La raie; mais la raie est beaucoup plus grosse que ça. (Insistons ∨) Je ne peux pas dire, l'écaille qui reste après la roche. (On la voit?) Pas grand-chose, ça représente des fois des animaux ou n'importe quoi. Ceci c'est le cancer à peu près. (Désigne ligne centrale. Cette ligne apparaît comme la seule certitude, le reste est vague).

II

(Prend pl.)

1. Des bestiaux qui se battent — ça, à peu près. (Lui demandons de montrer, il hésite, puis désigne noir lat.) — D   F K   A

2. On dirait qu'ils sont montés par deux personnes (rouge Ht = têtes), enfin à peu près, mal dessinées, deux personnes qui... mal représentées enfin. (?) Je ne sais pas. Ça représente le vice sans doute, je ne sais pas... A voir l'image. Je ne sais pas, le sourire méchant. le sourire narquois. (Regarde pl. sans la toucher, la main gauche à sa hanche, avec un sourire à peine perceptible; puis le regard se perd). — Do   k   Hd

   ENQUÊTE : Il manque les dents, il manque la bouche. Ils montrent leur contentement du vice. (Question sur le rouge) Oh non, si c'est dans l'arme c'est du bromure... pour faire aller les soldats à la bataille : ça s'emploie en France toujours, je ne sais pas ailleurs. (Cr ne jouait pas à la première présentation)

3. (Enc.) Une éponge de sang (r. inf.). Vous le voyez, c'est du sang. — D   C F   Sg
   Contamination

4.	Ou le pis des bêtes, je ne sais pas. (Suggérons renv. pl., pose < — Sil. —) Pas grand-chose, à peu près la même chose.	D	C F	Ad → Sex
5.	Des bonnets rouges. (Où?) Ici et là (les deux taches rouges à gauche).	D	F C	Obj
6.	(Renversons pl. ∨) Une île (bl. méd.). (Enc.)	Dbl	F (c)	Ile
7.	Des bestiaux (noir rép. 1), ou des rochers (id.).	D	F (c)	Rocher/A
(1)	(A?) Des chevaux ou... ∧ non, ça n'a pas l'air de chevaux... la dentition d'un porc (gris méd.). Je ne peux pas dire.			→ Ost
(7)	(Rochers ∨) Les bêtes ressemblent à des rochers, il y a des plis.			
(6-7)	(Rochers et île?) Une presqu'île... ça se touche presque (ton hésitant). Si le fond ici était bleu (blanc périmaculaire), ce serait une presqu'île qui touche la mer, ce serait un golfe. (?) Une île normalement est entourée de rochers, c'est l'eau où il y a une parcelle de terre au milieu.		Confus	

III

(Tient pl. légèrement de la main gauche)

1.	Deux hommes ou deux femmes (noir, sans les jambes ban.), le foie (r. méd.), chacun leur foie.	D	F ±	H/Anat
2.	(Enc.) Une carafe au milieu (gris méd., dessine partie invisible du contour caché par les taches noires).	Dd	F —	Obj
3.	(Enc.) Je ne sais pas, moi. Des taches de sang ça (r. sup.).	D	C F	Sg
4.	(Sugg. renv. pl., pose <) Comme ça? Deux jambes coupées (jambes ban.).	Do	F + Coupure	Hd
5.	∨ Une coupe ici (ligne méd. du gris). Une coupe où l'on met des fruits ou quelque chose, ou rien, ce qu'on veut enfin... là, le pied, ici, puis voilà la coupe.	Dd	F ±	Obj
6.	Ou une lampe. (Où est le pied?) Le voilà ici, arrondi, pour se poser.	Dd	F —	Obj

7. Là un nœud papillon (r. méd.). (S'éloigne de la pl. main à la hanche, regard perdu; enc.) — D — F C — Obj ban

8. Deux corbeaux, les ailes ici (noir inf., têtes vers l'ext.). — D — F Clob — A

9. Ici deux arbres (noir paraméd.); au milieu, un plus gros, un cèdre (gr. méd.), il en manque une partie (Ht). (S'éloigne, croise les bras, ne regarde plus). — D — F (c) — Pl

   ENQUÊTE : (rép. 1). Oh, je ne sais pas si c'est des hommes ou des femmes, je n'ai pas regardé en dessous leur robe. (Lui demandons de montrer les personnes, il ne le fait pas. Montrez les têtes!) La tête, voilà (ban.). Ils sont posés sur quelque chose et voilà les deux jambes (ban.) qui ont été coupées, soit par le train, soit par une machine. (Lui demandons à nouveau de montrer H, il désigne noir sans les jambes ban.) La tête, le cou, puis le corps. Oh, ils sont voûtés quoi, ils ont le dos courbé. (Jambes?) Elles sont ici, on voit que l'ombre (saillies grises int. au-dessus détail méd.). (Indiquons jambes ban. et demandons si elles appartiennent aux H) Ça je ne sais pas. (Foie?) Mais il est tenu par un ruban (centre), c'est un nœud (superposition entre les réponses 1 et 7). — (— k F (c) — ombre)

IV

1. (Prend pl.) Un voile, une bête en dessous (dét. méd.), un crêpe (reste de la tache). (Lâche la pl., croise les bras) — Gz — F Clob — Obj Ad/Hd

   (A?) Je ne sais pas, ça a l'air plutôt d'une personne mal faite, une personne pas belle enfin... je vois ses yeux ici, ça ressemble aux yeux des bêtes (Ad habituel, taches foncées). (?) Juste la tête.

2. (Sugg. renv. pl. ∨ Enc.) On croirait une bête qui est débitée au milieu, voilà la colonne vertébrale (centre) et voilà... (n'achève pas, enc.) La bête, le corps qui — G — F + Coupure centrale — A mort/Ost

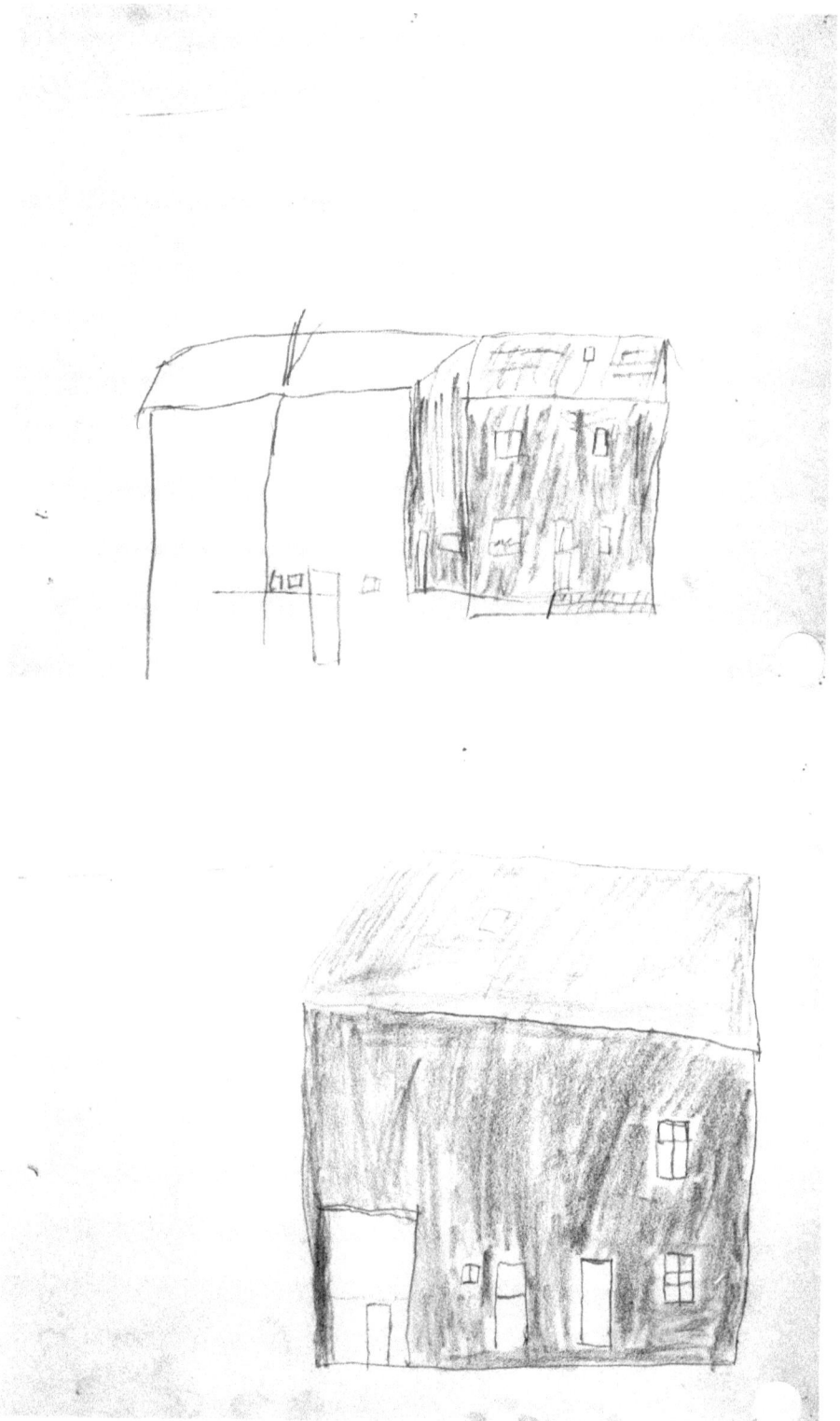

Fig. 5. Louis O. : Dessin de la Maison, 1ᵉʳ (Ht.) et 2ᵉ (bas) examen.

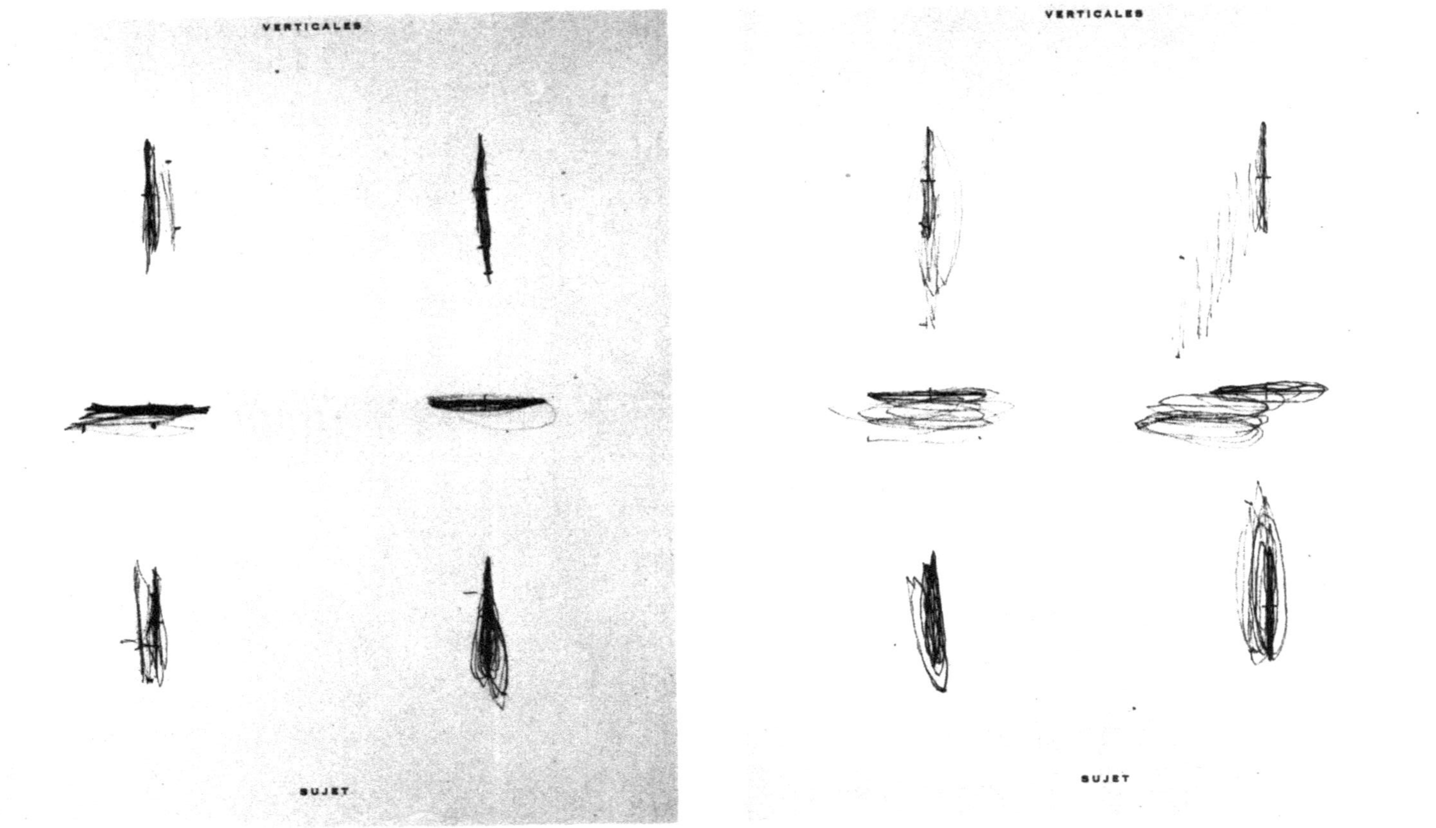

Fig. 6. Louis O. : P.M.K., épreuve des linéogrammes, 1ᵉʳ (g.) et 2ᵉ (dr.) examen

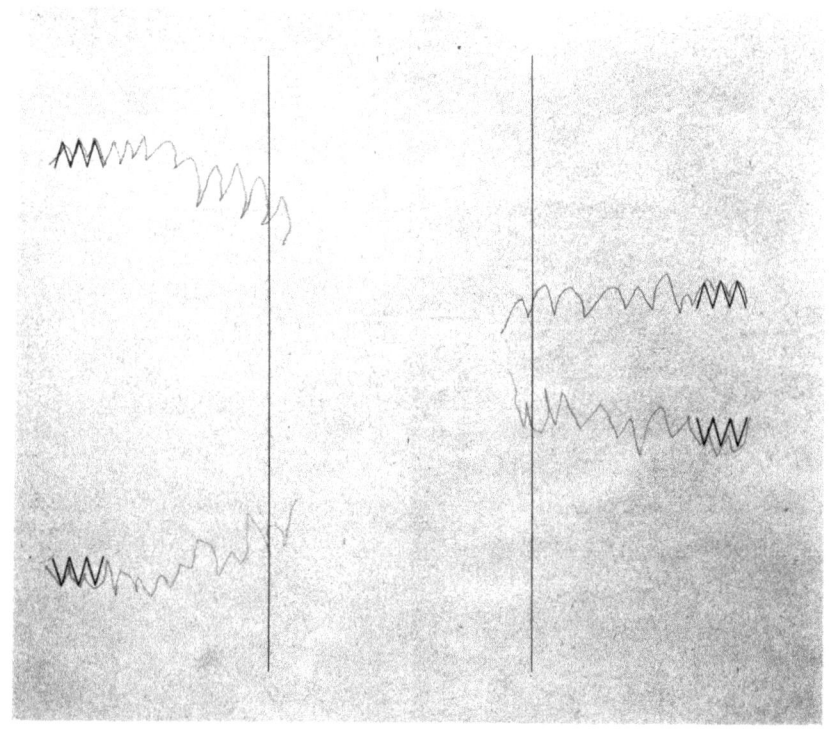
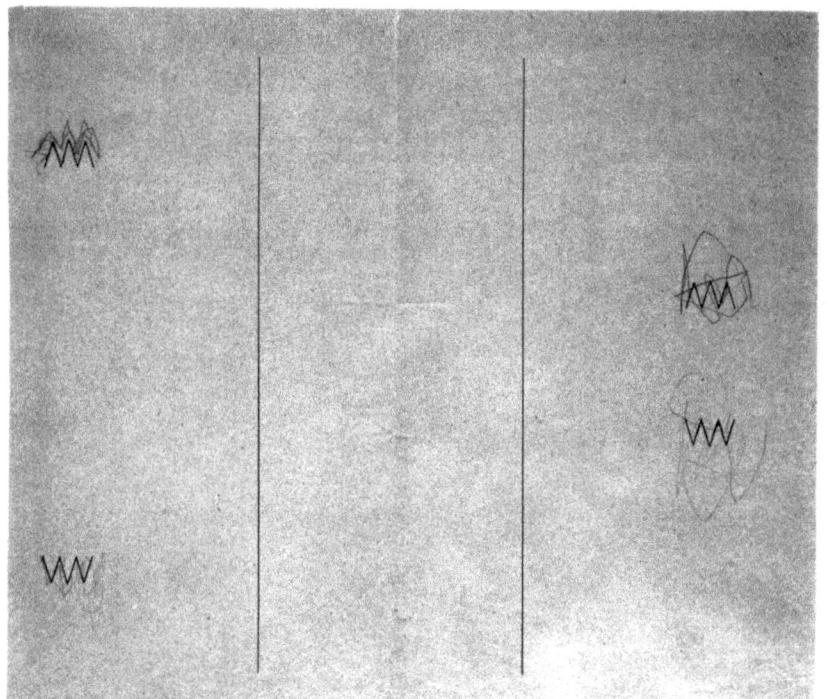

Fig. 7. Louis O. : P.M.K., zigzags, 1er (g.) et 2e (dr.) examen.

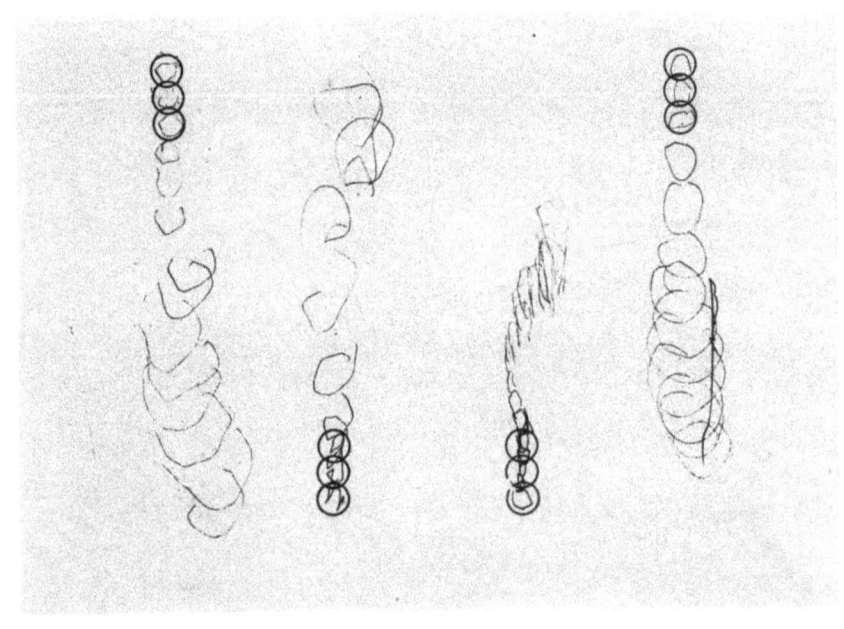

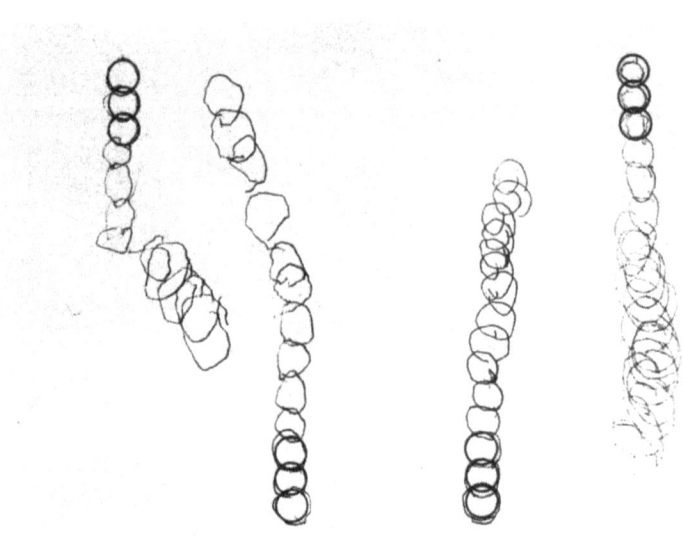

Fig. 8. Louis O. : P.M.K., chaînons, 1er (Ht.) et 2e (bas) examen.

est coupé en deux, dépecé, pas tout à fait
en deux, mais enfin qui est dépecé. (Lâche
pl., regard se perd)

V

(Prend pl. de la main dr. puis rapidement
de la main gauche, le regard se perd par-
dessus la pl. Insistons)

1. Deux personnes humaines qui se mettent   D G   K   H/A
   le dos l'une contre l'autre (les deux moi-   → F (c)
   tiés de la tache). (?) Voici leurs mentons,
   voici leurs figures, enfin ce ne sont pas de
   vraies personnes, leurs jambes sont
   comme les bêtes... la queue (sail. lat.).
   (Lâche pl., regard se perd. Sugg. renv.
   pl. ∨ reprend de la main gauche, sil.,
   enc.) Je ne sais pas.

2. On dirait ∧ un papillon, une chose   G   F +   A ban
   comme ça, je ne sais pas dire au juste,
   une libellule. ∨ (Lâche pl., regard
   perdu)

VI

(Tient pl. de la main gauche, immobile)
Là, je ne peux pas savoir...

1. Un lustre ou quelque chose comme ça.   G   F +   Obj
   (Montrez!) Je ne sais pas, ça serait la tige
   fixe (centre Ht) et puis ça serait les
   lampes (petites et grandes sail. lat.).
   (Lâche pl. Sugg. renv.)

2. ∨ Un arbre, il est presque cassé en deux   G   F (c)   Pl
   (désigne ligne centrale). (Lâche pl. Lui   Coupure centrale
   demandons de montrer) Voici le haut
   (contour Ht) et voici la pelouse en dessous
   (dét. méd. inf.). (Cassé?) On le dirait un
   peu, c'est fendu (la coupure s'adoucit).
   (Croise les bras, ne regarde plus)

VII

(Prend de la main gauche)

1. Peut-être deux dames (tiers sup.), si elles   D   F (c)   Hd
   n'avaient pas cette queue de cheval (app.
   sup.), ça peut être les cheveux en queue
   de cheval sur un buste. (Montrez le

buste!) Ben, le buste se couperait à peu près ici en dessous de la poitrine (entre tiers sup. et moy.). Oh, on les aperçoit à peine, c'est ce qui arrive parfois au cinéma quand ça bouge, ça tremble. (Lâche pl. et croise les bras) (Insistons, il parle de roches) Puisque la terre bouge toujours, elle tourne autour du soleil, alors c'est forcé! (Ici?) Je ne sais pas, parce que ça fait de l'ombre sur la figure. (Rapp. tourner pl. ∨ Regarde, tenant de la main g.)

2.	Ce sont des rochers, avec on dirait au milieu la porte d'un château fort, en regardant de ce côté ∧. (Rochers?) Ben, les rochers sont presque autour (vague).	G	F (c)	Rochers
3.	(Renv. pl. ∨ Enc.) Des têtes de personnes humaines. (?) Une, deux, trois et quatre (tiers bas et tiers moyen droite et gauche).	D	F (c)	Hd/Obj
4.	Et puis deux éponges (2 tiers Ht).	D	F (c)	Éponge
(3)	(Lui demandons de montrer la figure des personnes) Voici les yeux, ce sont même pas des yeux humains, ce sont des yeux fauves. (Têtes humaines?) Ben, elles se ressemblent, comme si c'était des carnavals.			

VIII

(Soulève légèrement pl.)

1.	Deux sangliers mais sans rouge, rouges de sang (rose lat.).	D	F + C F	A ban Sg
	ENQUÊTE : (Comment sont les animaux?) Ils sont teints, quoi. (Sugg. Kin.) Oh, je ne sais pas.			
2.	Alors ça, on croirait une carcasse, carcasse humaine (bleu + blanc méd. + gris).	D/Dbl	F ∓	Ost → Po
3.	Et ici des fleurs de lavande (patte ant. des A banaux). (Lâche pl., croise les bras)	Dd	C F	Pl
(2)	(Carcasse?) La carcasse c'est le ventre.			
(3)	(Fleur?) Les voilà ici qui sont à peine écloses et ici. (Enc., regarde pl. de loin)			

ENQUÊTE : réponse 3. C'est un peu violet, c'est un peu plus pâle que celle-ci (réf. rép. 4).

4. Une fleur (rose-orange méd.) ou... je ne peux pas dire quoi.   D   F C   Pl
→ P

5. ∨ Ou de l'autre côté comme une cigogne qui est tuée, qui a le cou renversé ici (rose-or. id. rép. 4 — cou = centre clair). C'est comme si elle était dépecée et son cou qui retombe là, seulement elle est en couleur rouge au lieu d'être en couleur naturelle.   D   F (c)   A mort

ENQUÊTE : rép. 4. Ça a la forme d'une fleur qui est flétrie, les pétales retombent.

IX

(Prend pl., sil.) Ça je ne peux pas le dire... (Enc.) Je peux pas le dire. (Éloigne la pl., regarde encore mais la lâche doucement et retire la main) (Enc.) Du vert, du rose et du jaune. (Croise les bras, ne regarde plus)   → Refus

Énumère Crs

(Sugg. renv. pl., il la tourne au verso et reste immobile, nous intervenons)

1. > Un arbre rose, une épine rose. (?) Voilà le corps (centre) et voilà (rose). (Voilà quoi?) Les fleurs écloses, une aubépine rose. (Epine?) Non, une aubépine puisqu'il y a des blanches et des roses.   D   F C   Pl

ENQUÊTE : Un arbre qui a été taillé. (Lâche pl. et croise les bras. Nous rapprochons la pl. en la renversant ∨, il la reprend)

2. Ben, ici, comme les têtes d'un cerf (vert près or., désigne à gauche), puis ici une seconde (dr.).   D   F (c)   Ad

X

1. Ben, ça représente les bronches humaines (rose), puis ni plus ni moins quand on a le cancer, ce sont toutes sortes de bêtes (gris lat.) qui les mangent.   Dz   C F   Anat
Destruction

	ENQUÊTE : Des bronches rongées, couleur rouge ou brun, ça correspond des fois à la couleur des cheveux.		Absurdité	
2.	Oh, ça représente même des fleurs, des fleurs de plantes vertes, des plantes d'appartement (gr. lat. id. rep. précédente).	D	C F	Pl
3.	Ici une tête de mulet (vert pâle méd.), qu'on lui bouche les yeux (tache foncée para-méd.) avec un rideau (vert para-méd.).	Dz	F + → F Clob	Ad ban Obj
	ENQUÊTE : Ou une rêne qui sert à le conduire.			
4.	Ici deux chauves-souris (bleu lat.).	D	F —	A
5.	Et ici la Tour Eiffel (gr. sup.), ou enfin... (n'achève pas, lâche pl., regard se perd). (Sugg. renv. pl. ∨) Dans ce sens-ci, je comprends pas très bien.	D	F +	Arch
6.	On dirait deux hiboux (or. lat.). (Tête?) Ici, on ne voit pas les yeux.	D	F —	A
7.	Ou deux chiens (id.). (Tête?) C'est à peu près ici, le museau ici (extr. Ht).	D	F +	A
8.	(Enc.) Oh je sais pas, ni plus ni moins une niche avec un saint au milieu, un coucou qu'on appelle, quelqu'un qui sort avec un parapluie quand il pleut ou le beau temps... aimanté avec du mercure, comme les baromètres (vert pâle méd.).	Dz	F C → F (c)	Obj
9.	Comme si c'était le soleil qui passe entre les rochers. (?) Ben, le soleil, c'est à peu près des points jaunes (j. int.) qui passent entre les rochers (rose)... Ce sont des morceaux de roches.	Dz	C F	Nat
(8)	(Qu'est-ce qu'on voit dans la niche?) Ah, je ne sais pas, je ne le vois pas même... je ne peux pas deviner l'impossible... avec un voile vert autour, vert pâle.			

APRÈS LE TEST

Pas de préférence entre les planches noires et colorées : « Oh, n'importe laquelle, pour moi ça n'a pas de charme. »

Planches préférées : « aucune ».

Teinte préférée : « Toutes pareilles pour moi. »

Durée	= 1 h. 17′				
Réponses	= 48/16	→ R pl. IX			
G	= 7				
D	= 33 (1 → Do, 1/Dbl)				
Dd	= 5	Do	= 2	Dbl	= 1 } = 8
F	= 19 (—5,5)			F + %	= 71
F (c)	= 11 + 2 → + 1 add				
(c)	= 1				
F Clob	= 2 + 1 →				
F C	= 5				
C F	= 8			Σ C	= 10,5
K	= 1				
F K	= 1				
k	= 1 + 1 add			Σ Kin	= 3 + 1 add
A	= 14 (1 A/Ost, 1 A/Sg, 2 A/Rochers)				
Ad	= 4 (1 Ad/Hd)				
H	= 2 (1 H/Anat 1 H/A)				
Hd	= 4 (1 Hd/Obj)				
Ost	= 2 + 1 →				
Anat	= 1				
Sg	= 1, →				
Sex	= 1				
Nat	= 2				
Pl	= 6				
Rochers	= 1, →				
Arch	= 1				
Obj	= 9				
Éponge	= 2 (1/Sg)				
Tache	= 1				
Ombre	= 1 add, →				

Un aspect caractéristique du test est constitué par les réponses où des images de différents ordres se transforment les unes dans les autres, la réalité qu'elles représentent devenant ambigüe, incertaine et floue. Il en est ainsi pour des réponses d'estompage aux deux premières planches : « des rochers ou des bêtes... ce qu'il y a des fois sur les rochers qu'on retire de la mer, des crustacés, ou même de la terre, des temps préhistoriques... l'écaille qui reste après la roche... des animaux ou n'importe quoi » (I 5 et pl. renversée); « des bestiaux ou des rochers... des chevaux... non... la dentition d'un porc... les bêtes ressemblent à des rochers » (II 7).

La figure humaine surtout n'est jamais vraiment réelle et vivante. Surajoutée à l'animal qui devient ensuite rocher dans la pl. II, « mal dessinée », elle symbolise « le vice » et exprime la malveillance; son « sourire méchant » est informe, « il manque les dents, il manque la bouche ». Elle se juxtapose à des organes anatomiques et s'accompagne de coupure à la pl. III : « deux hommes ou deux femmes (noir sup.), le foie, chacun leur foie (rouge int.) » (III 1), « deux jambes coupées » (noir inf., rép. 4). Au-dessous du « crêpe » lugubre de la pl. IV, il y a « une bête », ou « une personne mal faite »; ses yeux ressemblent à ceux des bêtes, de même que les « yeux fauves » des quatre têtes qui paraissent déguisées en « carnavals » de la pl. VII (rép. 3). Les « personnes humaines » de la pl. V « ne sont pas de vraies personnes », elles ont des jambes et une queue « comme les bêtes ». Les figures féminines de la pl. VII (rép. 1) sont recouvertes d'« ombre »; « on les aperçoit à peine, c'est ce qui arrive parfois au cinéma quand ça bouge, ça tremble »; une justification de type généralisateur pseudo-scientifique accompagne cette réponse d'estompage vague : « puisque la terre bouge toujours, elle tourne autour du soleil, alors c'est forcé ».

Pour le même détail, la vision oscille entre des images disparates : « une fleur ou... une cigogne qui est tuée » (VIII rose-orange méd. $\wedge$ et $\vee$), « deux hiboux... ou deux chiens » (X orange lat.).

L'estompage est important, il exprime surtout une sensibilité qui se perd dans le vague.

La pl. IV provoque une réponse Clob, conforme à son climat dépressif, mais de caractère schizoïde par l'ambiguïté de la forme homme-animal et la coupure centrale qui lui fait suite. Les yeux de bête dans une figure humaine y sont inquiétants; il en est de même à la pl. VII; à la pl. X, les yeux sont « bouchés » (X 3).

La réaction aux couleurs est forte, avec une dominante impulsive du rouge, vu plusieurs fois comme « sang » (II, III, VIII). Quelques réponses comportent des F C adéquats comme les « bonnets rouges » et le « nœud papillon » des pl. II et III et des C F sensoriels comme la « fleur » et surtout le « soleil » de la pl. X. Mais on trouve dans les planches colorées des contenus ostéologiques, des expressions de coupure et de destruction (VIII 2 et 5, X 1). Le même détail, vu d'abord comme « fleur », devient, au renversement de la planche, « une cigogne... tuée... dépecée » (VIII 4 et 5).

Les kinesthésies sont faibles. Il n'y a pas de K banal à la planche III, marquée par la coupure. Les animaux qui « se battent » à la pl. II deviennent par la suite des rochers et l'action des personnages qui les surmontent appartient à un monde symbolique et délirant. La kinesthésie de la pl. V (rép. 1) implique un lien, mais elle concerne ces êtres humains indécis dont nous parlions plus haut.

Des images concrètes et même assez vives existent — « nœud, pelouse, lampe, lustre, soleil » — à quoi s'ajoutent la présence des grands détails dans le type de perception et quelques expressions de lien. Mais les coupures, les manques, le vague, le caractère indécis et étrange de la réalité l'emportent. L'image du « soleil qui passe entre les rochers », donnée dans la dernière réponse, se morcelle rapidement : « le soleil c'est à peu près des points jaunes... ce sont des morceaux de roche » (X 9).

La confusion sur laquelle finit la pl. II entre le « golfe » et l'« île » comporte une inversion de l'image.

1re épreuve de dessin

Le geste s'interrompt souvent et hésite. Le trait est décousu, les formes incertaines, le coloris — qui n'est appliqué qu'après suggestion — pauvre.

L'arbre est un sapin aux branches tombantes qui restent pour la plupart séparées d'un tronc frêle et sans base. Après suggestion de la couleur, un peu de vert est passé sur les branches et s'ajoute à la base de l'arbre, en quelques traits épars dont l'inclinaison s'inverse vers la gauche.

La maison, où la ligne de base manque en partie et où le coloris — marron et rouge — est aussi fragmentaire, forme et couleur, tout est confus et décousu. La présence d'un ton rouge sur le toit introduit une note sensorielle, mais son exécution est aussi effilochée que le reste. (fig. 5)

Le dessin d'une femme portant un sac à main est un peu plus vivant, tout en restant schématique ; la tête a une forme polygonale ; le coloris se réduit à un quadrillage rouge couvrant géométriquement la surface du corps.

1er P.M.K.

Dans les linéogrammes, on note : une déviation vers le bas des verticaux, surtout à la main droite, avec diminution du tracé ; des boucles dans l'horizontal et surtout le sagittal gauches ; des déformations circulaires des horizontaux et sagittaux, surtout droits; l'ampleur des déviations est limitée. (fig. 6)

Aux zigzags égocifuges, le malade trace d'abord un mouvement en l'air, sans toucher le papier, fait un gribouillage confus au-dessus du modèle, n'avance point, revient en arrière (on ne peut même pas arriver à mettre l'écran). Dans les zigzags égocipètes, il ne couvre pas le modèle, mais dessine juste à côté; ensuite, au lieu d'avancer, il retourne sur son tracé. (fig. 7)

Le dessin à côté du modèle se retrouve dans l'épreuve de l'escalier, où la main droite retourne encore sur le tracé de poursuite, puis esquisse rapidement un mouvement ascendant et une descente abrupte, avec une configuration tout à fait dissoute. La main gauche trace des marches ascendantes déformées finissant sur des boucles très marquées, puis descend à la verticale, en perdant complètement la forme de l'escalier.

Dans les quatre chaînes, le malade dessine des chaînons plus petits, déformés et à tendance polygonale à l'intérieur du modèle. Le tracé le plus schizoïde est l'égocifuge droit, avec ses chaînons particulièrement réduits au départ, allongés et ouverts. Les autres tracés comportent des formes en partie polygonales et des cercles souvent ouverts parce que inachevés, mais aussi des chaînons agrandis et, à la main gauche, quelques décollements impulsifs. (fig. 8)

Dans les parallèles, on note la diminution des traits, surtout à la main droite, des déformations et des crochets à la main gauche, une déviation vers l'intérieur des tracés droits, une torsion axiale de l'égocipète gauche; des inversions du mouvement donnent lieu à des croisements en ailes de moulin.

Pour les U, la poursuite du modèle est toujours défectueuse et nous retrouvons le dessin fait à l'intérieur dans le tracé vertical droit. On note des déformations par un mouvement curviligne de balancement, des torsions et des crochets.

1re épreuve de la Figure complexe de Rey

Copie : type de construction IV; 26 points (< centile 10); durée 6′ (centile 10).

La construction, qui commence par les triangles extérieurs et le losange, est confuse. Le cadre est exécuté par morceaux et reste imparfait, les grandes diagonales ne sont pas vues en entier.

Reproduction de mémoire (fig. 9) : type de construction I; 6 points (< centile 10); durée 2′.

L'exécution commence par le grand rectangle. A part ce cadre rationnel, tout est perturbé. Les détails extérieurs manquent, à part les croix qui, disposées toutes les deux à l'horizontale parallèlement aux côtés supérieur et inférieur du cadre, deviennent symétriques. A l'intérieur, des dessins à deux angles opposés du grand rectangle se répondent aussi d'une façon quasi symétrique et, au centre, s'inscrit un rectangle vide; à droite, on voit le cercle, mais sans les points intérieurs.

Contrairement à la lenteur de la copie, la reproduction de mémoire est rapide, en même temps que schématisée, déformée et appauvrie dans ses détails.

1re épreuve de la Balle perdue dans le champ (fig. 10)

Cette épreuve accuse fortement le blocage du mouvement.

Le malade reste arrêté, le crayon en main, disant : « je ne peux pas », « y en a pas (de chemin) », et ne commence qu'après beaucoup d'insistances. Très lentement, par petits traits, avec des arrêts, il se dirige vers le bas, puis remonte, n'esquissant en tout qu'un bout de chemin très réduit tout près de l'entrée. Il pose le crayon; après encouragements, il repasse un peu la fin du tracé par un mouvement de retour. Le champ reste vide.

Le malade est soumis à une cure de sommeil de 22 jours, qui totalise 268 h. 30 de sommeil avec une moyenne journalière de 12 h. 10. Le traitement comporte 8,20 g. Eunoctal + 6,20 g. Imménoctal + 1550 mg. Largactil. Quand la cure de sommeil prend fin, on continue un traitement au Largactil à 200 mg./j.

On ne constate cliniquement qu'une très légère amélioration.

Le *2e examen* a lieu 2 jours après la fin de la cure de sommeil.

Le malade, très pâle, les lèvres serrées, des rides inter-sourcillières, a toujours l'air triste et fermé. Il pose maintenant quelques questions inquiètes (par exemple au sujet de l'« électricité » durant la préparation de l'examen E.E.G.). Quelques sourires plus adéquats, indiquant un léger contact, apparaissent au cours de l'entretien.

2e E.E.G. (fig. 4)

La fréquence du rythme alpha, à 7,5 c/s, s'est légèrement abaissée.
La réaction d'arrêt est toujours perturbée.

L'hyperpnée ne peut pas être pratiquée (le malade déclare : « je ne peux pas, je ne sais pas »).

La S.L.I. déclenche, aux hautes fréquences, des paroxysmes faits de pointes frontales d'amplitude croissante et d'ondes lentes occipitales, qui cessent avec l'arrêt du stroboscope. Ils s'accompagnent chaque fois de gémissements; au premier, le malade dit : « c'est la mort ».

Le malade dit avoir vu durant le stroboscope : du jaune et du vert, des rectangles qui oscillaient; c'était pénible, il avait peur : « j'ai peur de l'électricité ».

2e Rorschach

Le regard se perd encore parfois, tourné vers le bas; mais, dans l'ensemble, il s'évade moins de la planche qu'au 1er examen. La planche est quelquefois prise en main; en général, elle est encore peu touchée. Une note d'amabilité envers l'interlocuteur apparaît à la fin du test : « je vous donne beaucoup de travail » (pl. X et entretien après le test).

(Pl. Behn-Ror.)

I

(Prend pl. main gauche)

1.	On dirait deux chiens qui se regardent.	D	F + (F K lien)	A ban
	ENQUÊTE : On dirait deux bêtes qui se tiennent ensemble.			
2.	∨ Dans l'autre sens, je sais pas... une coquille, ou c'est un coquillage de la mer, quelque chose comme ça. (Pose pl. loin, retire sa main; reprend pl. quand nous lui demandons de montrer)	G	F (c)	Coq/rocher
3.	On croirait presque une porte avec une dame au milieu, je ne sais pas si c'est vrai... comme une montagne qui s'est affaissée, tombée (gr. méd.).	Dd	(c) F	H
(2)	(Montrez le coquillage!) Toute cette partie (G), ou un rocher qui est écrasé.			
(3)	(H?) Je ne sais pas si c'est vrai, on le croirait, ça fait une ombre quoi, c'est une			

ombre. La femme ici, voilà ses mains, sa figure et sa chevelure (figure pour nous invisible).

4. Ou un monument si l'on veut, comme on veut. (?) C'est pas facile, c'est à peu près ça (contourne d'un geste tremblant tout le dét. méd.).   D   F (c)   Arch

5. Ça représente presque un grand vase de fleurs comme ça (id. rép. 4). (Monument?) Oh, non, ça représente toutes sortes de choses, ça dépend des pays.   D   F (c)   Obj

  ENQUÊTE : rép. 4 et 5 (les nuances jouent).

II

(Prend pl., regarde, hoche la tête) C'est bien difficile.

1. On croirait deux chats (noir)... deux chats ou deux chiens, je ne sais pas au juste, ça dépend ... on croirait qu'ils mordent dans quelque chose, un pot de fleurs ou un vase (noir et rouge méd. Ht).   Dz | F K   A
                                                                                   F C   Obj P

2. En bas, on croirait deux singes (r. inf.), c'est tout.   D   F C
                                             → K   A

  ENQUÊTE : Ils se regardent, ils sont maquillés en rouge, en carnaval, ils sont habillés. (K?) Oui, on dirait qu'ils se battent en duel.

  (Sugg. renv. pl., veut la tourner au verso, puis corrige après nos explications) ∨ Je ne sais pas au juste... ça ne me dit pas grand-chose, je vois pas très bien. (Enc.)

3. On croirait presque deux têtes d'hommes ou de femmes qui font le carnaval (noir, figure Ht tournée vers l'intérieur). (?) Ben, on dirait des corps, simplement il y a ça, la tête de chat ou de chien (rép. 1), ça ne représente pas les pieds.   D   K   H

  ENQUÊTE : Il se tiennent aux pieds, on dirait qu'ils sont posés sur quelque chose, ils tiennent une gerbe de grains ou de fleurs.   (P « tenir »)

4.	∧ On dirait que ça représente soit un ostensoir ou un vase religieux, quelque chose comme ça. (?) Voilà le pied (noir + gris méd.) et l'endroit où on met le Saint-Sacrement (rouge), à peu près… (Pose pl., la regarde encore un peu sans la toucher) C'est à peu près tout ce que je vois.	D	F C	Obj

III

(Soupire, hoche la tête, ne prend pas la pl.) C'est assez difficile…

1.	Des morceaux de rochers dans la mer peut-être. (Montrez!) Voilà, ici (noir dr. et g.), une crevasse au milieu (blanc) qui est tachée de sang presque (r. int.). (Tête inclinée, le regard se perd)	G/Dbl	F ± C F	Rochers Sg
2.	(Enc.) On croirait deux jambes (ban.) coupées d'une personne humaine, enfin tant bien que mal, l'apparence des os. Ça serait les jambes et ça serait le corps avec la tête. (Lui demandons de montrer le visage) Ben, on croirait qu'il est caché par un chapeau (mime un peu en désignant sur lui-même) et les cheveux derrière.	Do → G	F → F (c) Coupure	H/Ost
(1)	(Rapp. renv. pl., il la reprend ∨) J'ai dit, c'est une crevasse avec des taches de sang. (Enc.) > Non… (Renversons pl. ∨, enc.)			
(2)	Des personnes qui n'ont que la moitié du bras (mime sur lui-même). (Montrez!) ∧ C'est dans ce sens, voilà les bras tendus, les demi-bras puisqu'il n'y a que la moitié. Je ne vois que ça. Je vous ai dit une crevasse avec du sang. (Enc.)		→ K	
(1)	Des morceaux de rochers, c'est tout.			
	ENQUÊTE : rép. 2. Ce serait deux hommes qui n'ont que la moitié des bras, il paraît qu'ils ont les jambes coupées. (K?) Ben non, ils se regardent… ils regardent des taches de sang. (Vivants?) Je ne sais pas, s'ils ont les jambes coupées et ils n'ont que l'avant-bras ils ne peuvent pas être vivants.			

IV

(Touche pl. légèrement de la main droite)

1. On dirait presque un voile,   G   Clob F   Obj
→ (c) F

2. ou je ne sais quoi, un amas de roches.   G   F (c)   Rochers

Enquête : Ça a l'air un peu montagneux.

3. ∨ Ce côté, je ne sais pas au juste... je ne sais pas dire ce que c'est, on dirait une espèce de... cathédrale, ou la Tour Eiffel (Ht méd.).   Dd   F ±   Arch
→ F (c)

(1) (Voile) On dirait un voile noir comme on porte en France pour le deuil. Ailleurs, je ne sais pas la mode (sourit).

(3) (Cathédrale?) On dirait une partie de la Tour Eiffel au milieu, ou un insecte, ou un verre.

4. Ici on dirait un verre (Ht méd.).   Dd   F +   Obj

5. Le tout, on dirait un insecte, une libellule ou quelque chose comme ça, dans ce genre. (Le regard se perd)   G   F (c)   A

V

1. On dirait un insecte, les pattes qui pendent et la tête là-haut, ça représente à peu près les deux ailes ici.   G   F +   A ban
→ F K

2. Ou une tête de chien au milieu (dét. gr. méd.). Ça serait séparé par une sorte de ligne (centre noir) au-dessus des fosses nasales. (Croise les bras laissant la pl. loin, la regarde un peu, le regard se perd).   D   F (c)   Ad
Séparation centrale

(Sugg. renv. pl., la reprend ∨)

3. Pas grand-chose. Encore une bête qui est pendue, qui est séparée en deux, coupée en deux par le milieu. Et puis ça serait ça les pattes (Ht méd.) qui seraient pendues en l'air quoi. (Laisse la pl. loin, tête inclinée, regard tourné vers le bas).   G   F +   A P
→ F (c)
→ F K
Coupure centrale

VI

1.	Je ne sais pas très bien, ça serait des roches, une montagne au milieu de l'eau; y a des parties plus noires selon que ça fait de l'ombre. (Eau?) Mais elle serait tout autour (désigne), entouré d'eau.	G/Dbl périm	F (c)	Roche
2.	∨ De l'autre côté, on dirait une sorte de vierge (bl. méd. bas), je ne sais pas,	Dbl	F +	H rel
3.	une figure humaine. (?) Ce serait ceci, qui serait entouré d'un voile blanc. On voit la tête simplement, c'est le voile qui tombe dessus, qui cache. (Bl. méd. id. rép. 2, mais en exclut une petite tache bl. au-dessus qui représentait la tête de la vierge)	Dbl	F c	Hd

VII

(Soupire, touche pl. main g.) C'est difficile, je sais pas au juste.

1.	Ça ressemble à une mâchoire... ou à un golfe, entouré de rochers (noir), puis l'eau au milieu (bl. int.), ça sort par cette petite baie (Ht med.).	G/Dbl	F (c)	Pays
2.	(Mâchoire?) Ce serait plutôt cette partie-ci qui représenterait la mâchoire (Dbl inf.).	Dbl	F —	Ost
3.	Ce qui est noir, ça représenterait le poil d'une bête (noir lat. bas).	D	F (c)	Ad
	(Sugg. renv. pl.) ∨ C'est difficile, je ne vois pas très bien ce que ça représente.			
4.	Des feuillages (sur demande, montre le tout).	G	F +	Pl
5.	Ou un arc de triomphe, quelque chose comme ça, quelque chose de sombre... qui ressemble à une porte, ça serait l'entrée ici (noir + bl. int., entrée = bas méd.).	G/Dbl	F Clob	Arch

VIII

Je sais pas au juste ce que ça peut représenter. (Soupire)

1.	On dirait deux sortes de lézards (rouge).	D	F + C F	A mort Sg

	ENQUÊTE : Ils sont comme s'ils étaient tués, ils ont la tête relevée, couchés sur le dos. (Rouge) Parce qu'ils sont tués, ils sont remplis de sang.			
2.	Ça représenterait presque deux coquelicots (gris), seulement ils sont pas rouges, ils sont bleus.	D	F (c)	Pl
3.	∨ Deux bêtes (marron). (A?) Eh bien, ce sont... je sais pas au juste, je vois deux gros yeux, c'est tout. (Insistons) Je ne sais pas, c'est pas des bêtes de par ici, ça ne se ressemble pas.	D	F Clob (F C) (F K)	A ban
	ENQUÊTE : (A?) Je ne sais pas au juste, ils ont de gros yeux. Des vieux chevaux, quelque chose comme ça. (Cr add.). (Kin.?) On dirait qu'ils se regardent, ou ils se lèchent.			
4.	(Enc.) Je ne sais pas au milieu, deux sortes de taches jaunes ou de bêtes qui se battent (jaune int.). (A?) Je ne sais pas au juste, on peut pas le dire.	D	F K	A
5.	Et deux autres petites bêtes bleu-roi. (A?) Des libellules, quelque chose comme ça.	D	F C → F (c)	A

IX

(Tient pl. de la main droite) Je ne sais pas trop ce que ça veut dire.

1.	On dirait un genre de couronne bleue là.	D	F C	Pl
2.	Un petit flot rouge (mime en désignant sur lui-même). (?) Ça veut dire une petite cravate.	D	F C	Obj
3.	Puis des fleurs (marron). Je sais pas trop au juste, fleur de lavande, quelque chose comme ça. (Le regard se perd, il ne touche plus la pl.)	D	F (c)	Pl
	ENQUÊTE : Elles se tournent le dos.			
	(Sugg. renv. pl.) ∨ Je ne vois pas beaucoup, c'est pas facile (tenant la pl. des deux mains).			
4.	On dirait une sorte de béret violet.	D	F C	Obj
5.	On dirait une sorte de fleur bleue, on dirait quelques animaux qui ornent le	D	F C → F (c)	Obj

dessus, comme un vase bleu, qu'il y a quelques animaux qui l'ornent. (A?) Ben, on dirait des poulets ou quelque chose comme ça. (Fleur ou vase?) Un vase.

X

(Regarde sans toucher pl.)

1.	Des coquillages de toutes couleurs. Enquête : Il y a toutes sortes de formes.	D G	F C	Coq
2.	Ou ceci on dirait deux pommes de terre (marron). Je vous donne beaucoup de travail (aimable)! Deux pommes de terre avec une sorte de nœud (taches foncées int.), elles ne sont pas lisses quoi, un peu rugueuses.	D	F C → F (c)	Nourr
3.	Ceci, on dirait une sorte d'oiseaux qui se tiennent, ils ont le bec ici, qui se tiennent un peu par les pattes là. Ils sont accrochés sur une branche ou quelque chose. La branche serait entre les pattes là (r. méd.). (Sugg. renv. pl.) ∨ C'est assez difficile…	D	F K Lien méd.	A
(1)	Une sorte de coquille. (A notre demande, désigne vert int. et vert ext.) (Enc.) Bien non…			
4.	Un genre de je ne sais pas quoi. Si c'était noir, je dirais que c'est des chauves-souris, mais c'est rouge (r. bas). (Ça l'est?) Oui. (Reprend un ton brusque et éloigne la pl., le regard se perd tourné vers le bas).	D	F +	A

APRÈS LE TEST

(Travail? Jeu?) « C'est moi qui vous donne du travail plutôt (en souriant). Pour moi c'est un passe-temps, mais je vous donne du travail. »

Prié de nommer les couleurs, il indique les nuances : « grenat, rougeâtre, vert foncé ».

Pas de préférence entre les planches noires et les planches colorées; mais, parmi celles-ci, il choisit la pl. IX « parce que ça représente une couronne, elle est un peu plus colorée que d'autres ».

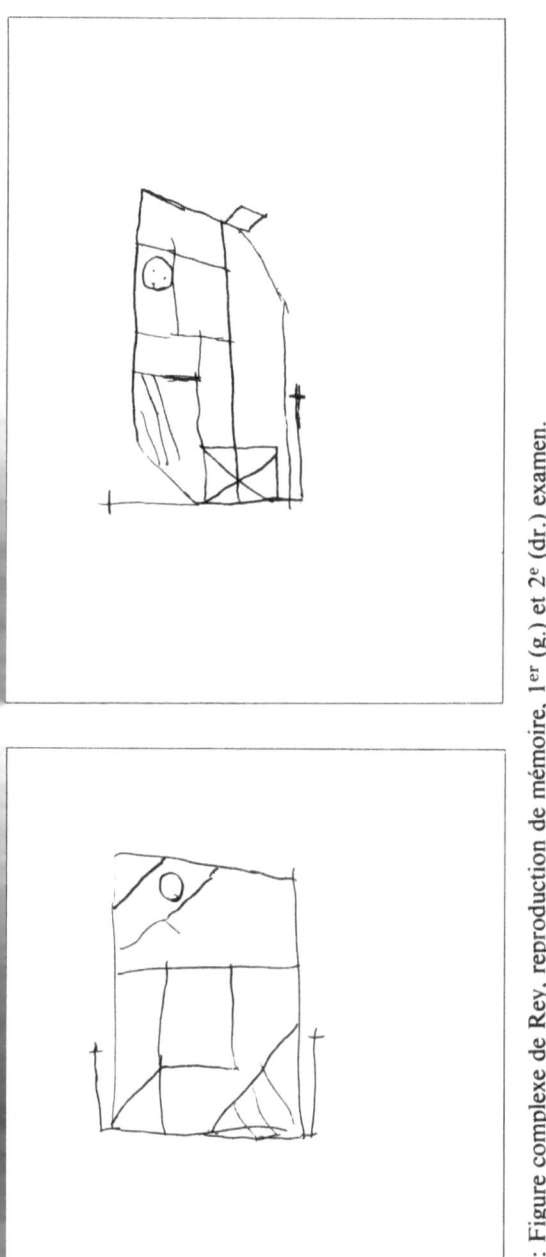

Fig. 9. Louis O. : Figure complexe de Rey, reproduction de mémoire, 1er (g.) et 2e (dr.) examen.

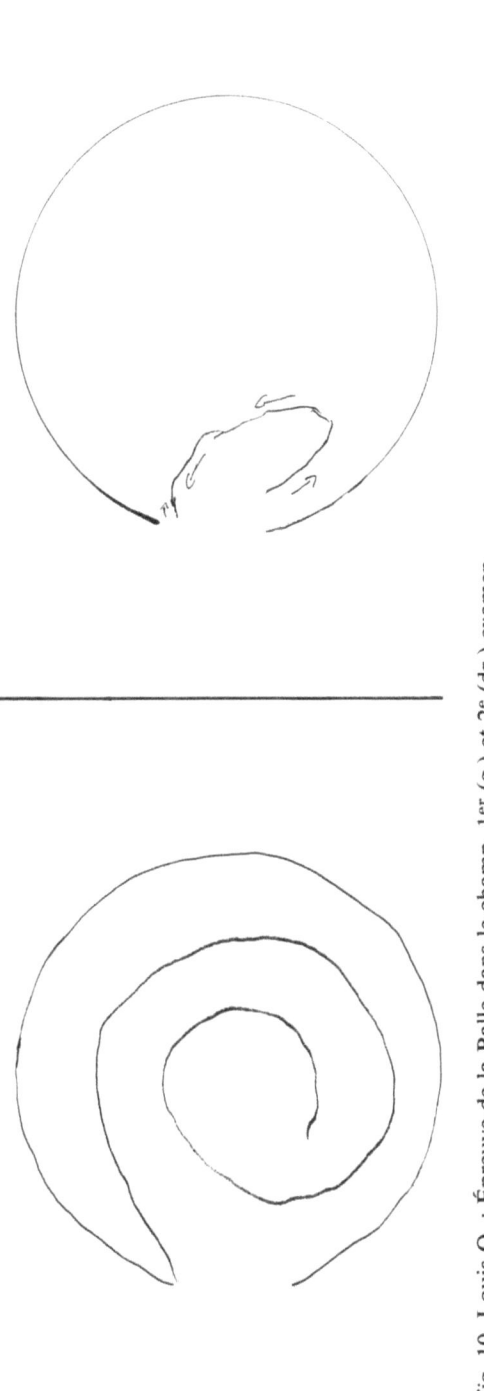

Fig. 10. Louis O. : Épreuve de la Balle dans le champ, 1er (g.) et 2e (dr.) examen.

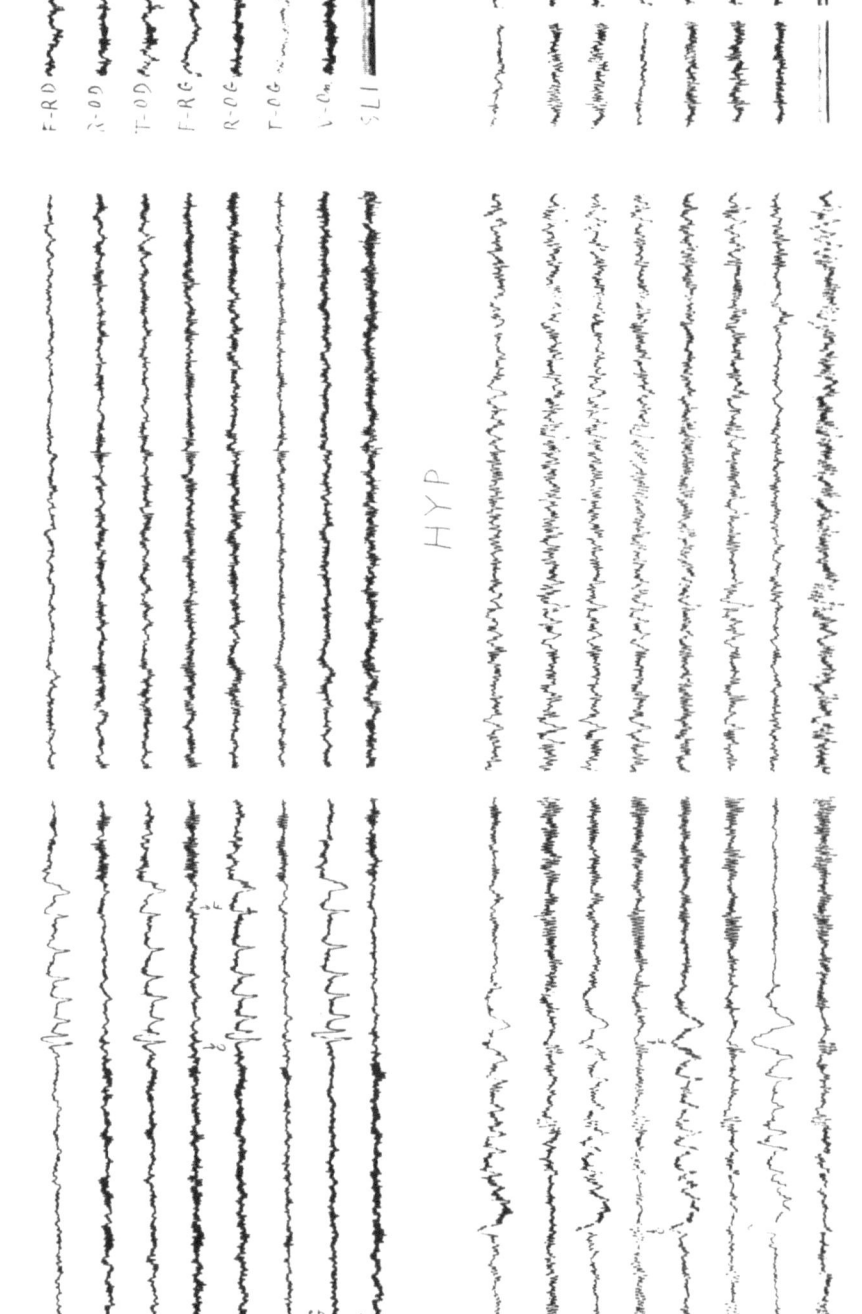

Fig. 11. Lionel M. : 1er examen, avant la cure; 5e examen, fin de la cure insuline-sommeil.

Fig. 12. Lionel M. : Maison, 1er (Ht.) et 5e (bas) examen.

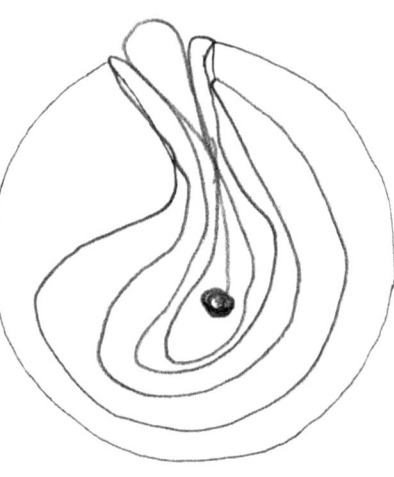
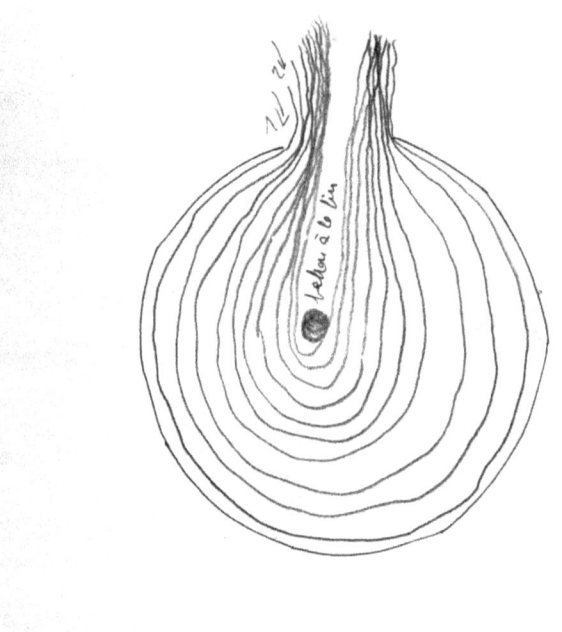

Fig. 13. Lionel M. : Balle dans le champ, 1er (g.) et 5e (dr.) examen.

Teinte préférée : « je sais pas au juste, pas beaucoup de préférence, celle qui est bleue (pl. IX) ».

Noir : « non, non, ça ne me déplaît pas, ça fait un peu plus triste, mais enfin ça ne me fait rien ».

Planches noires préférées : « oh, difficile... peut-être celle-ci (pl. I), on dirait deux bêtes qui se tiennent ensemble ».

Planche qui déplaît le plus : pl. III : « je la comprends pas beaucoup; c'est pour ça ».

Rouge : « On dirait des taches de sang, je n'aime pas voir du sang ». Le rouge de la pl. II lui déplaît.

Durée	= 1 h.		
Réponses	= 41/14		
G	= 13 (1 D G, 1 Do → G, 4 G/Dbl)		
D	= 22		
Dd	= 3	Dbl = 3	
F	= 12 (— 2)	F + % = 83	
F (c)	= 11 + 6 →		
(c) F	= 1 + 1 →		
F Clob	= 2		
Clob F	= 1		
F C	= 10	Fc = 1	
C F	= 2		Σ C = 7
K	= 1 + 2 →		
F K	= 3 + 2 → + 2 add		Σ Kin = 4 — 8 + 2 add
A	= 12	A % = 34	
Ad	= 2		
H	= 4		
Hd	= 1		
Ost	= 1, →		
Sg	= 2		
Nat	= 5		
Pl	= 4		
Coq	= 1		
Nour	= 1		
Obj	= 8		
Arch	= 3		

Le langage exprime souvent le doute. Il en est ainsi pour la première réponse humaine donnée à la pl. I, où le malade croit apercevoir dans les nuances grises d'un petit détail central « une dame » et ajoute : « je ne sais pas si c'est vrai, on le croirait, c'est une ombre ». A plusieurs reprises, il dit : « je ne sais pas au juste », « c'est difficile », « on croirait ». L'alternative exprimée par « ou » est fréquente : la même tache est « un coquillage... ou un rocher », « un voile ou... un amas de roches », « une mâchoire ou... un golfe » (réponses globales d'estompage aux pl. I, IV et VII).

Cependant l'être vivant ne se transforme plus dans la forme vague et inerte du rocher et l'ambiguïté homme-animal régresse. A la pl. II, il y a le déguisement du « carnaval », mais pas le symbolisme délirant des visages informes du 1er examen.

Les estompages vagues persistent. Mais il faut noter l'apparition, à la pl. X, d'un F (c) tactile, accompagnant un détail coloré, exprimé dans un langage sensoriel : « deux pommes de terre avec une sorte de nœuds... un peu rugueuses » (rép. 2).

Nous retrouvons à la pl. IV une réaction dépressive semblable à celle du 1er examen, le « voile noir... pour le deuil » rappelant le « crêpe ». L'aspect schizoïde de cette réponse F Clob s'exprime maintenant par sa dérivation vers un estompage vague : un « voile ou je ne sais quoi, un amas de roches ».

Le nombre des réponses de couleur est équivalent à celui du 1er examen, mais elles sont plus adéquates ; les F C augmentent, prenant la place des C F. Dans les trois planches multicolores, les expressions de destruction et de coupure, ainsi que les contenus ostéologiques, ont disparu.

La kinesthésie banale de la pl. III manque toujours. Mais, par ailleurs, des kinesthésies s'affirment, accompagnées de lien ; elles prennent de l'importance dans la pl. II, où se manifeste aussi la persévération ; elles apparaissent dans les planches colorées VIII et X ; elles font entrer en jeu d'une façon répétée le verbe adhésif « tenir ». Notons, parmi les autres, les liens médians qui se produisent aux pl. II et X : « deux chats ou deux chiens... on croirait qu'ils mordent dans quelque chose, un pot de fleurs ou un vase » (pl. II, noir lat. + gris méd. + rouge ht.) ; « deux têtes d'hommes ou de femmes... des corps... ils se tiennent aux pieds... posés sur quelque chose, ils tiennent une gerbe de grains ou de fleurs (pl. II renversée, noir lat. + gris méd.) ; « une sorte d'oiseaux qui se tiennent... par les pattes là, ils sont accrochés sur une branche ou quelque chose » (X, rouge méd.).

La planche III est fortement marquée par la coupure : « des morceaux de rocher », « deux jambes coupées », « la moitié du bras ». Mais, dans l'ensemble du test, la coupure s'atténue, ne se produisant plus surtout — comme nous le disions en parlant de la réaction aux couleurs — dans les trois dernières planches.

Par rapport au 1er Rorschach, la meilleure adaptation aux couleurs, l'augmentation de la kinesthésie et du lien, avec signes de persévération, une réalité un peu moins ambiguë et moins bizarre, une atténuation de la coupure indiquent la poussée sensori-motrice.

2e épreuve de dessin

Le malade dit à chaque fois, avant de commencer, qu'il ne sait pas bien dessiner. Il pousse des soupirs, s'arrête assez vite, ne colore qu'après suggestion. Cependant, le dessin est moins décousu, le tracé plus continu qu'au 1er examen. Le coloris est plutôt sombre, dépressif.

L'arbre, toujours sans base, a une couronne plus étalée, arrondie, remplie de traits verts et orange assez amples. Le dessin est encore schématique ; mais les séparations sont moindres, les traits plus dynamiques, le coloris un peu plus riche.

La maison, avec sa forme déterminée et sa ligne de base entière, ses surfaces colorées exécutées par des traits marron verticaux sur les murs et bleus obliques puis horizontaux sur le toit, a plus de corps, est devenue plus consistante qu'au 1er examen. La couleur est dépressive, mais d'une matière plus compacte ; elle laisse se découper en blanc la porte et les fenêtres. (fig. 5)

Le personnage est « un enfant ; il a un bâton, il marche ». La figure fait penser en réalité à quelqu'un de plus âgé et non à un enfant ; le profil est rectangulaire et laissé en blanc. Le haut du corps est bleu, le pantalon est marron. Les modifications par rapport au 1er examen sont plus appréciables dans le dessin de l'arbre et de la maison que dans celui de la personne.

2e P.M.K.

Dans les linéogrammes, les déviations sont beaucoup plus importantes qu'au 1er examen, en même temps que les tracés s'agrandissent. Avec cette amplification des déviations, on voit les tracés verticaux descendre beaucoup — toujours plus à la main droite — les horizontaux se déplacer aussi vers le bas, le vertical et l'horizontal droits vers l'intérieur. Les déformations curvilignes ont augmenté et s'étendent à tous les linéogrammes, sauf le vertical droit qui présente des boucles. (fig. 6)

Aux zigzags, le malade s'arrête avant l'ordre, mais après avoir exécuté une partie du parcours, sans gribouillage et sans retour en arrière. Cette fois, il a pu avancer et l'amélioration par rapport au 1er examen est évidente. (fig. 7) Les tracés égocipètes dévient vers l'intérieur.

Dans l'escalier, la main droite ne retourne pas sur son chemin et dessine mieux les marches qui font suite au modèle jusqu'à la pose de l'écran ; ensuite, elle exécute seulement quelques marches déformées, descend avant l'ordre et s'arrête après un petit parcours. La main gauche commence par un dessin contigu au modèle, trace des marches plus régulières et aux angles moins aigus qu'au 1er examen ; elle descend par un tracé zigzaguant le long de l'axe, avec de petites boucles. La configuration de l'escalier est toujours mauvaise ; mais la dissolution et la bizarrerie des formes étaient plus marquées au 1er examen.

Dans les chaînes, le dessin à l'intérieur du modèle a presque disparu ; il ne persiste que dans le tracé égocipète droit et encore avec des formes moins réduites. Les chaînons sont en général mieux formés. Le tracé égocipète gauche se déplace brusquement vers l'intérieur. Par contre, l'égocifuge gauche s'ouvre, en s'éloignant de l'axe. Le tracé égocifuge droit, tellement schizoïde à l'examen précédent, s'est nettement amélioré, avec des chaînons qui — même s'ils s'entassent à la fin — sont bien formés et d'une dimension suffisante. (fig. 8)

Les parallèles présentent des traits plus grands qu'au 1er examen et une diminution des crochets. Cependant, le tracé égocipète droit s'arrête avant la fin. L'égocifuge et l'égocipète droits dévient toujours vers l'intérieur ; l'égocipète gauche le fait aussi. On ne note plus les croisements en ailes de moulin.

Les U sont moins déformés ; les mouvements de balancement, les torsions et les crochets régressent. Les sagittaux ont une déviation égocifuge, avec une diminution des formes à droite. Les U verticaux dévient vers l'intérieur ; ils descendent beaucoup, plus à droite, de même que les linéogrammes verticaux (geste dépressif).

On note, dans ce P.M.K., de légers tremblements à la main gauche.

2e épreuve de la Figure complexe de Rey

Copie : type de construction IV ; 28,5 points (centile 10) ; durée 6' (centile 10).

Le cadre est encore exécuté par morceaux, mais aboutit à une forme meilleure qu'au 1er examen. Les grandes diagonales ne sont toujours pas vues entières. L'exécution commence cette fois par la croix verticale.

Reproduction de mémoire (fig. 9) : type de construction V ; 9,5 points (< centile 10) ; durée 2'.

Le début par la croix verticale indique une démarche plus concrète qu'au 1er examen. C'est le cadre qui est maintenant déformé, tandis que quelques détails meilleurs, par contre, apparaissent, tels le rectangle intérieur gauche et le losange. La partie supérieure de la figure présente un compartimentage bizarre. Mais les symétries déformantes ont régressé. Le rond suggérant un visage n'est plus vide.

Les durées d'exécution sont semblables à celles du 1er examen.

2e épreuve de la Balle dans le champ

Le malade dit d'abord : « C'est assez difficile, ça dépend si le champ est broussailleux ou pas ; tant pis, je ferai à peu près. » Ensuite, il trace une spirale, en accompagnant son dessin d'une explication verbale : « je fais l'escargot alors ». Après un temps, quand nous retirons la feuille, il demande : « Il aurait fallu dessiner le ballon peut-être ? » (A plusieurs reprises, au cours du 2e examen, le malade pose des questions, indiquant un fond de doute et d'inquiétude).

Le tracé rapide, le chemin réduit à la spirale la plus simple — que le malade appelle « une circonférence » — donnent à l'exécution une note schématique. Mais le trait est appuyé et continu et le champ cette fois parcouru.

Très caractéristique de l'inhibition du mouvement au 1er examen, l'épreuve de la Balle perdue dans le champ met d'autant mieux en lumière au 2e la libération du geste provoquée par la poussée sensori-motrice. (fig. 10)

L'ensemble des épreuves psychologiques du 2e examen — Rorschach et Dessin, Test myokinétique de MIRA, Figure complexe de REY et Balle perdue dans le champ — indiquent une poussée sensori-motrice, qui correspond à la sensibilisation de l'E.E.G. à la stimulation lumineuse intermittente.

Quelques jours après le 2e examen, on note une nouvelle aggravation : le malade reste allongé sur son lit, silencieux et triste, et refuse de s'alimenter. Cependant cet état cède, le malade commence à manger mieux et à s'occuper un peu, quand nous le revoyons à un *3e examen*, un mois après la fin de la cure de sommeil, toujours traité au Largactil. Il paraît à ce moment plus calme qu'au 2ᵉ examen ; il ne pose plus de questions inquiètes. A l'E.E.G., la fréquence du rythme alpha remonte ; les paroxysmes provoqués par la S.L.I. au 2ᵉ examen ont disparu, mais il persiste une légère sensibilité qui n'existait pas au 1ᵉʳ examen. (La réaction d'arrêt reste perturbée et il en sera de même aux examens ultérieurs). Aux épreuves psychologiques, la poussée sensori-motrice se maintient par rapport au 1ᵉʳ examen ; elle est en retrait sur le 2ᵉ, ce qui n'empêche pas une amélioration de la Figure de Rey et du P.M.K. qui gagnent en précision et en régularité.

Un mois plus tard, le malade, amélioré, retourne auprès de sa mère et reprend un peu son travail de cultivateur. Cela dure 6 mois ; après quoi, il est réhospitalisé à cause d'une rechute avec agitation anxieuse et manifestation d'idées délirantes de persécution. Le malade, qui dernièrement ne prenait plus son médicament, est soumis à un traitement de : Largactil 200 mg. + Heptamyl 3 comprimés + Tranqual 3 comprimés/j. La bouffée anxieuse cède, mais le malade reste autistique et inactif.

Nous le voyons à un *4ᵉ examen*, 9 mois après le 3ᵉ. A l'E.E.G., toute réaction à la S.L.I. (de même que le sentiment pénible qui l'accompagnait) a disparu. Le Rorschach et le dessin (les autres épreuves psychologiques ne sont pas pratiquées à cet examen) accusent une poussée schizoïde. Ils sont moins confus qu'au 1ᵉʳ examen, mais le Rorschach s'est appauvri.

Un *5ᵉ examen* a lieu deux semaines plus tard, 2 jours après un électrochoc. A l'E.E.G., apparaissent des bouffées lentes et amples de type hypersynchrone d'env. 3 c/s frontales et fronto-temporales ; la S.L.I. n'a pas d'action. La figure de Rey est à la fois plus concrète et plus confuse qu'au 3ᵉ examen (des détails supplémentaires, mais des imprécisions, niveau de construction inférieur). Au P.M.K., les modifications les plus notables sont : les déformations curvilignes des linéogrammes, les agrandissements à toutes les épreuves et l'ouverture de l'escalier. Les dessins ont des surfaces colorées mieux remplies et plus claires ; la maison a pour la première fois une cheminée rouge, assez grande. (Le Rorschach n'est pas pratiqué.) Des signes de poussée sensori-motrice accompagnent, à ce dernier examen, les ondes lentes hypersynchrones provoquées par l'électrochoc.

OBSERVATION LIONEL M.

Il s'agit d'un jeune schizophrène, soumis à un traitement d'alternance de sommeil et d'insuline, que nous avons suivi, pendant son hospitalisation, par une série d'examens s'échelonnant sur 5 mois et demi.

Agé de 19 ans, Lionel M. présente des troubles évocateurs d'un début de schizophrénie depuis 2 mois. On signale cependant qu'un épisode déjà suspect se serait produit 3 ans auparavant.

Les troubles du cours de la pensée et de l'initiative motrice s'accompagnent de tendances abstraites, de préoccupations hypocondriaques plus ou moins incohérentes, de difficultés de contact. Le malade se dit « destiné à la paix mondiale »; si on ne l'écoute pas, « la fin du monde entier est proche ». Il « pense beaucoup », il vit « en dehors des autres ». Il ne voit plus les autres ni lui-même comme avant, il a l'impression de rêver, il est perplexe devant sa propre « histoire ». Il se plaint de sa mémoire et il lui est difficile de se concentrer sur une lecture. Anxieux et déprimé, il se plaint d'insomnies, de fatigue intense; il lui est même arrivé d'avoir l'impression d'une mort imminente. Il s'inquiète de sa tension artérielle, compte ses pulsations. Il est préoccupé par sa cage thoracique; il aurait voulu être chanteur pour la développer; sa voix est changée, ses poumons ont l'air vides.

Tantôt inerte, tantôt agité d'une façon anxieuse, il a parfois une démarche d'automate; les interrogations sont incessantes, sur un fond d'éloignement.

Lionel a obtenu son certificat d'études primaires à 14 ans, après quoi il a commencé à travailler comme apprenti mouleur. A l'école, il était « intelligent, mais rêveur », dit-il; et le travail, ensuite, ne lui paraissait pas intéressant.

Son père âgé de 58 ans, déballeur, sa mère âgée de 40 ans, ménagère, et son frère de 15 ans sont bien portants.

Avant l'entrée dans le Service, le malade a été traité au Largactil à 150 mg./j. pendant 20 jours, puis à la Réserpine à 2 mg./j. Dans le Service, il prend pendant 2 jours 100 mg./j. Largactil, qui est supprimé le jour de notre 1er examen.

Le traitement insuline-sommeil dure 71 jours. Il comporte 30 jours de cure de sommeil (11,1 g. Eunoctal + 8,1 g. Imménoctal + 2,025 g. Largactil, 444 h. 30 de sommeil avec une moyenne journalière de 14 h. 49′) et 20 pré-comas insuliniques (4 805 unités d'Insuline).

La cure insuline-sommeil apporte une sédation des troubles, sur un fond pathologique qui persiste. Le malade devient surtout plus calme, moins anxieux. Le contact est meilleur, il participe à des promenades collectives. Deux mois après le traitement, il est toujours à l'hôpital, où il s'occupe de jardinage. Il n'est plus agité; il est lent, avec peu d'entrain, il se dit encore fatigué.

Nous donnons d'abord les comptes rendus des 7 E.E.G. pratiqués, en indiquant leurs dates par rapport au traitement.

1er E.E.G. (fig. 11) : aucun traitement le jour de l'examen.

Le tracé est constitué par un rythme alpha à 11 c/s d'environ 20-30 μv, plus ou moins régulier, assez abondant, irradiant souvent sur les régions antérieures. Parfois, surtout durant l'hyperpnée, l'alpha surcharge des oscillations lentes, ou prend quelques aspects pointus.

La réaction d'arrêt à l'ouverture des yeux est positive.

La S.L.I. a une action d'entraînement, en général diffus et parfois seulement occipital gauche. Entre 4,5 et 13 é/s, le stroboscope provoque des rythmes de fréquences semblables; à 20 é/s, les rythmes induits ont 10 c/s. A 17 é/s, on enregistre un accident pointu ample généralisé.

2e E.E.G. : 3 semaines après le 1er; 200 mg./j. Largactil depuis 16 jours.

Le tracé ressemble au 1er, sauf une légère baisse de fréquence du rythme alpha, qui est à présent à 10 c/s.

3e E.E.G. : après 40 jours de traitement insuline-sommeil; 16e jour de cure de sommeil; 12e pré-coma insulinique il y a 24 heures.

Le rythme alpha, à 10 ou 9,5 c/s, a une fréquence légèrement plus basse que sur le tracé pratiqué avant traitement.

La réaction à l'ouverture des yeux est moins bonne, elle s'épuise rapidement.

L'hyperpnée est un peu plus active.

La réaction à la S.L.I. est assez semblable; on remarque à présent de petites bouffées rapides apparaissant en surcharge durant des fréquences d'éclairement supérieures à 7 é/s.

4ᵉ E.E.G. : après 64 jours de traitement ; 30ᵉ jour de cure de sommeil il y a 2 jours, 18ᵉ pré-coma insulinique il y a 5 jours.

Le tracé, avec un rythme alpha à 9-10 c/s et une réaction d'arrêt insuffisante, ressemble au précédent.

La S.L.I. a une action plus marquée : elle déclenche, entre 9 et 12 é/s, des ondes lentes à pente raide, amples.

5ᵉ E.E.G. (fig. 11) : fin du traitement insuline-sommeil, 30ᵉ jour de cure de sommeil il y a une semaine, 20ᵉ pré-coma insulinique il y a 4 jours ; traitement post-cure, 200 mg./j. Nembutal.

Le tracé de repos vigile est constitué par un rythme alpha de 9-10 c/s, avec une amplitude (40-50 μv) plus grande qu'aux examens précédents, parsemé à présent d'accidents lents et pointus.

Le niveau de vigilance présente de continuelles fluctuations : des périodes d'activité alpha oscillent avec d'autres où ce rythme se raréfie et apparaissent des fréquences thêta. Durant les baisses de vigilance, on voit parfois des potentiels lents amples, soit en ondes raides isolées, soit en bouffées pseudo-rythmiques. On obtient des réactions d'éveil aux stimuli.

La réaction d'arrêt est très perturbée.

Avec l'hyperpnée, on obtient un tracé vigile continu. Le rythme alpha envahit davantage les régions frontales qu'au repos. Après 2 minutes, se produisent des potentiels lents, amples et nombreux, en ondes pointues ou en bouffées pseudo-rythmiques ; ils présentent une certaine dominance postérieure, parfois occipitale droite.

La S.L.I. a une action d'entraînement marquée aux hautes fréquences ; à partir de 13 é/s, on a une précipitation de rythmes induits rapides, suivant les fréquences du stroboscope, amples, des régions postérieures.

Par rapport au 4ᵉ E.E.G., le rythme alpha, de même fréquence, est devenu plus ample sur le tracé vigile ; un trouble de la vigilance est apparu ; les ondes lentes (de type monomorphe) ont augmenté. La réaction à la S.L.I. des 4ᵉ et 5ᵉ examens est plus marquée que celle des précédents.

6ᵉ E.E.G. : 2 semaines après la fin du traitement insuline-sommeil ; actuellement 100 mg./j. Nozinan.

Le rythme alpha, à 9-10 c/s (surtout 10 c/s), a sur le tracé vigile une amplitude et une abondance semblables à celles du tracé précédent. Les accidents lents se sont peut-être légèrement atténués. L'action de la S.L.I.

est du même type, avec des rythmes induits un peu moins amples. Les fluctuations du niveau de vigilance sont à présent moins fréquentes. La réaction d'arrêt est toujours perturbée.

A part la baisse du trouble de la vigilance, les différences avec le précédent tracé sont très légères.

7e *E.E.G.* : 2 mois après la fin du traitement insuline-sommeil; 100 mg. Nozinan + 2 Doridène/j.

Le rythme alpha, à 10-11 c/s, est légèrement plus rapide et moins ample que sur le tracé précédent. L'aspect est plus régulier, les oscillations lentes et les figures pointues ayant presque disparu.

Les fluctuations du niveau de vigilance rappellent celles du tracé précédent.

La réaction d'arrêt, toujours insuffisante, est un peu moins perturbée.

La S.L.I. exerce un entraînement, marqué aux hautes fréquences, qui rappelle celui des examens précédents.

Les *épreuves psychologiques* pratiquées au 1er et au 2e examen sont complémentaires : Rorschach, Dessin et Balle dans le champ au 1er, Figure complexe de REY et P.M.K. au 2e. Les deux examens comportent des E.E.G. très proches, pratiqués avant la cure insuline-sommeil. Nous les comparons aux examens ultérieurs, dont les 3e, 4e et 5e marquent le déroulement de la cure, les 6e et 7e des moments plus tardifs. (Dans ces deux derniers, nous n'avons utilisé que le dessin et le P.M.K.)

Les résultats psychologiques montrent, en général, une poussée sensori-motrice progressive du 3e au 4e au 5e examen. Pendant ce temps, à l'E.E.G., la sensibilité à l'hyperpnée augmente un peu au 3e examen et la réaction à la S.L.I. devient plus importante aux 4e et 5e; dans ce dernier, le rythme alpha du tracé de repos vigile s'amplifie et les ondes lentes monomorphes spontanées et sous hyperpnée s'accroissent.

Les données du 6e examen restent proches de celles du 5e. Dans le 7e, le P.M.K. montre quelques signes plus rationnels — formes plus régulières et recrudescence de certaines déviations vers l'axe — en même temps que les oscillations lentes régressent à l'E.E.G.

Le *P.M.K.* pratiqué avant la cure présente une tendance à la diminution des tracés; les linéogrammes et U verticaux sont en chute; l'escalier, avec des marches rentrantes, descend près du centre. Les tracés s'agrandissent progressivement du 3e au 5e examen. La chute des linéogrammes et

U verticaux persiste, un peu atténuée au 4ᵉ examen, importante au 5ᵉ où, en général, les déviations prennent de l'ampleur. D'une façon frappante, le mouvement de l'escalier, avec ses marches plus grandes et ses branches descendantes s'écartant du centre, s'ouvre. (fig. 15)

Les *dessins* faits au 1ᵉʳ examen montrent un arbre grand mais très symétrique, un homme d'expression bizarre et où le rond central du nombril et deux latéraux au niveau des aisselles très marqués se disposent en triangle d'une façon saillante, une maison ésotérique assez vague. Les formes sont schématiques, mais, contrairement au P.M.K., les dessins sont grands, le trait ample exprime une certaine impulsivité motrice. Celle-ci est-elle liée à une agitation anxieuse? Le noir intervient dans un climat tourmenté. Les dessins des examens pratiqués durant la cure sont plus calmes. L'arbre devient moins symétrique. L'homme, d'une facture très pauvre, mais avec un visage un peu moins bizarre, ne présente plus les trois ronds disposés en triangle et le nombril — qui accuse le centre géométrique du dessin — disparaît même aux 4ᵉ et 5ᵉ examens. La maison s'inscrit dans la page avec des formes et un coloris plus clairs et perd son caractère ésotérique. (Maison 1ᵉʳ et 5ᵉ ex., fig. 12)

L'*épreuve de la Balle dans le champ* donne au 1ᵉʳ examen une figure bizarre : à la place de la spirale, des courbes se refermant sur elles-mêmes comme des boucles, laissant curieusement un espace vide en haut à droite, s'intriquant plus bas, avec un rond noirci vers le centre. Au 3ᵉ examen, l'épreuve s'améliore, avec des cercles concentriques ouverts du côté de l'entrée, couvrant le champ entier; le centre est encore marqué par un rond noirci, qui est désigné comme « ballon ». L'épreuve du 5ᵉ examen est semblable à celle du 3ᵉ. (1ᵉʳ et 5ᵉ ex., fig. 13)

La *Figure complexe de Rey* présente avant la cure (2ᵉ examen) une construction rationnelle sur l'armature; l'épreuve est bien réussie, avec cependant les particularités suivantes : dans la reproduction de mémoire, le carré inférieur est vide, la croix horizontale manque et la croix verticale est séparée du cadre (déjà dans la copie, où le petit trait horizontal qui doit servir de lien existe, il reste un peu d'espace blanc entre lui et la croix); l'exécution est trop lente, marquée par les nombreuses hésitations, questions inquiètes, autocritiques, rectifications. La construction rationnelle se maintient, avec de petites variations, dans les épreuves suivantes — aux 3ᵉ, 4ᵉ et 5ᵉ examens — avec une diminution progressive de la durée d'exécution. Les résultats sont très bons, avec la présence maintenant de la croix horizontale, un carré inférieur garni de sa diagonale, une croix verticale bien rattachée au cadre. Même si l'apprentissage a joué par la répétition des examens, il faut noter que l'amélioration se fait dans le sens de la poussée sensori-motrice et souligner que les détails reproduits de mémoire augmentent malgré la baisse du niveau de vigilance avec, à l'E.E.G., une réaction d'arrêt visuelle affaiblie aux 3ᵉ et 4ᵉ examens, très perturbée au 5ᵉ. (Reproduction de mémoire 2ᵉ et 5ᵉ ex., fig. 14)

Nous rapportons maintenant les *Rorschach*, qui sont pratiqués aux 1ᵉʳ, 3ᵉ et 5ᵉ examens.

Une agitation inquiète stéréotypée marque le comportement du *1ᵉʳ examen*. Petit de taille et maigre, le visage boutonneux, le front plissé par des rides transversales, le malade parle beaucoup, se lève à plusieurs reprises durant le Rorschach pour marcher dans la salle, pousse de très fréquents soupirs, interprète en interrogeant. Il se montre docile, mais se détache rapidement des planches qu'il lâche souvent, l'air absent ou continuant une interprétation qui n'est en réalité pas liée à leurs images, comme nous le verrons dans le protocole. Il désigne généralement les taches à gauche, de la main droite. Quand il lui arrive d'esquisser des gestes circulaires, parfois itératifs, c'est pour tracer des cercles imaginaires dans le blanc péri-maculaire.

(Les pl. Ror. ont été employées à tous les examens).

I

(Sourit) Je vois la carte de France. (Montrez!) Ici (en bordure sous saillie lat., désigne le côté gauche de la main droite).
Et ça c'est une île (petite tache ext. à côté). (Soupire) C'est pareil de l'autre côté (sans désigner).
Là c'est l'Angleterre (saillie lat.), non? Là c'est la Manche (blanc en dessous) et plus loin ça se dirige vers le Pôle Nord (en suivant contour à partir de la saillie lat. jusqu'à extrémité sup. du Dd lat., désigne toujours à gauche).
Là je pense que c'est l'Asie, l'Asie comment? L'Asie soviétique. Non, d'abord l'Allemagne, la Belgique et la Hollande. (Soupire) C'est pas trop dur, ça va. C'est pas que je m'y connais tellement en géographie, (parle de livres qu'il a chez lui).
(Désigne d'une façon absurde des petits Dd à l'intérieur de la tache lat. g.).
Y a pas de Nederland là? L'Afrique (bas lat. g.).
Là l'Océan Atlantique (blanc ext. à g.). (Soupire) Toujours l'Océan Atlantique (blanc ext. plus bas), non? C'est pas l'Océan Indien ici (blanc ext. à g. près du centre)? La Mer Noire (blanc inf. g. toujours), non?

Là, je ne vois pas ici, vous ne pourriez pas m'aider? Qu'est-ce que c'est (blanc ext. Ht g.)? J'ai du mal à trouver. (Soupire beaucoup) L'Arabie, non? (Cherche la réponse en détournant le regard de la pl.) La Mer d'Arabie, non, c'est pas ça? Je ne sais pas si c'est vraiment ça. (Soupire)

Et là, ça descend vers le Pôle Sud (saillie méd. inf.). Maintenant je ne vois plus rien. Ici peut-être (Ht méd.), enfin, c'est toujours le Pôle Nord. Pour l'atteindre, je ne crois pas que ce soit possible de l'atteindre, je ne pense pas.

Et là, ce serait le centre de la terre (tache claire centre de l'axe méd.). Oui, y a pas de doute, c'est bien ça.

(Se lève en soupirant et pose la pl. sur les autres, se lève encore, se mouche.) (Renversons pl., la prend $\vee$) Je vois toujours le Pôle Nord (bas méd. id. réponse précédente), le Pôle Sud au-dessus (Ht méd.).

(Enc., soupire puis sourit) Ah! j'ai oublié l'Amérique. $\wedge$ Je ne sais pas où elle peut se trouver l'Amérique, le Nouveau Monde. Je ne vois pas là-dessus, non, je ne vois pas le Nouveau Monde. (Soupire, regarde avec attention) Je ne vois plus rien d'autre. Sauf le nom des fleuves, des villes, ça serait trop long, c'est trop dur pour moi (continue de parler dans le même sens).

Je n'ai plus que la soif d'apprendre maintenant, de voir... de voir mes parents... maintenant je ne sais plus rien. (Soupire beaucoup)

II

(Prend pl. de la main g. et soupire).

Pôle Sud, attendez voir $\vee$ $\wedge$ $\vee$... Je ne sais plus maintenant, c'est pas le Pôle Nord ici (les deux taches rouges bas), les deux branches; et là, les deux branches du Pôle Sud (rouge méd. Ht dr. et g.).

(Soupire, laisse la pl., se replie dans le fond de sa chaise, gémit) Je sens que je vais m'endormir. (Se lève, se rassoit à notre demande) Pour réfléchir... A chaque fois que j'apprends quelque chose, ça me fait du bien. Ça me semble, mais je ne sais pas si je pourrai résister encore longtemps. (?) Je suis à bout de forces.

(Remettons pl. $\wedge$, il tourne verso, essaie de lire) Psycho, oui, psychiatrie. Je pense que c'est le Nouveau Monde, non? Première partie ici (dr.), deuxième là (g.), ça ne fait qu'un comme ça (désigne centre), ça ne fait qu'une. (?) Deux parties font un. C'est comme si il n'y avait qu'une partie (désigne l'axe de Ht en bas), en coupant bien au milieu (répète son geste).

(Soupire, enc.) L'Océan Indien, non? (Montrez!) Ici (blanc central), non? Je ne vois rien d'autre.

C'est le Nord de la France (en montrant une carte pendue au mur de la salle)?

(Soupire en lâchant pl. et repose son front sur son poing, puis revient à la pl.) Amérique du Nord, Amérique du Sud (noir g. Ht et bas); le plus grand fleuve, Mississipi; Amérique du Sud, le plus grand fleuve, l'Amazone. (On voit le fleuve?) Non, on voit des traits (rayures dans le noir), mais je ne pense pas que ce soit le fleuve (désignations tout à fait vagues, le sujet dit ce qu'il sait, pas ce qu'il voit).

(Regarde ailleurs, soupire) Ah, c'est terrible!

(Autre chose que géographie?) L'Océan (blanc méd.), y a des poissons dedans : baleines, requins, maquereaux, des harengs, des sardines, des tortues de mer (regard perdu, énumération sans aucun rapport avec la pl.).

(Rappelons à la pl. : que voyez-vous là?) Là? La Mer du Nord ici (blanc entre noir et rouge Ht dr.).

Le Pôle Nord, je ne pense pas qu'on peut l'atteindre, mais si, les Américains l'ont atteint sous banquise dans le sous-marin... les Russes aussi (il ne regarde plus la pl.). Alors, l'homme ne serait plus qu'un robot.

(Où est le Pôle Nord?) Ici (désigne le Ht méd. de la pl. entre les taches rouges) et là le Pôle Sud (bas méd. sous le rouge).

(Enc.) L'Océan Antarctique. (Où?) Là, je crois (entre les taches rouges sup.).

(Ne regarde plus pl., soupire, les bras ballants. Tout d'un coup, sourit et se frotte les genoux.) Ah, ça fait du bien, c'est dur! Y en a qui sont plus intelligents que moi ici à Prémontré, y en a qui connaissent l'arabe, le français mieux que moi, le yougoslave...

(Renversons pl. ∨) La Mer Caspienne, non? (Où?) Ici (Ht du blanc méd.), non? La Mer Noire, je l'ai déjà citée. Au Pôle Sud, je ne vois rien. On pourrait l'appeler la Mer du Sud, mais je ne vois rien. (Où est le Pôle Sud?) Ici (centre du rouge Ht), les deux branches (saillies rouges) du Pôle Sud. Il doit être plus chaud... oui, il doit être plus doux que le Pôle Nord. (Soupire, ne regarde plus la pl., bouge)

III

(Prend pl. ∨ en soupirant)

Toujours le Pôle Nord (deux taches rouges lat.), le Pôle Sud (rouge méd.), je crois, je n'en suis pas sûr. (Comme dans la pl. II, ce sont les deux taches rouges qui constituent les Pôles Nord et Sud.)

∧ Je ne vois plus rien, non... C'est peut-être la France ça (petite saillie formant poitrine H ban). C'est ça? L'Angleterre (jambes H ban).

Le Nouveau Monde ici (noir méd.), non? (Tout est dit sur un ton de doute.) Groenland (têtes ban.), non, ici? Je crois que c'est ça.

(Soupire, baisse la tête, ne regarde plus la pl. tout en la tenant) Je crois que j'aurai du mal à me rappeler de ce que je vois.

Je vois la terre complète (le dit sans regarder la pl., à notre question il trace un cercle imaginaire autour de la tache; il veut prendre un crayon pour la dessiner).

(Se lève et marche, revient) Je ne vois plus rien d'autre.

(Autre chose que géographie!) Des arbres, des forêts, des prairies (sans regarder pl.). (Demandons ce qu'il voit) Là, en France, l'Angleterre, beaucoup le Nouveau Monde, rien au Pôle Nord. L'Équateur (trace une horizontale imaginaire au milieu de la tache). Zone tropicale, zone méditerranéenne, zone tempérée (cherche, sans rapport avec pl.).

(Suggérons tourner pl.) ∨ Toujours sur l'Angleterre (noir lat. Ht id.). Toujours Nouveau Monde, la Floride. (Où?) Pour la situer, c'est pas facile... ici peut-être (point en bordure noir méd. Ht, a parlé de la Floride sans la voir).

(Se tourne complètement pour se moucher) Excusez-moi, Madame.

L'Océan Atlantique. (Où?) Ici, je pense (blanc sous noir méd.), ou... là plutôt (blanc entre noir lat. Ht. et noir méd.). (Donne sa réponse sans rien voir.)

L'Océan Indien... je ne sais pas où il peut se trouver... peut-être comme ça (trace un cercle itératif dans l'espace péri-maculaire).

L'Asie, l'Asie Mineure, la Chine (ne désigne rien, regarde pl. d'un air vague, les mains sur ses genoux)... le Japon... (soupire, détourne la tête et continue sans regarder la pl.) Sibérie, Sibérie où vivent les Mongols (en nous regardant), Groenland (en regardant ailleurs), on pêche la morue je crois là, la baleine je crois, zone de neige... (continue id.)

ENQUÊTE : (Sugg. H) Je les vois pas, mais je les imagine. (Comment?) (Il regarde ailleurs) Détendus, plus gais. (Insistons en montrant pl.) Je vois le Général de Gaulle, je ne le vois pas, je l'imagine, je le vois dans mon esprit (il ne regarde pas la pl.), Eisenhower aussi et Kroutchev. (Montrez sur la pl.!) ∨ (Pointe l'index droit, hésitant) Ici, non (vers noir méd.)? ∧ Non, là la France (Dd id. première présentation). (Insistons H.) Je vois le Général de Gaulle pour la France; enfin, il est parti pour l'Algérie, je crois. (Regarde ailleurs, soupire) (Nous désignons H ban. sur pl.) Macmillan? (Insistons) Général de Gaulle? (Nomme d'autres personnages, le Pape, puis rit) Je pense avoir compris, mais... C'est un homme que l'Histoire a connu?

(Insistons en montrant ban., il désigne les jambes à la place des mains ban.; demandons comment il est) Grand... (rit) Je ne peux pas vous dire plus. (Suggérons K) Ils se regardent. (Insistons) Ils semblent se lancer des bombes atomiques ou des armes, ils semblent se canonner. (?) Les branches (petite frange contour poitrine H ban.). (Quand nous insistons pour lui faire voir H dans noir entier, il montre les jambes dans le blanc.)

IV

(Soupirs stéréotypés, pose main gauche sur pl.).

Pôle Sud ici (bas méd.), Pôle Nord au-dessus (Ht méd.).

La France ici (Dd vague en bordure à g.), Méditerranée (blanc adjacent), l'Afrique du Nord, ici l'Angleterre (vers saillie lat. Ht), la Mer du Nord ici (blanc péri-maculaire), la Manche, oui... l'Océan Atlantique (blanc péri-mac., cercles itératifs). Zone antarctique du Pôle Nord (vers le Ht), le Pôle Sud (bas du dét. méd.). Toujours les mers que j'ai citées (blanc adjacent). Un groupe d'îles là (petites taches dans le blanc adjacent à dr.). Je me rappelle même plus... Ça ne serait pas la Mer Adriatique (blanc entre dét. méd. et dét. lat. g.)? Pas la Mer Caspienne des fois (blanc entre dét. méd. et dét. lat. dr. plus haut)?

Je ne vois plus rien maintenant là-dessus. (Soupire en lâchant la pl. et baissant la tête.) Il faut que je marche un petit peu. (Le fait.) Je ne vois rien d'autre.

(Rappelons tourner pl.) ∨ Mer Antarctique ici (péri-mac. bas), Manche (lat. bas), la mer... le Mer du Nord? Je ne vois rien d'autre.

V

(Promène son doigt sur la tache d'une façon très vague puis l'arrête bas méd.) Pôle Nord (bas), Pôle Sud (Ht).

L'Angleterre (saillie lat. g.). Je ne vois pas la France... Ce serait peut-être là, la branche là... la pointe de Brest (saillie minuscule plus haut).

(Sans regarder la pl. il essaie de se rappeler des noms géographiques. Enc., regarde pl. à nouveau.) Une bande de l'Angleterre (blanc entre les deux saillies lat. g.) qui est disparue, couverte par les eaux... Oh, ça fait... des milliers d'années, les premiers ancêtres... Ils se nourrissaient de poissons crus, ils ne connaissaient pas le feu. Ils l'ont connu plus tard, après ils ont découvert le Nouveau Monde... Guerre, guerre... Mais à présent c'est fini, il n'y aura plus de guerre jusqu'à la fin du monde, la puissance nucléaire sera utilisée pour la paix. Il n'y a pas besoin de chercher sur Mars, ni sur Vénus, ni sur Saturne (regard perdu vers le bas).

(Suggérons tourner pl.) $\vee$ Je vois la même chose comme je viens de le dire, y a pas de différence.

VI

Toujours Pôle Nord (Ht méd.), toujours Pôle Sud (bas méd., désigne de l'index g.). L'Angleterre (petite saillie lat. g.). Là, Nouveau Monde (grande saillie lat.), non? Ici la France (Dd en bordure au-dessus). Toujours pareil...

Le Pôle Nord commence à être inondé aussi par la fonte des neiges (gris clair Ht méd.).

(Se lève en soupirant, puis se rassoit.)

L'Océan Atlantique, (geste circulaire itératif dans le blanc péri-mac.) ce qui fait la terre complète. Ah non, pas tout à fait, la Mer du Sud, je me trompe... Puis là le centre de la terre (petites taches claires centrales).

Je me suis trompé, ça ne fait rien? (Il est inquiet, nous le rassurons).

Les hommes auront du mal à arriver sur les planètes (énumère les astres, regard perdu).

(Suggérons tourner pl.) $\vee$ Toujours pareil, je ne vois rien d'autre. Ça fait toute la terre ça (esquisse son cercle abstrait).

(Tourne pl. verso, essaie de lire, pose pl. $\vee$)

VII

(Prend pl. $\vee$, soupire) $\wedge$ L'Angleterre (saillie sup. g.)?

La France (tiers moyen g., désigne de la main dr.). C'est bien ça?

L'Afrique du Nord (tiers inf. g.), la Mer du Sud (gris méd. inf.).

L'Océan Atlantique (péri-mac.). Ici ce serait pas l'Océan Indien (blanc méd.)?

$\vee$ Je ne vois rien d'autre. Nouveau Monde... non, le Nouveau Monde il n'est pas là-dessus, je ne pense pas.

(Lâche la pl., soupire, regard perdu, se lève et marche.)

VIII

Pôle Nord (Ht méd.), Pôle Sud (bas méd.).

(Soupire) France ici (bleu g.), non? L'Angleterre (gris g.). L'Océan Antarctique (blanc péri-mac. adjacent). Le Nouveau Monde. (Où?) Ce qu'il y a de rouge (rose lat.).

La Méditerranée au centre (blanc entre bleu et rose méd.). Toujours la Mer du Sud en bas (blanc péri-mac. bas).

L'Afrique du Nord (rose méd. dr. et g.). Le canal de Suez (centre du rose). C'est pour ça que Nasser tenait le monde entier. (?) Parce que je vois que c'est à peu près le centre de la terre. Il tenait le monde entier avec ça. Maintenant c'est fini.

Je ne vois rien d'autre.

$\vee$ La Mer du Nord là (blanc entre gris et bleu).

(S'adosse à sa chaise en fermant les yeux, puis se lève et marche, s'assoit à notre demande.)

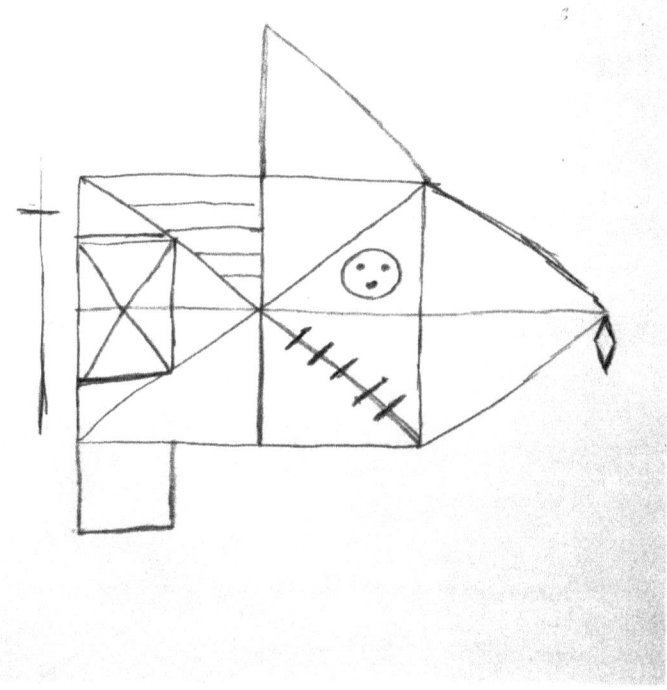

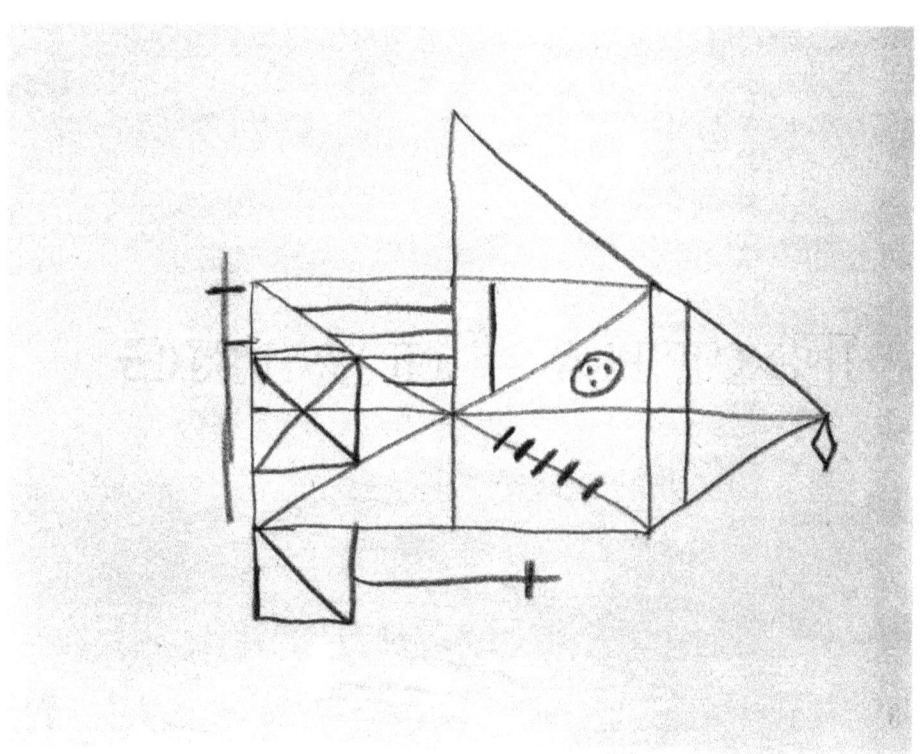

Fig. 14. Lionel M. : Figure de Rey, reproduction de mémoire, 2e (Ht., avant la cure insuline-sommeil, id. 1er examen) et 5e examen (bas).

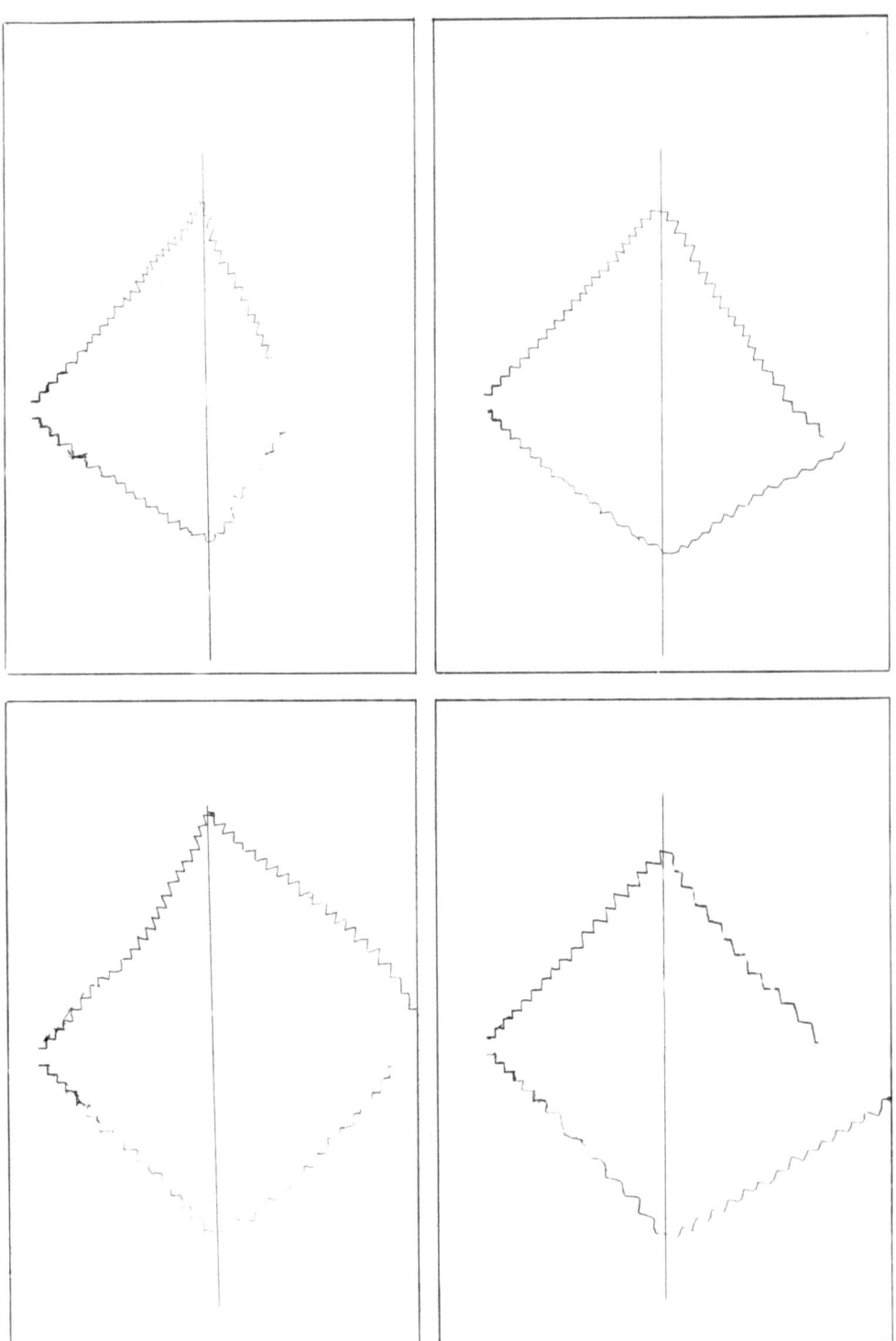

Fig. 15. Lionel M. : P.M.K., escalier : avant la cure insuline-sommeil (2ᵉ examen = Ht. g.) et durant la cure (3ᵉ = Ht. dr., 4ᵉ et 5ᵉ examen = bas g. et dr.).

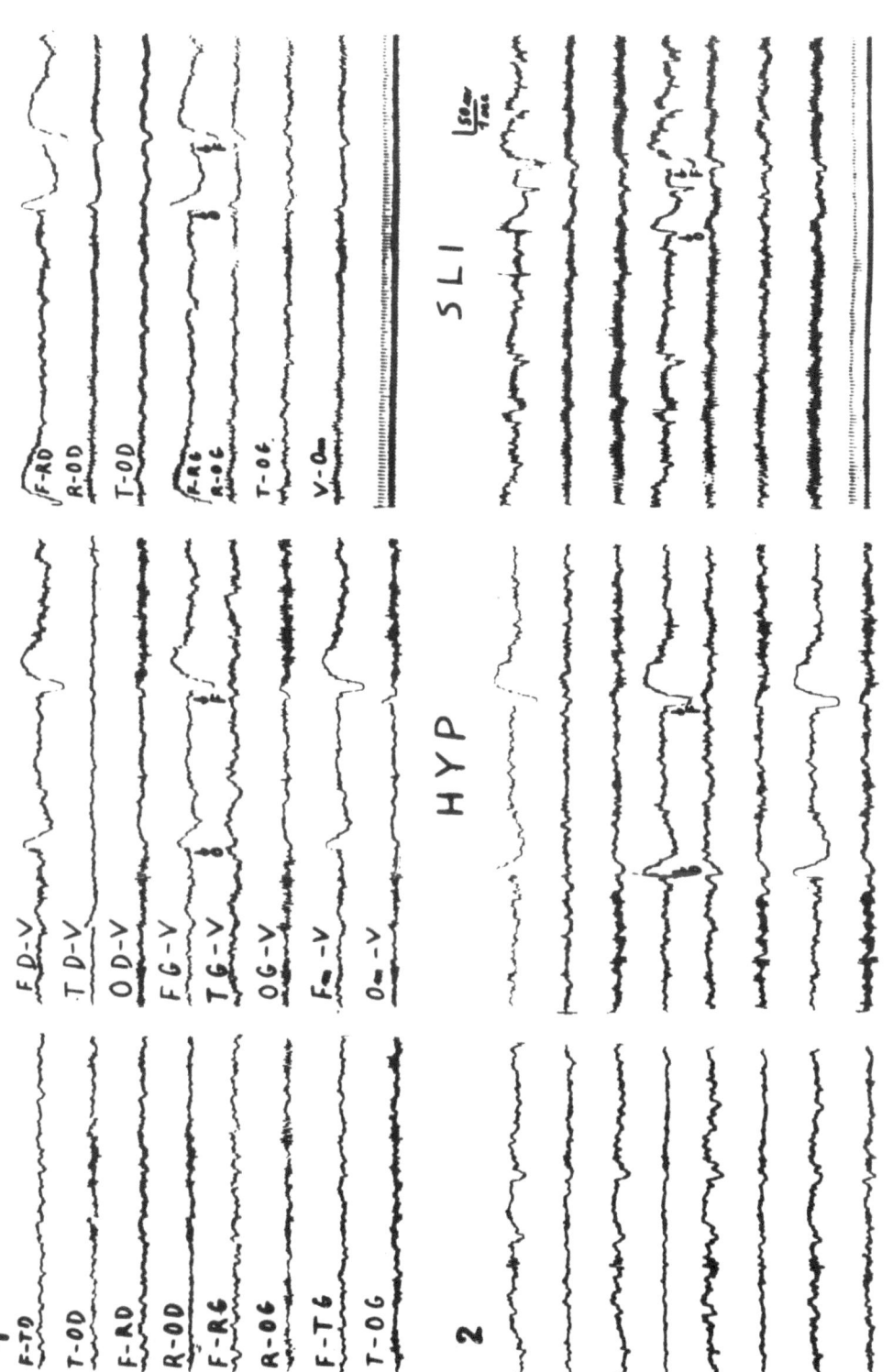

Fig. 16. Claude C. : 1er examen, avant traitement ; 2e examen, après une semaine de cure de sommeil.

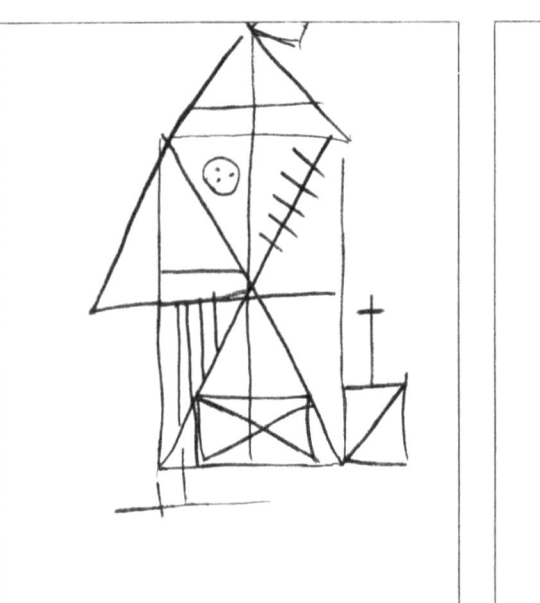 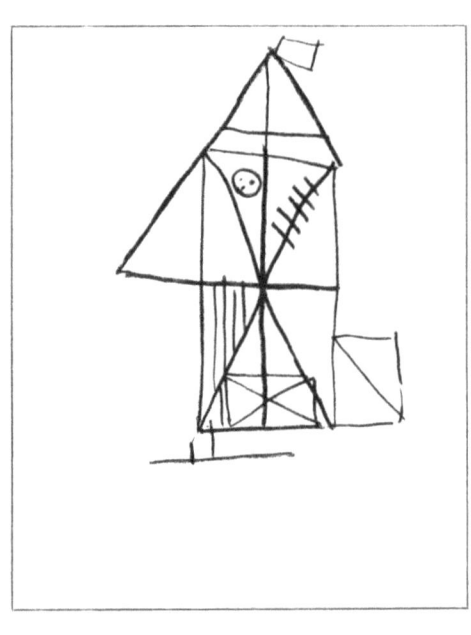
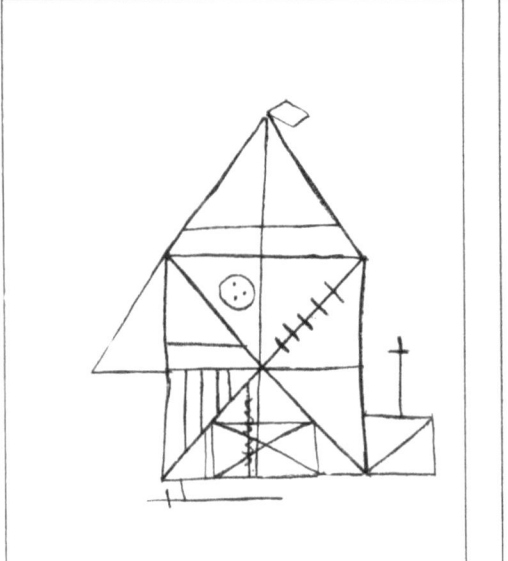 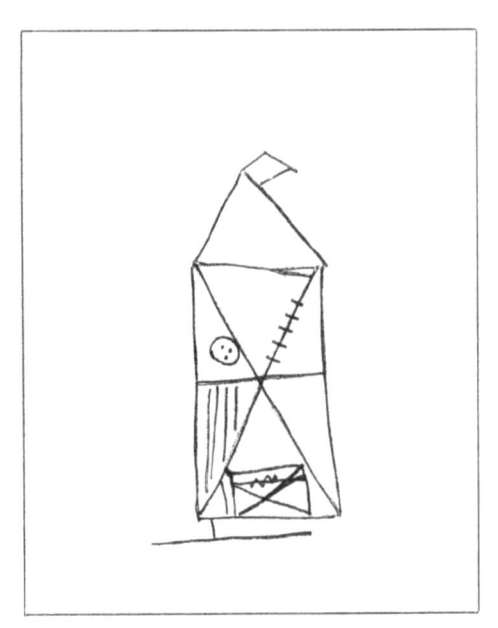

Fig. 17. Claude C. : Copie (Ht.) et reproduction de mémoire (bas) de la Figure de Rey, 1er (g.) et 2e (dr.) examen.

Y en a encore d'autres cartes, Madame?

Je ne vois plus rien.

ENQUÊTE : (Sugg. A.) Un peu partout dans le monde. (Où?) Là, là (indique des points dispersés), Nouveau Monde... dans le Sud y en a pas, dans le Pôle Nord y en a pas ou alors très rares, des pingouins... (Montrons A ban.) Oui <. (Quel animal?) Un crapaud (tête ban.), ou un caméléon. (Pourquoi?) Parce qu'avec sa langue il attrape tous les insectes. (Il fait quelque chose?) Non, il est immobile, il attend.

IX

∨ ∧ Pôle Sud en bas (centre bas), Pôle Nord (centre Ht).

Toujours la France, oui, toujours pareil. (Lui demandons de montrer, il cherche) Ici, je crois (dans le vert, très vague).

Je ne vois plus rien.

Ça fait toute la terre (cercles itératifs péri-mac. stéréotypés).

∨ Je tourne dans l'autre sens, c'est pareil, toute la terre.

(Soupire, se lève et marche, agitation stéréotypée)

X

∨ ∧ Pôle Nord ici (gris Ht). C'est ça? Pôle Sud (bas méd. entre les taches vertes).

L'Angleterre ici, non? La branche là (petit append. du gris sup.). La France (Dd dans le gris, très vague).

L'Ile Noire. (Lui demandons où, réfléchit sans regarder la pl.) Non, ça ne doit pas être l'Ile Noire. C'est pas l'Ile de Noirmoutier? (Où?) Le petit point (sous le gris sup., quasi invisible).

Toujours le Nouveau Monde. (Où?) Heu... (cherche) C'est ça (rose), non?

L'Asie (bleu lat.), c'est pas l'Asie ça? (Lui demandons à quoi il voit que c'est l'Asie, ne répond pas.) C'est pas le Groenland (vert adjacent). Maintenant je vois que l'Asie est branchée au Groenland. Ç'a été détruit ça? La branche qui relie l'Asie au Groenland (lien entre bleu et vert lat.), je ne sais pas si ç'a été détruit par les eaux.

L'Afrique (jaune int.); y en a beaucoup de disparu, je pense; je pense qu'il en manque, y en a moins maintenant. (Il veut dessiner l'Afrique, nous lui donnons une feuille, il trace le contour et indique « Alger, le Congo Belge ».) Toute la partie jaune est disparue. Attendez que je regarde bien... y a qu'une partie qui n'existe plus, celle qui coupe l'Afrique du Nouveau Monde (Il supprime le lien entre le jaune int. et le rose).

Le Japon c'est pas par ici (jaune lat.)? Il en manque maintenant (le manque est dans la réalité actuelle, il voudrait supprimer une partie du jaune).

Ça ne serait pas l'Ile de Formose au-dessous (gris lat.)? Il en manque aussi. (?) Ce qui est marron, c'est ce qui doit rester ou presque (il voudrait supprimer tout le gris, sauf le petit détail foncé attenant au jaune).

Ici, ça ne serait pas la Turquie (orange lat.)? Ce qui est marron c'est ce qui doit rester. (Il faut enlever?) Pas tellement.

Et après c'est toute la terre entière (cercles dans le blanc péri-mac.).

(Épuisé, ferme les yeux, se jette contre le dossier de sa chaise, puis revient à la pl.)

Pôle Sud, ça ne serait pas l'Océan Indien ici (sous bleu méd.)? Et ici, ce ne serait pas l'Océan Atlantique (blanc entre bleu, rose et gris méd.)? Et là, le centre de la terre (centre du bleu, le désigne en posant l'index sous la tache). Je ne vois plus rien. Comme le centre de la terre se trouve au centre de la terre, il n'y a plus rien à voir. (Dessine, sur la même feuille de papier où il avait tracé l'Afrique, la terre, noircit beaucoup le « centre de la terre », trace un quadrillage — « les fuseaux horaires » — met des signaux et écrit « Pôle Sud », « Pôle Nord ».) Enfin, j'ai fait ça en vitesse, ça ne fait rien, avec un compas ce serait mieux.

(Suggérons tourner pl.) ∨ Je vois pareil. Des branches ici qui ont dû disparaître de la terre, envahies par les eaux (suppression d'une branche du bleu allongée vers le bas). Les forêts englouties, ça a fait le charbon, l'uranium, tous les minerais qu'on peut trouver dans la terre (le dit en ne regardant plus la pl.). Je ne vois plus rien maintenant (en nous souriant).

(Se lève, va jusqu'à la porte, revient, s'arrête devant la carte qui est au mur et lit des noms.)

Durée = 1 M. 30.

APRÈS LE TEST

Lui demandons si le test lui a plu. « Oh! oui beaucoup, ça m'a soulagé. De chercher... ce qui reste de la terre. »

Nomme les couleurs de la pl. X, sur demande : « bleu, rougeâtre comme le ciel (le rose), vert, noir, jaune, brun (lat.); orange plutôt, pas tout à fait (méd.); marron. »

Nous lui demandons s'il préfère les planches noires ou les colorées. « J'aime mieux la dernière (X). » Nous insistons, il désigne pl. I. Nous faisons deux paquets, un pour les noires, l'autre pour les colorées. « J'aime mieux ce paquet (planches noires), il m'a permis de découvrir celui-là (planches colorées); enfin, j'aime ceux-ci aussi (planches colorées), je préfère tout, pour moi c'est pareil, ça ne fait qu'un. »

Quand on lui demande la teinte préférée, il montre le rose de la pl. X, « Le Nouveau Monde; aussi la France (X gris), plus la France même que le Nouveau Monde » (il pense au thème, pas à la couleur). Quand on insiste, il indique le noir, puis le vert.

Planche préférée parmi les noires : « La première. (Pourquoi?) J'ai d'abord vu la France, c'est la France qui m'intéresse le plus. »

Planche qui déplaît le plus : IV. « Je pense que c'est la plus dure. »

Le malade ne voit point d'images, c'est à son savoir qu'il fait appel.

La vision globale de « la terre » sous-tend toute l'idéation et des points géométriques de l'espace déterminent en tant que tels les réponses dominantes qui se répètent indifféremment d'une planche à l'autre. La tache entière, imaginée schématiquement comme un cercle, représente « toute la terre »; le haut c'est « le Pôle Nord », le bas « le Pôle Sud », le milieu « le centre de la terre ». Quelques notions géographiques plus ou moins incohérentes, noms de pays et de continents, de mers et d'océans, servent de remplissage.

Le mode de perception oscille surtout entre la globale très abstraite, le petit détail absurde et le blanc en particulier péri-maculaire. Dans les espaces blancs — qui représentent bien dans ce Rorschach ce qui est vidé de sa matière — se situent les océans et les mers. Les eaux ont un effet destructeur, nous le voyons aux pl. V et X; elles recouvrent des parties de la terre qui sont « disparues ». « Chercher ce qui reste de la terre », c'est ainsi que le malade envisage en général sa tâche (déclarations après la fin du test).

A la pl. V, la destruction s'accompagne d'un éloignement dans le passé : « ça fait des milliers d'années », « les premiers ancêtres ». Dans la pl. X, ce sont des parties des taches existantes qui, conformément à cette destruction, devraient être supprimées et parmi elles ce qui relie le jaune intérieur au rose, le bleu au vert latéral; les liens sont coupés. Une coupure centrale, accompagnée d'un geste qui suit l'axe, est exprimée à la pl. II.

Les différences de tons dans le gris interviennent, comme les nuances jouent aussi lorsque, après le test, on demande au sujet de nommer les couleurs.

Il ne saurait être question de réponses de couleur ou de kinesthésies. Rien ne différencie la réaction aux planches colorées de celle aux planches noires. Quand on propose à l'enquête de la pl. III l'image banale des personnes, le sujet répond : « je les vois pas, mais je les imagine », cite des noms de personnalités politiques et demande : « c'est un homme que l'histoire a connu? » La suggestion de la kinesthésie provoque une action agressive, qui n'est toujours pas vue dans la planche mais imaginée, avec référence absurde à un petit détail des taches. A l'enquête de la pl. VIII, un animal arrive à être suggéré, mais il est vu « immobile, il attend ».

Des réflexions générales sur le sort de l'humanité, sur les voyages interplanétaires s'inscrivent dans cet ensemble fait d'abstraction vague où les images sont détruites.

Au *3ᵉ examen*, le malade, plus gros, le visage un peu bouffi, l'air triste, ne présente plus l'agitation anxieuse du 1ᵉʳ examen; une lenteur molle la remplace, il bouge et parle peu. Il a « toujours comme un rêve devant les yeux » et, sous un aspect beaucoup plus calme, son inquiétude subsiste. Les interrogations persistent, en dehors, comme au cours du Rorschach.

Le malade craint de ne pas arriver à voir ce qu'on lui montre, il l'exprime avant qu'on lui présente la 1re planche. Il tient et regarde maintenant continuellement les planches, avec de longs moments de silence et d'immobilité, l'air soucieux, le front plissé, le regard à la fois morne et docile. Souvent cette recherche n'aboutit à « rien », il « ne trouve pas ». Mais aussi son visage s'éclaire quand il arrive à donner quelques réponses concrètes. Il soupire parfois, mais sourit aussi et surtout il répond mieux au sourire de l'interlocuteur.

Si une partie des réponses est encore désignée à gauche, d'autres — et cela à partir de l'« homme » vu dans la pl. III — le sont à droite. Les gestes sont devenus moins vagues ; quelques grands détails adéquats sont suivis dans leurs contours ou parcourus lentement en entier, avec la main (pl. III, VIII, X).

I

(Avant de voir la pl.) Ah! Je crois bien que je n'arriverai pas à voir dessus.

(Prend pl. et soupire)

1. (Pose l'index droit sur la tache bas g., le retire, le repose) Je vois la France (bord. lat. bas g.).   Dd   F —   Géog

2. (Enc.) Ici, c'est pas l'Angleterre ici (plus haut, désigne toujours à gauche de l'index droit). Je n'arrive pas à trouver (inquiet).   D   F —   Géog

3. C'est pas la Mer d'Arabie ça (blanc int. g. Ht)?   Dbl   F —   Géog
   (Enc. — il ne répond pas, il regarde la pl. d'un air soucieux) Ah! Je n'arrive pas à trouver comme l'autre jour.

4. (Suggérons tourner pl.) ∨ (Regarde longuement, enc.) Oh! Je n'arrive plus à trouver comme l'autre jour. (Enc.) Ici, c'est pas le Pôle Nord ici, là (indique bas méd. sous la tache), le Pôle Sud ici (Ht méd. sur la tache). (Autre chose?) (Regarde longuement, immobile et silen-   Géog   Position

cieux, enc.) Non, je ne vois pas (à voix très basse). Je n'arrive pas à trouver comme l'autre jour.

II

(Prend pl., regarde en silence, enc.)

1. C'est le Pôle Nord ça (pose l'index lon- | Géog | Po | St
guement sur gris méd., le retire). (Enc.) Là, c'est le Pôle Sud (bas du rouge). (Enc.) Je ne trouve plus. (Insistons) Autre chose que de la géographie? (moue négative des lèvres) Je ne vois pas... Non je ne vois pas. (Enc., il sourit en répétant) Je ne vois pas. ∨ (Tourne la pl. spontanément) Non, je ne vois rien... Je ne trouve pas. ∨ (Soupire, tient toujours la pl., la regarde mais sans résultat) Je ne trouve pas.

III

1. (Prend pl.) C'est l'homme là (sourit, | D | F + | H
content), je me rappelle. (Lui demandons de montrer, il désigne le noir sup., cette fois à dr.; il passe le doigt sur le contour int. de Ht en bas, puis de même sur l'ext.)

2. (Soupire, enc.) Autre chose que géogra- | Dd | F — | Géog St
phie? (Ce que vous voulez) Je vois la France là (désigne de l'index dr. à g. poitrine H ban).

(Bâille) (Enc.) Je ne vois pas. (Rappelons tourner pl.) ∨ (Bâille, regarde immobile et silencieux, sans résultat) Non, je ne vois pas. (Enc.) Non, je ne vois pas.

(Suggérons tourner pl.) ∧ (Rappelons H.) Oui. (Comment?) Comment je le vois... (Front très soucieux, moue négative des lèvres, enc.) Non, je ne vois rien d'autre.

ENQUÊTE : (Combien d'hommes?) Deux. (Lui demandons de les montrer; il désigne avec l'index g. à g. puis à dr.) (H. comment?) Pareils.

(Suggérons K) C'est comme deux | (Dd | F — | Arme)
canons là, oui, on en avait parlé

l'autre jour (sourit et désigne deux petites pointes poitrine H ban), c'est comme deux tubes. (K. H.?) Ils se regardent. (Insistons) Je ne vois pas... Ils se regardent, c'est tout. (Demandons détailler H., il le voit sans la jambe ban., désigne noir sup. à dr. de la main dr.)

(Lui montrons H ban.) Les jambes là? (Sourit) J'avais pensé tout à l'heure que c'était comme une jambe là. (Lui demandons de montrer; il commence à contourner, s'arrête, dit : « avec les jambes », désigne enfin le noir entier, mais les mains sont vues à la pointe de la poitrine ban.) (G   F —   H)

IV

(Prend pl. et regarde id. — enc.)

1. Le Pôle Nord là, non? (Pose son doigt sous le dét. méd. bas.) Pôle Sud là (Ht méd.). (Silence — enc.) Je ne vois pas. (Enc., il regarde continuellement la pl., immobile) Non, je ne vois pas. Géog   Po   St

(Rappelons tourner pl.) ∨ Non, je ne vois pas.

V

(Id., soupire profondément, très long silence malgré les enc.) ∨ Je ne trouve rien (en nous regardant). (Enc.) ∧ Non, je ne vois pas. Refus

VI

(Prend pl. en soupirant, très long silence malgré les enc.) Je ne vois pas... Non je ne trouve pas. ∨ Non, je ne vois rien. R

VII

(Prend pl. id, soupire, tourne ∨, bâille; regarde la pl. d'une façon ininterrompue comme jusqu'ici, très longuement, ne répond pas à nos questions répétées.) Non, je ne vois pas.

1.	C'est pas le Pôle Sud ici (Ht méd.)? Et ici le Pôle Nord (désigne bas méd. dans blanc). (Enc.) Non, je ne vois pas.	Géog	Po	St

VIII

1.	(Prend pl., détourne un peu son regard) > Ça fait comme une bête là (souriant), oui, on l'avait trouvé l'autre jour. (Lui demandons de montrer, il désigne rose Ht d'un geste lent parcourant la tache entière.) (A?) Comme un caméléon (en souriant). (Regarde un peu ailleurs, tourne pl. ∧, soupire)	D	F +	A ban
2.	(Enc.) C'est le Nouveau Monde, l'Amérique (rose lat. dr., ton incertain).	D	F —	Géog
3.	(Enc.) Non. (Suggérons tourner pl.) ∨ Le Pôle Nord (extr. méd. inf. du gris), Pôle Sud ici (centre Ht du rose méd.).	Géog	Po	St
	ENQUÊTE : (A comment?) Ben, ils sont pareils tous les deux (en les montrant). (Suggérons Kin.) Non, ils ne bougent pas.			

IX

(Prend pl. id., silence, tourne ∨, soupire légèrement, regarde longtemps)

1.	< (Enc.) Pas la tête d'un homme ça? (Sourit satisfait, désigne rose) ∨ (Enc., sil.) Non, je ne vois pas ∧. (Sil. malgré enc.) Non, je ne vois pas.	D	F +	Hd ban

X

1.	(Prend pl) C'est une bête ça? (Pose son doigt sous le gris sup.; lui demandons de montrer; il contourne A.) (Soupire) (A?) Je ne vois pas, je ne saurais dire. (Insistons). Un oiseau, non? (Insistons) Un hibou ou un... un je ne sais pas moi, un épervier... (soupire) ou un perroquet.	D	F Clob	A
	ENQUÊTE : (Les trois A nommés sont désagréables)			
2.	On dirait une tête de requin là, non? (vert lat. Ht, désignation partielle en hésitant beaucoup; après nos insistances	D	F —	Ad

3. ∨ C'est pas comme une tête de cheval Dd   F +   Ad
là? (partie sup. vert méd. dr.) > ∨ Non,
je ne trouve rien d'autre. (Soupire,
garde pl. en main, mais le regard se perd,
ensuite il revient à la pl.)

il montre toute la tache à dr.) (Sil., enc.,
suggérons tourner pl.)

APRÈS LE TEST

Lui demandons si le test lui a plu. Il répond « oui » en souriant.

Lui demandons sa préférence entre le 1er et le 2e examen : « L'autre fois, quand j'arrivais mieux à trouver ; maintenant je ne trouve pas. (Nous le rassurons, il sourit) Je ne trouve presque pas. »

Nomme les couleurs de la pl. X, sur demande : « bleu, vert, jaune, rose ».

Préférence entre planches noires et colorées : « Oh, les colorées (en souriant) ! C'est plus beau. » Les noires sont tristes.

Parmi les planches colorées, préfère X : « parce que j'ai trouvé trois sortes de bêtes ».

Teinte préférée : « Oh, j'ai pas de préférence. »

Parmi les planches noires, préfère III « parce qu'y a l'homme ».

Aucune planche ne déplaît.

```
Durée     = 1 h.
Réponses  = 16/7        5 rép. = Géog Po St

          Sur les 11 rép. restantes :
    G  = 0     D = 7       Dd = 3      Dbl = 1
    F  = 10 (— 6)  F Clob = 1   Cr et Kin = 0   F + % = 40
  Géog = 5     H = 1       Hd = 1      A = 2       Ad = 2
```

Le malade parle beaucoup moins qu'au 1er Rorschach, donne moins de réponses, ne voit rien aux pl. V et VI, a lui-même l'impression qu'il « n'arrive plus à trouver comme l'autre jour », comme la première fois quand il parlait tellement. Cependant, si effectivement il lui est encore très difficile de voir des images, quelques-unes arrivent maintenant à exister.

Cinq grands détails et un petit détail font apparaître des figures humaines et animales concrètes à la pl. III et aux trois planches colorées. Les réponses géographiques et, parmi elles, le « pôle nord » et le « pôle sud » déterminés par leur situation géométrique aux extrémités de l'axe central, sont encore importantes ; mais elles ne constituent plus la totalité stéréotypée des contenus comme dans le 1er Rorschach, où les réponses plus nombreuses n'apportaient en fait qu'une abondance factice.

Les interprétations globales et péri-maculaires ont disparu. Il en est de même pour les considérations abstraites et les expressions de destruction et de coupure.

Les réponses sont déterminées par la position (« les pôles »), ou par la forme. Un F Clob est vu dans le détail gris d'une planche multicolore et le doute accompagne cette réaction anxieuse : ton interrogateur, alternative entre plusieurs significations possibles pour la même tache (X 1).

Il n'y a toujours pas de réponses de couleur. Cependant, les planches colorées favorisent l'apparition des images sensorielles et elles sont à présent nettement préférées aux planches noires.

Il n'y a pas de kinesthésies non plus. Mais, à la pl. III, l'« homme » est vu dans le noir supérieur et cette présence est accueillie avec plaisir.

Au *5e examen*, l'aspect du malade rappelle celui du 3e examen par l'absence d'agitation et sa parole lente. Il dit qu'il a encore « des troubles », qu'il « manque de mémoire ». Nous retrouvons son air soucieux, son front plissé, quelques soupirs, le ton interrogateur — très marqué — et aussi sa satisfaction quand il réussit à voir, son sourire quand il est rassuré.

Il désigne les taches tantôt à droite, tantôt à gauche, maintenant dès la 1re planche. Des gestes adhésifs se produisent, prolongés, insistants.

A plusieurs reprises, il regarde par la fenêtre les gens qui passent dans la cour. Il bâille souvent. Si l'attention envers les planches paraît moins continue, plus lâche qu'au 3e examen, elle est aussi plus mobile, plus attirée par des stimulations environnantes.

I

1. (Prend pl.) C'est pas... c'est la France là (pose l'index dr. sur bordure lat. g. et, quand nous lui demandons de montrer, il suit ce petit contour du doigt).   Dd   F —   Géog

2. (Enc.) C'est pas l'Angleterre là (saillie lat., suit le contour inf. du doigt à dr.).   D   F —   Géog

(Enc., long sil.) Non. (Suggérons tourner pl., ∨ sil.) Je vois rien. (Le dit en chuchotant et en nous regardant soucieux.) (Enc.) Non, je ne vois rien. (Enc.)

3. C'est pas comme une tête d'homme là? (petite saillie arrondie Ht lat., désigne de la main dr. à dr.) (Nous confirmons, il sourit, content) (Enc., il répond à notre sourire, puis dit avec un léger soupir) Eh non!   Dd   F +   Hd

II

1. > ∧ (Enc.) On dirait des pattes là (pointes du rouge sup.), non? (Son visage s'éclaircit quand il trouve la réponse.) (Pattes de quoi?) De bête. (A?) On peut pas dire... comme un lapin.   Dd   F +   Ad

2. < C'est pas une tête de bête là (moitié du noir Ht). (A?) On dirait une tête de chien. (Enc.) Je ne vois rien d'autre. ∨ (Bâille) (Insistons) Je ne vois rien d'autre. (Enc.) Non, je ne vois pas. (Sil., passe la main sur son front, bâille) Non, je ne vois pas.   Do   F +   Ad

3. (Remettons pl. ∧) Ça fait comme un pied là? (Il sourit, content, quand nous confirmons; geste un peu adhésif en désignant rouge dr.) (Enc.) Non, je ne vois plus rien. (Maintenant le malade est souriant)   D   F +   Hd

III

1. Y a l'homme là (désigne à dr., contourne noir sup.). (Regarde un peu ailleurs tout en gardant la pl. dans sa main g., la main dr. à sa figure)   D   F +   H

    ENQUÊTE : (Ne voit toujours pas les deux H ban., pas de K.)

2. Ça fait une jambe là, je le savais déjà de l'autre jour ça. (?) C'est séparé de l'homme.   Do   F +   Hd
                                                   → coupure

3. (Enc.) Les canons là (petites pointes id. ex. ant.). Je l'avais déjà vu l'autre jour. (Enc.) Non, je ne vois rien, je ne trouve rien. (Suggérons tourner pl.) ∨ (Bâille)   Dd   F +   Arme

4.	C'est pas une tête de cheval là (noir para-méd. g., figure vers ext.)?	D	F —	Ad
5.	(Enc.) C'est pas comme une bête ça? (rouge lat., désigne à g. toujours de la main dr.) (A?) On peut pas dire, comme un lion. (Regarde par la fenêtre puis bâille, enc.)	D	F +	A
6.	Ce n'est pas comme une tête là aussi (frange claire sous le noir para-méd. dr.)? (A?) De serpent, c'est ça? (Regarde derrière lui, inspecte la salle) (Enc.) Non.	Dd	F (c)	Ad

ENQUÊTE : C'est fin.

IV

1.	∧ < Ça fait comme une tête là, non? (A?) De chien. (extr. saillie gris lat. Ht, contourne la tache quand nous lui demandons de montrer)	Do	F +	Ad
2.	C'est pas comme une tête d'homme là (en bordure près de la saillie lat. g.)? (Sourit satisfait, quand nous confirmons) ∧ (Cherche, se gratte la tête) Non.	Dd	F +	Hd
3.	(Suggérons tourner pl.) ∨ Comme ça? Ça fait pas comme une couronne là? (Ht méd., geste prolongé) (Sourit toujours satisfait, quand nous confirmons)	Dd	F +	Obj
4.	Ça fait comme une tête le blanc (entre dét. méd. et dét. lat. Ht g.). (Pianote sur la table) C'est comme une tête de singe même. (Désigne et laisse son index posé sur la pl. pendant qu'il regarde par la fenêtre.) (Soupire, rappelons à la pl.) C'est bien ça? (Enc.) Non, je ne vois rien d'autre.	Dbl	F —	Ad

V

(Soupire en prenant la pl., sans rapport avec celle-ci)

1.	Là ça fait comme une tête de crocodile (saillies lat. dr.).	D/Dbl	F +	Ad
2.	(Bâille) (Enc.) On dirait des oreilles de lapin (append. méd. Ht). (Enc.) < Non,	Do	F +	Ad

je vois rien d'autre. ∧ (Suggérons tourner pl.) ∨ Comme ça? (Regarde, change la pl. de main, enc.)

3. Ça ne fait pas comme un papillon? (après un geste hésitant au début contourne presque toute la tache, il sourit quand nous répondons affirmativement)   G   F +   A ban

ENQUÊTE : En train de voler.   (F K)

4. Ça fait pas comme un nez? (en bordure dr. Ht)   Do   F +   Hd

(Regarde par la fenêtre)

VI

(Regarde en tenant pl. de la main dr. et soutenant sa tête de la main g., soupire, enc.)

1. < Comme une tête de chien là (partie sup. de la grande saillie lat. dr.). (Bâille) (Enc., tourne pl. ∨, cherche, puis regarde par la fenêtre longuement, revient à la pl. sur nos insistances) Je ne vois rien d'autre. (Suggérons tourner pl., ∧, bâille)   Dd →Do   F +   Ad

2. Comme des ailes d'oiseau là, non? (saillie de la partie flamboyante Ht) (Enc.) Non. > Je ne vois rien d'autre. ∧   Do   F +   Ad

VII

1. (Prend toujours pl.) ∨ Comme un champignon (gris clair méd. Ht). (Il s'éclaircit la voix, regarde par la fenêtre, le rappelons à la pl., tourne <, moue négative des lèvres)   Dd   F (c)   Pl

2. Ça fait comme une tête là, une tête de femme (en bordure int. du dét. lat. dr., sous le tiers moyen Ht).   Dd   F ±   Hd

3. > Ça fait comme une pipe là? (tiers dr. et tiers moyen bas, contourne, geste adhésif) (Enc., soupire, tourne pl. ∨) Non.   D   F +   Obj

VIII

1. (Prend pl. id.) Ça c'est le caméléon là < (rose Ht, geste insistant, sourit).   D   F +   A ban

ENQUÊTE : Il ne bouge pas.

2. (Bâille ∧ >) On dirait une tête de cheval   Dd   F +   Ad
là (petit app. lat. g. de l'orange). (Enc.
Regarde pl. en tenant de la main g., la
tête reposant sur le bras dr.) Je vois rien
d'autre.

(Suggérons tourner pl., tourne pl. ∨,
change de main, sil., enc.) Je ne vois rien
d'autre. (Regarde par la fenêtre, nous
insistons, revient tantôt à la pl. tantôt à la
fenêtre, enc.) Non, je vois rien.

IX

1. (Prend id., soupire) > Ça fait comme une   D   F +   Hd ban
tête là (rose Ht, contourne d'un geste
insistant).

2. Ça fait comme un pied là (petite tache   Dd   F ±   Hd
rose claire près du vert). ∧ (Léger bruit   → F (c)
des lèvres, tourne plusieurs fois la tête
vers la fenêtre) Là je ne vois rien d'autre.
(Enc., jette un coup d'œil vers sa montre-
bracelet, soupire)

3. ∨ Ça fait comme un champignon là   Dbl   F +   Pl
(entre orange Ht et vert, contourne ce
petit espace plusieurs fois).

X

(Prend pl. de la main dr. tenant sa tête de
l'autre main)

1. La tête de hibou là (gris sup.), comme   D   F Clob   Ad
l'autre jour, on l'avait déjà trouvé
l'autre jour.

2. La tête de requin là (vert Ht dr.).   D   F —   Ad

3. Et là, la tête de cheval là ∨ (partie sup. du Dd   F +   Ad
vert méd. Ht g.). (Regarde ses ongles, se
gratte) On les avait déjà trouvées l'autre
jour. (Il regarde par la fenêtre, des gens
passent souvent dans la cour) (Enc.) Je ne
vois rien d'autre.

APRÈS LE TEST

Lui demandons s'il a aimé : « pareil, j'aime bien... pas de trop ».

Exprime aussitôt sa préférence pour les planches colorées, « ça présente mieux ». Les couleurs sont plus gaies, les noires sont tristes et un peu inquiétantes.

Parmi les planches colorées, préfère X : « y a beaucoup de couleurs ».

Teinte préférée : « Toutes. (Insistons) Rose » pl. IX.

Parmi les planches noires, préfère III : « il y a l'homme ».

Aucune ne déplaît. Planche IV plaît le moins.

Durée	= 1 h.	
Réponses	= 33/8	
G	= 1	
D	= 11 (1 D/Dbl)	
Dd	= 13	
Do	= 6	
Dbl	= 2	
F	= 30 (— 6)	F + % = 80
F (c)	= 2 et 1 →	
F Clob	= 1	
Crs	= 0	
Kin	= 1 add	
Géog	= 2	
H	= 1	
Hd	= 8	
A	= 3	
Ad	= 14	
Arme	= 1	
Couronne, pipe	= 2	
Pl	= 2	

Pour une même durée d'une heure, les réponses sont beaucoup plus nombreuses qu'au 3e examen, avec un accroissement des images. Des espèces animales plus variées, davantage de figures humaines, deux objets, une plante enrichissent la production. Les contenus géographiques se limitent maintenant aux 2 premières réponses du test : « la France » et « l'Angleterre »; les contrées plus lointaines, les grandes étendues des continents et des océans imaginés avant ne sont plus évoquées; et surtout l'idée de « la terre » — avec ses parties disparues sous les espaces blancs — du 1er examen, les points géométriques des « pôles » qui persistaient encore au 3e, n'apparaissent plus.

Si le nombre proportionnel des bonnes formes a augmenté (F + % = 80) malgré un abaissement du niveau de vigilance, c'est parce que les réponses sont devenues plus adéquates.

Les réponses de couleur manquent toujours. Comme au 3e examen, contrairement à l'absence d'un véritable choix au 1er, la préférence pour les planches colorées est affirmée. Maintenant, le sujet indique aussi la planche la moins plaisante, et ceci en accord avec son climat : la pl. IV. La réponse F Clob à la pl. X du 3e examen se répète et les nuances grises jouent dans quelques petits détails.

Le facteur kinesthésique n'apparaît encore que d'une façon très faible. A la pl. III, le sujet reconnaît « l'homme » dans le noir supérieur et « une jambe » dans la partie inférieure; mais il ne peut pas les réunir dans une figure banale : « c'est séparé ». L'image des « ailes » apparaît à la pl. VI, mais dans une forme Do. A la pl. V, pour la première fois, la globale banale du « papillon » est donnée, d'une façon hésitante d'abord, en contournant la tache du doigt ensuite, arrivant enfin à exprimer le mouvement du vol en réponse à l'enquête.

L'accroissement des réponses s'accompagne d'un très grand nombre de petits détails. La présence des Do accuse le morcellement, comme l'importance des parties humaines et animales par rapport aux figures entières. Des « têtes » sont vues très souvent; parmi elles, celle d'un « serpent » dans un petit détail tout « fin » (III 6), inquiétant et inaccoutumé. attire l'attention. Cet ensemble, joint au langage si fréquemment interrogateur, peut faire penser au doute obsessionnel.

Bien sûr, il s'agit dans ce cas d'une perturbation plus profonde. Le doute du malade porte d'une façon fondamentale sur la vie, sur l'existence elle-même. Cependant, ce dernier protocole, qui suggère le rapprochement avec un Rorschach d'obsédé, représente déjà un progrès appréciable.

A un moment où la réalité des choses n'était plus directement ressentie par le malade, les images n'étaient pas là pour l'y rattacher et l'y faire participer. Le 1er Rorschach montre toute l'importance de cette absence des images et comment, en ne *voyant* pas, le sujet cherche ce qu'il *sait*, comment aussi ce savoir, privé de leur appui, devient lui-même — malgré les vastes horizons auxquels il paraît s'adresser — stéréotypé, vague et incohérent.

Avec la poussée sensori-motrice, l'immensité des espaces se réduit dans la vision du sujet, mais c'est aussi pour permettre aux images et au concret de reprendre une consistance.

OBSERVATION CLAUDE C.

Claude C., 26 ans, est hospitalisé après une tentative de suicide, sans conséquences organiques, par le Largactil et le Témentil.

Il est en conflit constant avec ses parents, chez lesquels il vit. En colère pour des motifs futiles, il s'enferme dans sa chambre et refuse de manger. Il lui arrive de s'enfermer ainsi durant plusieurs jours (une semaine entière en refusant la convocation du conseil de révision pour le service militaire), les volets clos, écoutant la radiodiffusion 10 à 15 heures par jour et lisant des romans policiers. Il ne communique point ce qui le préoccupe à ses parents, pour lesquels il reste très secret. Envers les étrangers, il se montre plus tolérant qu'en famille. Il invoque dans ses malheurs une jeune fille qui s'est mariée, mais il s'enfermait le dimanche au lieu d'aller la voir. Il est triste, se sent fatigué, dort mal. Des boutons persistants dans le dos sont un sujet de préoccupation. Une systématisation curieuse intervient dans sa façon de boire : pendant toute une période il n'a bu que du vin, ensuite l'exclusivité s'est portée sur une eau minérale, puis sur l'orangeade.

Tout en ne se plaisant pas chez ses parents, il ne veut pas partir ailleurs non plus. Il a refusé les offres d'emploi et ne fait qu'aider au commerce tenu par la famille.

Après avoir obtenu son brevet élémentaire à 16 ans, il a suivi une école d'agriculture pendant trois ans. Mais l'agriculture ne l'intéresse pas et il déclare aujourd'hui avoir tout oublié de ses études.

Pendant l'enfance, il acceptait mal l'école, paraissait craindre de quitter ses parents. Selon sa famille, il a toujours eu un comportement difficile.

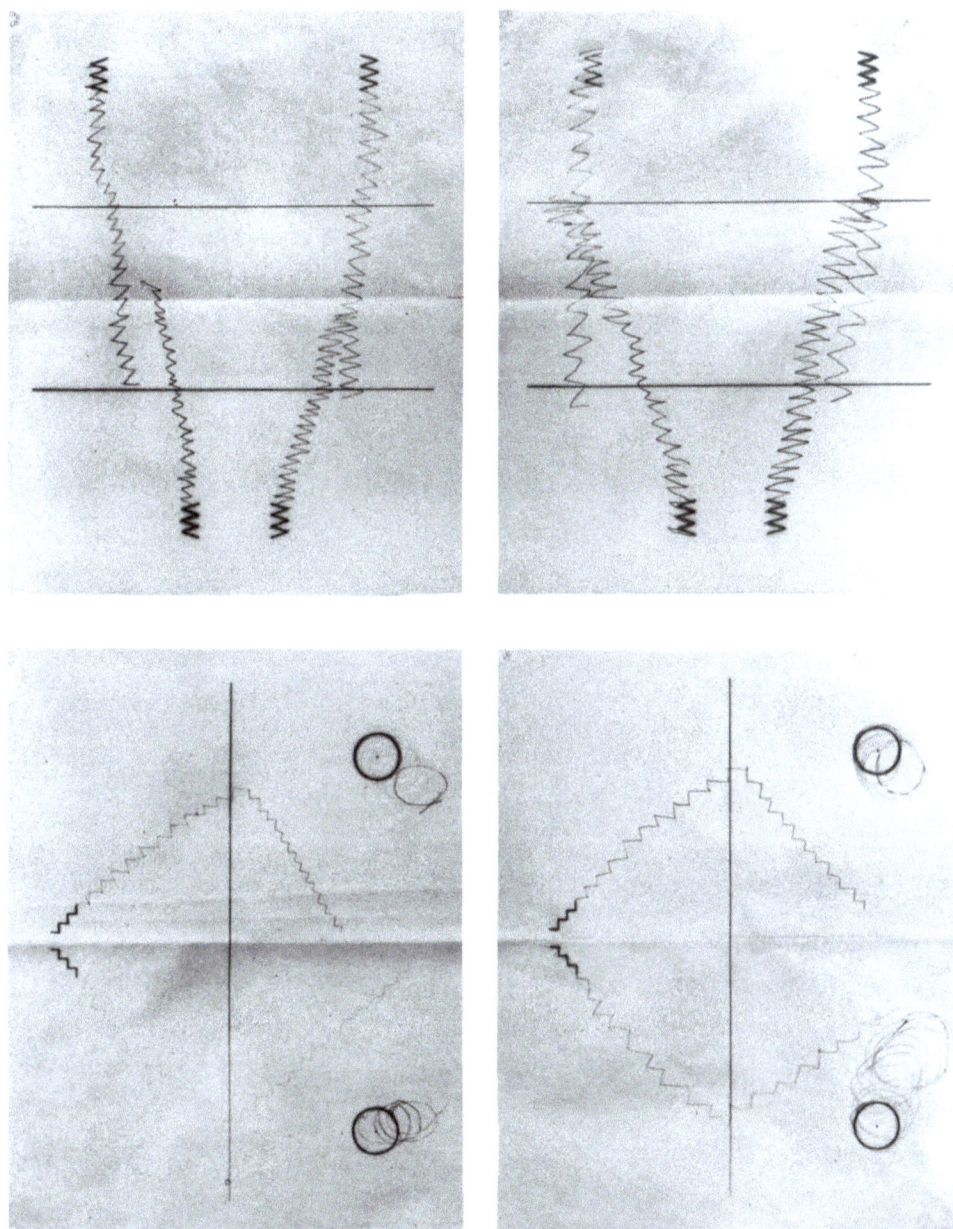

Fig. 18. Claude C. : P.M.K., zigzags et escalier, 1er (g.) et 2e (dr.) examen.

Fig. 19. Claude C. : Dessins de l'Homme et de l'Arbre, 1ᵉʳ (g.) et 2ᵉ (dr.) examen.

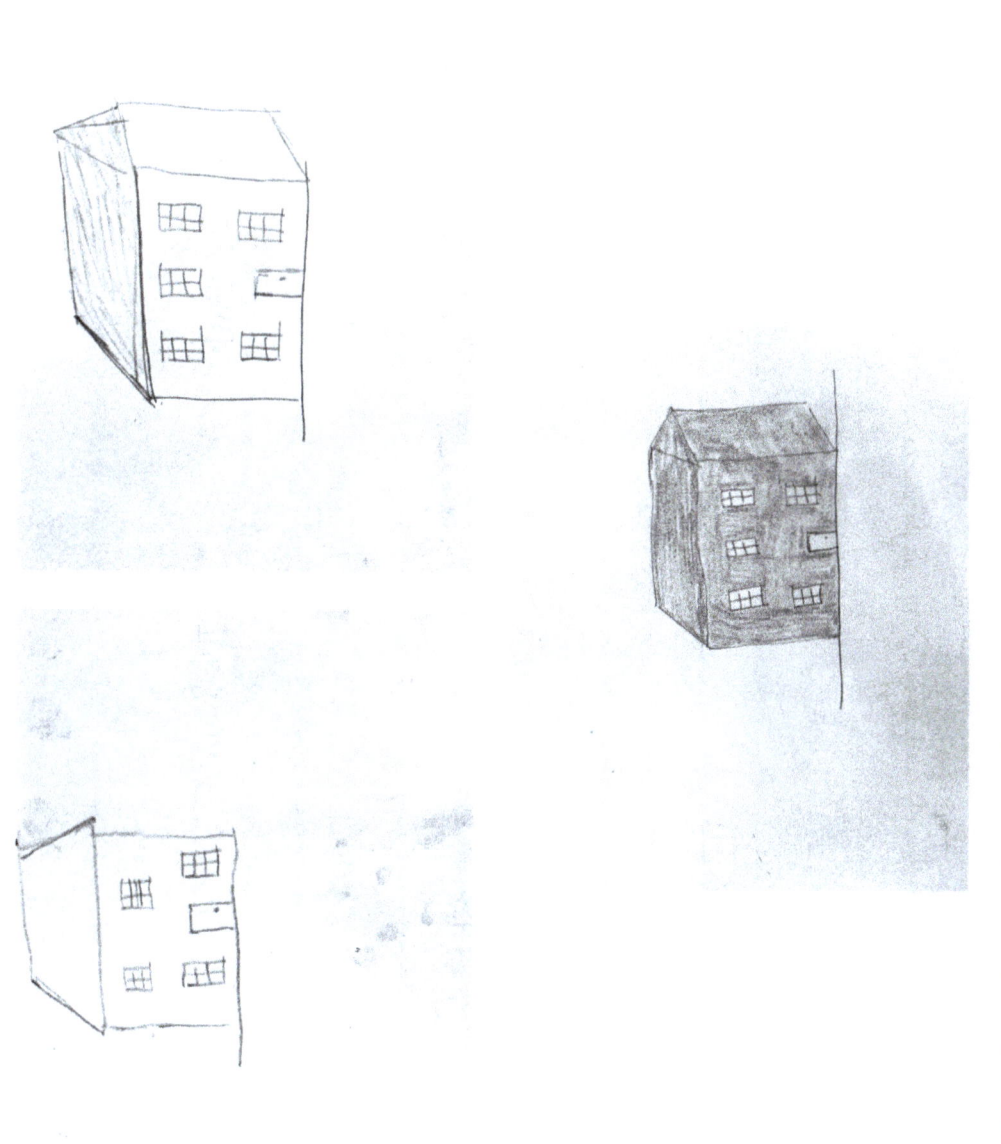

Fig. 20. Claude C. : Maison, 1er et 2e examen (haut g. et dr.); 5e examen (bas), 10 jours après la fin de la cure de sommeil.

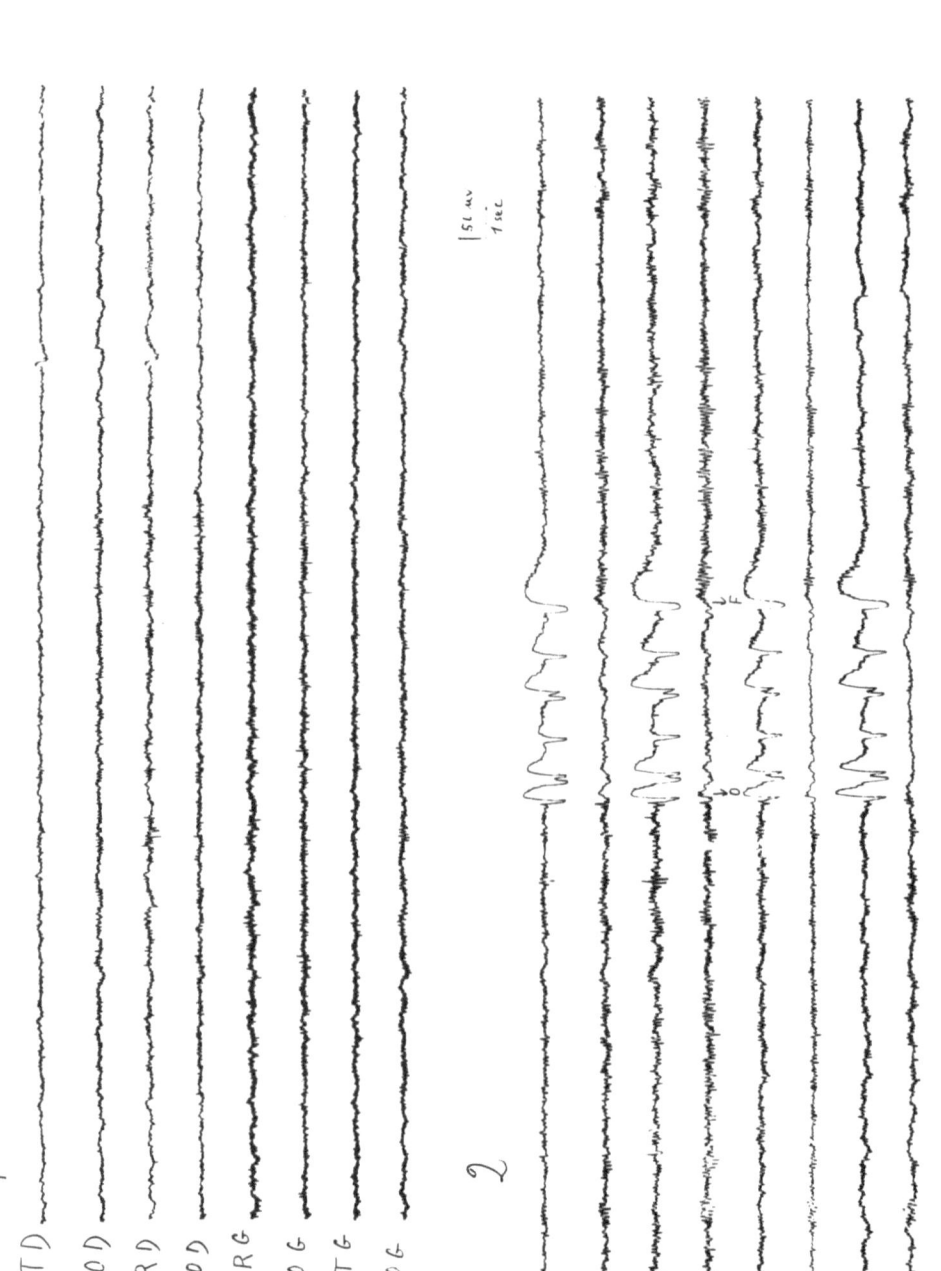

Fig. 21. Gaston T. : 1er examen, avant la cure de sommeil ; 2e examen, après la cure.

Le caractère schizoïde de ces troubles caractériels, nous le retrouvons dans l'expression du jeune homme. Petit de taille et maigre, Claude a un visage long et pâle, sans mobilité mimique, avec de grands yeux clairs dont le regard se détourne souvent de l'interlocuteur, même lorsqu'il lui parle, quelques sourires flottants, une intonation monotone. Les réponses au cours de l'entretien sont adéquates, le récit est cohérent.

Une cure de sommeil commence quelques jours après l'hospitalisation. Elle dure 19 jours et comporte 253 h. 30′ de sommeil, avec une moyenne journalière de 13 h. 20′. Le traitement totalise 6,8 g. Eunoctal, 4,9 g. Imménoctal et 1,225 g. Largactil. La cure apporte une légère amélioration.

Nous voyons Claude C. au cours de 5 examens qui se suivent régulièrement avec une semaine d'intervalle. La cure de sommeil commence aussitôt après le 1er examen, le soir du même jour. Le dernier examen a lieu 10 jours après la fin de la cure.

Voici les comptes rendus des 5 E.E.G. :

1er E.E.G. (fig. 16), avant la cure de sommeil.

Le tracé est constitué par un rythme alpha occipital à 11 c/s, d'environ 20-30 μv et d'une abondance moyenne, bien bloqué par l'ouverture des yeux.

L'hyperpnée active un peu l'alpha.

La S.L.I. a une action d'entraînement marquée, qui s'étend de façon continue de 4 é/s aux fréquences rapides.

Le sujet trouve la lumière un peu désagréable durant la fermeture des yeux. Aux fréquences lentes, il a vu « des éclairs » et aux rapides « un tourbillon, comme un cercle de toutes les couleurs »; il nomme l'orange et le rouge.

2e E.E.G. (fig. 16), après une semaine de cure.

Sur le tracé de repos, le rythme alpha à 11 c/s est par moments moins régulier qu'au premier examen; il s'y ajoute quelques fréquences thêta.

Sous hyperpnée, le rythme alpha, avec une fréquence de 10 c/s, devient plus continu; après hyperventilation prolongée apparaissent quelques figures un peu pointues.

La réaction d'arrêt à l'ouverture des yeux est moins bonne qu'au 1er examen, elle est insuffisante sous hyperpnée.

L'action d'entraînement de la S.L.I. s'étend de 5 é/s aux fréquences rapides, avec des rythmes induits plus importants qu'au 1er examen entre 8 et 13 é/s; aux éclairs doubles répondent aussi des pointes plus marquées.

Cette fois, la lumière n'a pas gêné le sujet. Il a vu des éclairs rouge-orange aux fréquences lentes, des carrés ou des losanges quand la stimulation s'accélérait et, quand elle devenait très rapide, « comme un feu de lumière, comme un arc-en-ciel bleu-jaune-vert ».

Durant l'enregistrement, le malade se frotte parfois les yeux; il dit qu'il a sommeil.

3e E.E.G., après deux semaines de cure; le traitement n'a pas été suspendu le matin du jour de l'examen, qui a lieu une heure après le réveil.

Le rythme alpha occipital a une fréquence de 10 c/s; la réaction d'arrêt est moins bonne qu'avant la cure de sommeil. De nombreuses bouffées bêta infravoltées, qui persistent durant l'ouverture des yeux, apparaissent sur les régions frontales. Sur le montage longitudinal, le rythme alpha est plus abondant qu'au 1er examen. Sur le montage reliant les différentes électrodes au vertex, l'activité bêta prend de l'importance et, à ce moment, le rythme alpha paraît inférieur à celui du 1er E.E.G.

L'hyperpnée active un peu le rythme alpha.

L'action d'entraînement de la S.L.I., qui s'étend de 4 é/s aux fréquences rapides, est marquée. Pour 22 é/s, se produisent des bouffées amples de 11 c/s, où s'intercalent de petits rythmes à 22 c/s.

La lumière a été vue blanche aux fréquences lentes et de toutes les couleurs aux rapides, couleurs claires surtout.

Le sujet a l'impression que, durant cet enregistrement, il dormait à moitié.

4e E.E.G., 3 jours après la fin de la cure; 200 mg. Nembutal le soir.

On enregistre à présent de continuelles fluctuations du niveau de vigilance : alternance du tracé alpha avec des phases thêta, réaction d'éveil aux stimuli.

Sur le tracé de repos vigile, le rythme alpha occipital, à 10-11 c/s, est un peu plus ample qu'avant la cure de sommeil; la réaction d'arrêt est positive.

Les fréquences bêta du dernier E.E.G. (durant la cure de sommeil, une heure après le réveil) ont disparu.

Sous hyperpnée, on obtient un tracé alpha continu à 10 c/s (maintien de l'état vigile à ce moment).

L'entraînement de la S.L.I. s'étend toujours de 4 é/s aux hautes fréquences. Les rythmes induits de 9 et 11 c/s sont plus amples qu'avant la cure de sommeil. Durant les stimulations par éclairs couplés, se produisent des baisses du niveau de vigilance sous forme de phases thêta; le réveil s'accompagne de petites pointes scandant les trains d'onde alpha au rythme du stroboscope.

La lumière n'a pas été désagréable. Le sujet parle de papillotements et de couleurs, bleu et rouge.

Il est conscient de s'être assoupi plusieurs fois durant l'enregistrement, sous S.L.I. aussi.

5e E.E.G., 10 jours après la fin de la cure; 200 mg. Nembutal le soir.

Le rythme alpha occipital, à 10 ou 11 c/s au repos, à 10 c/s sous hyperpnée, d'environ 30-50 μv, ressemble à celui du dernier tracé; il reste un peu plus abondant et plus ample qu'avant la cure de sommeil. La réaction d'arrêt est positive.

On ne voit plus les importantes fluctuations du niveau de vigilance du dernier E.E.G., mais seulement quelques phases où le rythme alpha s'aplatit légèrement.

L'action de la S.L.I. (éclairs simples) est à peu près équivalente à celle du dernier examen. Les rythmes induits aux fréquences alpha sont un peu plus marqués qu'avant la cure de sommeil.

La lumière n'a pas été désagréable. Le sujet a vu des tourbillons circulaires (il esquisse un rond de la main droite en sens inverse des aiguilles d'une montre) et des genres de losanges; c'était moins coloré que la fois précédente, toujours avec du bleu et du rouge.

Il dit qu'il s'est assoupi un peu durant l'E.E.G., beaucoup moins qu'à l'examen précédent.

L'activité alpha devient irrégulière au 2e examen, où des rythmes thêta viennent s'y entremêler; aux examens ultérieurs, où le thêta n'apparaît plus que par phases d'assoupissement (4e ex.), elle tend à gagner plutôt — sur le tracé de repos vigile — en abondance et en amplitude, par rapport au 1er examen. Avec la cure de sommeil, sa fréquence s'abaisse légèrement.

L'hyperpnée est un peu plus active au 2e examen qu'au 1er.

L'action de la stimulation lumineuse intermittente, qui exerce un entraînement déjà net au départ, s'accroît avec la cure de sommeil (en ce qui concerne les impressions du sujet après le stroboscope, notons le « jeu de lumière » et l'« arc-en-ciel » du 2ᵉ examen, d'une sensorialité accrue par rapport au 1ᵉʳ).

L'abaissement du niveau de vigilance après l'intervention du traitement se manifeste, tantôt par un affaiblissement de la réaction d'arrêt visuelle, tantôt par une alternance du tracé vigile avec des phases d'assoupissement.

Dans les épreuves psychologiques, une poussée sensori-motrice apparaît au 2ᵉ examen; elle persiste, par rapport au 1ᵉʳ examen, jusqu'à la fin de notre observation, mais plus faible qu'au début de la cure.

Les variations les plus nettes se manifestant entre le 1ᵉʳ et le 2ᵉ examen — avant la cure de sommeil et après une semaine de traitement — nous allons comparer ici entre elles les épreuves qui ont été pratiquées de façon répétée à l'un et à l'autre : dessin, Figure complexe de REY, P.M.K.

Notons d'abord une différence de comportement qui, bien que discrète, mérite d'être relevée : tandis qu'au 1ᵉʳ examen le sujet détournait souvent son regard, au 2ᵉ il nous regarde bien en face. Il est plus souriant, se dit moins désespéré qu'avant. Il demande de la lecture aux heures de réveil dans la salle de traitement; avant, il ne lisait même plus, dit-il.

1ʳᵉ épreuve de dessin

Au 1ᵉʳ examen, tous les dessins sont faits rapidement, d'une façon schématique, avec le même crayon vert. Le tracé présente des discontinuités et la couleur joue à peine en tant que telle : elle sert à l'esquisse des formes, ne varie point d'un thème à l'autre (l'épreuve commence par les arbres), ne remplit pas de surfaces.

Des traits à la fois embrouillés et décousus constituent la couronne des arbres et un espace sépare le bas du tronc de la ligne de base. (fig. 19)

La maison est composée d'une façade rectangulaire, avec une porte au centre et deux fenêtres de chaque côté découpées en carreaux, surmontée d'un toit en trapèze. (fig. 20)

L'homme a un visage anonyme; les mains, dans les poches, sont escamotées. (fig. 19)

Dans le dessin libre, le doute intervient : un oiseau, dessiné au milieu de la page d'un trait hachuré, est recommencé trois fois, après quoi le sujet veut froisser sa feuille.

Les dessins sont exécutés en silence. Ils ne présentent pas de bizarreries proprement dites. C'est le schématisme surtout qui caractérise toute l'épreuve.

2ᵉ épreuve de dessin

Au 2ᵉ examen, les dessins sont encore faits dans un temps court, avec cependant un prolongement pour celui du personnage. Quelques petits commentaires verbaux interviennent maintenant au cours de l'exécution.

Les formes en général s'agrandissent, le crayon alterne avec plusieurs couleurs et des surfaces colorées adéquates apparaissent.

Dans le premier dessin, le sujet essaie de représenter, d'une façon assez maladroite et encore très schématique, en jaune et vert, « un arbre recourbé ». Le deuxième arbre, avec une forme conique et tout en vert comme au 1ᵉʳ examen, a une couronne plus dense, en traits plus épais et plus continus; le tronc s'incline légèrement vers la droite, en même temps que la ligne de base monte un peu et s'arrondit; la séparation entre le tronc et la terre est comblée (ce lien n'est pas tout à fait spontané, on remarque un tout petit trait de liaison rajouté du côté gauche). (fig. 19)

La maison s'enrichit d'un mur qui monte latéralement à droite, ce qui atténue la symétrie et introduit une profondeur, face à la simple surface plane du 1ᵉʳ examen. La symétrie se réduit maintenant au dessin de la façade, avec sa porte centrale, les deux fenêtres latérales et les trois supérieures encore quadrillées. Le toit monte un peu vers la droite et il est couvert de rouge, après l'exécution de tout le dessin au crayon. (fig. 20)

L'homme a un visage encore schématique, avec ses trois traits indiquant les yeux et la bouche sur le fond laissé blanc; les mains sont toujours cachées dans les poches. Mais il prend plus de consistance par ses dimensions accrues et les surfaces colorées qui l'habillent : haut du corps vert, pantalon marron clair, chaussures noires qui agrandissent beaucoup les pieds. (fig. 19)

Le dessin libre représente une voiture, tracée très rapidement au crayon, avec une surface bleue s'étendant sur toute la feuille en longueur. Les roues sont floues, dans un tracé discontinu; la forme de l'ensemble du dessin reste pauvre et son coloris froid. Mais le doute n'intervient plus comme au 1ᵉʳ examen, la forme s'est agrandie, la couleur au moins existe.

1ʳᵉ épreuve de la Figure complexe de Rey (fig. 17)

Copie : type de construction II; 35 points (centile 90); durée 5' (centile 25).

L'exécution commence par la croix verticale, mais ensuite des parties des côtés du grand rectangle alternent avec le tracé de la médiane horizontale et des deux triangles adjacents, dans une discontinuité quelque peu bizarre, avant d'arriver à un ensemble quasi complet et assez précis. Au début de l'épreuve, le sujet aurait voulu une règle. Il compte les petites barres obliques et esquisse leur tracé en l'air avant de les dessiner.

Reproduction de mémoire : type de construction I; 19 points (centile 30); durée 2'.

La construction se fait d'une façon rationnelle : cadre suivi des diagonales et de la médiane verticale. Le rond à trois points existe — avec une erreur d'emplacement — mais l'ensemble des détails retenus est insuffisant. Il n'y a rien en haut et en bas du cadre. L'absence de la petite barre transversale enlève à l'élément adjacent gauche son apparence de croix.

2ᵉ épreuve de la Figure complexe de Rey (fig. 17)

Copie : type de construction I; 34 points (centile 70); durée 2' (centile 100).

L'exécution commence par le grand rectangle, suivi de la croix verticale; viennent ensuite les grandes diagonales et la médiane verticale, puis les autres éléments. On n'a plus la phase de morcellement du 1ᵉʳ examen. La figure s'est agrandie et, par manque de prévision, le losange ne trouve plus assez de place dans la feuille. Les traits sont devenus beaucoup plus imprécis : croisement central des grandes diagonales avec les médianes moins exact, tracés qui débordent, dimension excessive des cinq barres obliques.

Reproduction de mémoire : type de construction I; 29 points (centile 90); durée 2'.

La construction ressemble à celle de la copie, avec cependant un meilleur croisement central des diagonales avec les médianes. La succession a un caractère rationnel un peu moins marqué qu'au 1ᵉʳ examen : entre le grand rectangle et ses diagonales s'intercale la croix verticale. Celle-ci possède maintenant sa barre transversale et, en général, le nombre des détails reproduits a nettement augmenté; en particulier, la figure s'est enrichie avec l'apparition du triangle supérieur et du carré inférieur (la croix horizontale manque encore).

Avec une construction moins morcelée dans la copie et d'un rationalisme moins poussé dans l'exécution de mémoire, l'épreuve perd en précision du tracé, en même temps qu'elle gagne en détails reproduits.

1er P.M.K. (fig. 18)

Les diminutions des tracés sont fréquentes. Les chaînons et les parallèles s'entassent, surtout à la main droite. Les cercles s'aplatissent. Un arrêt volontaire avant la fin du parcours a lieu dans les zigzags égocifuges — bien que ceux-ci esquissent une déviation vers l'extérieur — et les cercles de la main gauche.

Les tracés verticaux des linéogrammes, cercles et U dévient vers le bas. Les déviations vers l'intérieur et vers l'extérieur varient d'un tracé à l'autre. On remarque des torsions axiales. L'escalier a des marches rentrantes (la partie verticale de la marche dévie obliquement en sens inverse de la direction du mouvement) et il descend trop près de l'axe à la main droite ; la descente de la main gauche s'en éloigne davantage, mais avec une forme qui devient floue.

On note quelques légères difficultés à couvrir les modèles.

2e P.M.K. (fig. 18)

Les tracés s'agrandissent et le trait est en général plus appuyé.

Dans les chaînes, à part des pelotonnements du tracé égocifuge gauche, les chaînons sont moins tassés ; des décollements même apparaissent. Tandis qu'au 1er examen les chaînes égocipètes déviaient vers le centre, l'égocifuge droite était rectiligne et seule l'égocifuge gauche se dirigeait un peu vers l'extérieur, les quatre tracés — surtout les deux égocifuges — esquissent maintenant un mouvement d'ouverture. Des modifications analogues s'observent aux parallèles, où les intervalles s'agrandissent ; dans l'épreuve égocifuge, les torsions axiales du 1er examen disparaissent et les deux tracés se dirigent nettement vers l'extérieur.

Il n'y a plus d'arrêt, ni aux zigzags, ni dans les cercles. Ceux-ci s'arrondissent, en s'agrandissant beaucoup, surtout à la main gauche. De même que les linéogrammes et U verticaux, ils dévient toujours vers le bas et cette chute apparaît en partie même plus marquée dans un examen où, en général, les tracés et les déviations s'amplifient.

Dans l'escalier, on retrouve la forme rentrante des marches, elles aussi agrandies comme les autres figures du test. La branche descendante de la main gauche est moins floue, mais déformée à la fin par une boucle. La branche descendante de la main droite s'ouvre davantage qu'au 1er examen.

La difficulté de poursuite des modèles est devenue plus importante.

Nous retrouvons ici la baisse de précision, accompagnant des gestes qui deviennent, en général, plus amples et plus ouverts.

L'observation Claude C. nous met en présence de troubles du comportement chez une personnalité de type schizoïde, légèrement améliorés par la cure de sommeil.

Les variations de l'E.E.G. se font dans le sens d'une synchronisation de l'activité électrique, où s'inscrit la réaction à la stimulation lumineuse intermittente, en même temps qu'elles indiquent un abaissement du niveau de vigilance sous l'action du traitement.

Avec la poussée sensori-motrice, les formes s'agrandissent, aussi bien dans le dessin que dans l'épreuve de REY et le P.M.K. Le dessin met, de son côté, en valeur l'importance de la couleur dans cette poussée.

La représentation devient moins schématique, plus détaillée et par là plus concrète. Les modifications de la Figure complexe de REY prennent leur signification dans ce contexte, comparées à celles du dessin. L'affaiblissement de la vigilance n'a pas fait baisser les images retenues par la mémoire, au contraire. Il y a bien une perte de précision — le P.M.K. le montre, comme l'épreuve de REY — mais avec un geste plus dynamique et une vision plus imagée.

CHAPITRE III

Poussée sensori-motrice chez un délirant

OBSERVATION GASTON T.

Gaston T., 51 ans, est conduit à l'hôpital par la police, pour agitation dangereuse sur la voie publique.

A travers des propos évasifs, des allusions, avec réticences et fuite des idées, apparaissent des interprétations délirantes, avec de vagues idées de persécution. Le malade dit qu'on veut le supprimer, qu'on cherche à le plonger dans un « isolement moral » — ce qui le mène à vivre réellement d'une façon solitaire — qu'« on pourrait lui prendre son identité »; certaines personnes lui en veulent depuis longtemps; on l'a placé intentionnellement dans des endroits dangereux pendant la guerre. Il raconte qu'à l'âge de 10 ans, il est venu au même hôpital psychiatrique où il se trouve actuellement, pour voir son père; serait-il ici pour « rétablir la vérité, pour prouver que son père avait été enfermé à tort? » Il expose ainsi les faits qui ont mené récemment à son hospitalisation : depuis plusieurs jours, il mangeait et dormait mal; il décide d'aller visiter la tombe de ses parents et, dans le train qu'il prend pour cela, il voit un inconnu; celui-ci fait un geste qui lui déplaît, alors il tire la sonnette d'alarme pour obtenir une explication devant la justice; finalement, c'est de lui que la police s'empare.

Les idées mal systématisées et imprécises sont en faveur d'une détérioration intellectuelle. L'appoint éthylique paraît certain, avec tremblement digito-lingual et crampes musculaires. D'autres épisodes psychopathiques antérieurs sont probables.

Ancien adjudant-chef, le malade dit qu'il a été mis à la retraite, il y a 6 ans, d'une façon prématurée, pour « dépression nerveuse ». Il parle de plusieurs hospitalisations pour « dépression », d'un traitement par électrochocs il y a 7 ans et d'une cure de sommeil il y a un an. Sa femme l'a quitté, il vit seul depuis cinq ans.

On pratique une cure de sommeil de 15 jours : 170 h. 45′ de sommeil, avec une moyenne journalière de 11 h. 23′. Le traitement totalise : 5,40 g. Eunoctal, 3,90 g. Imménoctal et 1,075 g. Largactil.

Les premiers jours de la cure, le malade est très agité ; il bavarde, plaisante, chante. Trop bruyant pour la salle de traitement collective, il doit être placé dans une chambre individuelle. Dans l'état d'euphorie de ce début de cure, le malade déclare qu'il a manœuvré la police afin de se faire placer dans cet hôpital et être traité par des personnes de sa province, ce qui le met à l'abri de la malveillance des autres. L'excitation baisse à partir du 6e jour de traitement.

Par la suite, le malade sortira de l'hôpital, avec un traitement neuroleptique, assez calme.

Le *1er examen* a lieu le jour qui précède la cure de sommeil. Le malade n'a aucun traitement. Il avait pris, après son hospitalisation, pendant quelques jours, du Largactil à 300 gouttes/j., qui a été arrêté il y a 3 jours.

E.E.G. (fig. 21) Le rythme alpha, à 11 c/s, peu volté (10-20 μv) et irrégulier, s'entremêle continuellement avec des rythmes rapides (environ 22 c/s) diffus. La réaction d'arrêt visuelle est positive, des bouffées alpha plus nettes se forment aux moments de la fermeture des yeux.

L'hyperpnée active légèrement l'alpha.

La S.L.I. entraîne les rythmes, surtout occipitaux, dès les basses fréquences ; elle le fait d'une façon marquée à partir de 7 é/s. A 10 et 11 é/s, avec un entraînement important sur les régions frontales aussi, le sujet se plaint d'étouffer et s'agite ; on est obligé d'interrompre le stroboscope.

Rorschach

Le malade a un air triste, accentué par une profonde ride verticale intersourcillière. Il soupire souvent, mais prend aussi quelquefois le ton de la plaisanterie. Il tient les planches, qu'il éloigne parfois ; il mime légèrement.

Il donne beaucoup de réponses, parmi lesquelles un nombre très élevé de petits détails : 54 Dd sur 84 rép., dont 2 G seulement et 28 D — parmi lesquels il n'y a qu'une minorité qui soit vraiment adéquate et concrète — durant une heure et demie.

Ces petits détails ont pour une grande part un caractère insolite et certains sont pour nous à peine perceptibles. Ils sont vus très souvent dans les ombres des taches noires et pareillement dans les nuances foncées des planches colorées. L'estompage joue, dans ce test, un rôle considérable (31 F (c) et 6 (c) F), beaucoup plus important que la couleur et la kinesthésie, qui sont faibles.

La kinesthésie humaine banale de la pl. III est remplacée par un Do, la « tête... d'un homme préhistorique »; cependant, quand on suggère les hommes à l'enquête, le sujet les voit : « le corps qui est busqué, les fesses ici et puis alors les jambes, les jambes tendues » et mime cette attitude. A la pl. IV, il aperçoit « une femme marchant », mais dans le blanc, dans un petit espace intermaculaire. A la pl. V, le sujet dit : « c'est peut-être une chauve-souris » (G ban) et, à l'enquête : « quand elle a ses ailes déployées ». La figure animale banale de la pl. VIII est « une bête représentant la force »; selon l'enquête, elle est vue « montante, s'aggripant à quelque chose et représentant une force musculaire, une statue s'ancrant dans un rocher »; la montée et le lien sont dominés par le symbole et le vivant se transforme en objet.

Les réponses de couleur se réduisent à un grand détail rouge de la pl. II et deux petits détails roses des pl. VIII et IX à thème sexuel : « un vagin », C F dans le rouge et le rose médians des pl. II et IX; « une femme bien potelée », F C dans la petite tache rose incluse dans le bleu de la pl. VIII, 11e réponse après toute une série de F et surtout de F (c). Notons aussi que l'interprétation de la pl. III commence par le rouge, donnant lieu à ce moment à l'un des grands détails sensoriels du test : « un singe ou un gorille, avec la queue là » (III 1, rouge lat., D F + A). La façon d'interpréter les trois planches colorées — avec leurs petits détails, leur estompage et la multiplicité des « têtes » dont nous parlerons plus loin — reste en général très semblable à celle des planches noires. L'aspect syntone de l'affectivité n'apparaît presque pas; celle-ci se montre pauvre et à tendance impulsive.

La même réponse sexuelle rapportée au centre de la tache, « un vagin », se répète, à partir de la pl. II, dans 7 planches, répétition d'un caractère obsessionnel, où se mêlent une persévération de l'image et une systématisation avec tendance à la stéréotypie.

Les contenus sont dominés par les parties animales et surtout humaines : 15 Ad et 38 Hd; ce sont des « têtes », très nombreuses, vues en série dans chaque planche. Le mot « avec » fait suivre souvent l'expression « une tête de... » de ses attributs et apporte ainsi une note sensorielle. Mais cela est beaucoup moins important que le morcellement qu'impliquent ces « têtes » multiples et souvent bizarres. Elles ont des aspects grotesques ou exotiques, tel ce petit détail imaginé dans l'estompage intérieur d'une tache noire, où la référence à soi s'accompagne d'éloignement, comme si un sentiment d'étrangeté était vécu en rapport avec sa propre image : « Eh bien, ça, mais qu'est-ce que ça représente? Une physionomie, je sais pas de quoi, de diable ou de singe, la tête (éloigne la planche), le nez avancé, un nez comme le mien, plus gros encore — je suis blagueur — avec les yeux comme de chinois, bridés » (pl. III, à l'intérieur de la « jambe » de la figure banale, très difficile à voir).

La figure humaine en général est empreinte d'étrangeté, s'éloigne et se déforme. Dans le visage, la bouche peut manquer, ou être « déviée », ou « bouchée » par un « masque » (Dd à l'intérieur du vert de la pl. IX, pour nous impossible à voir). Le masque intervient dans cette réponse de la pl. III, où l'homme, devenu symbole — comme l'animal de la pl. VIII — est rejeté dans un lointain passé, se métamorphose dans une pierre qui l'emprisonne, se découpe dans une matière informe : « Là je vois un genre de pyramide d'Égypte avec un masque dur, avec une tête d'homme, un masque représentant la force (profil latéral du noir, à droite); voyez, regardez les pieds ici, le ventre (plus bas); c'est un homme fort pris dans un rocher. Le rocher ce serait la masse (noir entier), un homme taillé dans le rocher, comme en Égypte. » La formation progressive de la perception dans cette réponse, qui en tant que telle rappelle un processus sensoriel, entre ici dans une représentation schizoïde qui altère profondément la vision de la réalité. Dans la réponse suivante, la tête d'homme qui vient d'être vue se transforme dans une figure féminine : « Je vois encore une autre tête, mais c'est pas la même tête, plus efféminée, un nez plus pointu. » L'alternative homme-femme se présente d'une façon encore plus accusée dans un petit détail de la pl. VIII (rép. 4, petite tache rose dans le bleu), qui commence par une expression abstraite et interprète l'image en faisant appel à un personnage historique : « Ici je vois une espèce d'être humain, une femme, ou un homme en captivité, Napoléon à Sainte-Hélène, ça peut-être une femme aussi, non, on voit les deux jambes, les deux pieds. »

La réalité est fuyante, la même tache prend rapidement des significations diverses. Un Dd de la pl. I représente « une petite tête de biche, de rat... ou de rhinocéros ». Une « tête » bien vue dans un D de la pl. VII (tiers moyen, pl. ∨) laisse aussitôt la place à une carte géographique de forme très imprécise. Une « tête d'agneau ou de veau » remplace un « visage de profil » dans un petit détail vu en estompage dans le bleu de la pl. VIII ; pour cette tache, toute une série de « têtes » se juxtaposent à l'intérieur d'un petit espace et le sujet arrive à dire : « je vois deux visages dans le même ». A la pl. IX, à travers une série de Dd F (c) encore, à l'intérieur de la tache verte, nous avons des images qui se suivent en s'effaçant l'une l'autre : « Ça fait trois visages que je vois là, on les voit très bien d'ailleurs... le troisième est disparu (le cherche), j'en voyais trois dans le même » ; « une autre tête ici avec la partie nasale, un genre de poisson, ah non, je ne vois plus de poisson, je vois un cavalier... »

Bien qu'elle ne soit exprimée qu'une seule fois, à la pl. I, notons cette remarque qui unit l'expression de la coupure à la symétrie : « Les deux figures séparées sont les mêmes, je crois. » La symétrie met d'ailleurs en rapport ces « deux figures séparées », sur un plan logique, celui de l'identité, en l'absence de l'image de lien.

Tout en s'entremêlant avec quelques éléments sensoriels [1], l'ensemble du Rorschach est dominé par les petits détails cachés dans les ombres, la multiplicité des « têtes », les déformations et l'étrangeté de la figure humaine, le caractère fuyant de la réalité.

Dessin

L'arbre est dessiné au crayon, au milieu de la page, avec une forme schématique et symétrique, composée par les deux traits verticaux du tronc s'évasant un peu à la base et la ligne ovale aplatie de la couronne (forme champignon). Ce contour est repassé d'un trait épais rouge. Ensuite le dessin se remplit et s'étend sur le bas de la page, par l'emploi du vert, du marron et du rouge, dans un tracé embrouillé où se mêlent des traits décousus, des lignes droites, d'autres amples et arrondies et surtout des traits lancés à coups de crayon impulsifs. Le tronc est couvert par des traits horizontaux marron et des zébrures obliques vertes.

La maison est dessinée directement avec les crayons de couleur : le rouge d'abord, qui domine, puis le noir, le vert et le marron. Les traits sont épais, mais le coloris a un caractère plutôt inadéquat. La façade rectangulaire et le toit triangulaire sont couverts d'un dessin en losanges et en carrés. Les deux fenêtres latérales, découpées en carreaux, sont symétriques par rapport à la porte centrale, au contour épais mais à la surface vide. Devant celle-ci, deux lignes verticales descendent jusqu'au bas de la page, entre deux ovales à l'intérieur desquels sont lancés de façon impulsive mais

---

[1] Voir un essai d'analyse typologique du Rorschach appliqué à l'étude des personnalités délirantes dans : D. Osson, « Le Rorschach formel de F. Minkowska et les deux grands types de personnalités délirantes de Henri Ey », *Cahiers du Groupe Françoise Minkowska*, 1960.

vague des traits verts et rouges : « une allée centrale avec des parterres de fleurs ». Il y a quelques marches devant la porte, mais avec un curieux dessin fait de petits traits verticaux groupés par paires, qui accusent la symétrie. A droite, un rectangle vide juxtaposé à la maison — le « garage » — et une cheminée peinte en vert sont les seuls détails qui rompent la symétrie ; cependant, celle-ci est encore marquée par le haut de la cheminée — sans fumée — formé par un rectangle central et deux plus petits latéraux.

Le personnage est représenté par une tête de profil de grande dimension, dont le contour est fait de traits épais verts et rouges superposés au crayon. Dans un ensemble coloré embrouillé, trois petits détails marqués au crayon indiquent encore une disposition en triangle : l'œil, l'oreille, la bouche en forme d'équerre. « C'est un célibataire, un vieux garçon ; il est pensif ».

Les dessins, avec l'impulsivité motrice qui s'y manifeste, sont moins schizoïdes que le Rorschach, dans cette observation.

Figure complexe de Rey

Copie : type de construction I ; 35 points (centile 90) ; durée 8′ (< centile 10).

La construction est très rationnelle, commençant par le cadre, ses diagonales et ses médianes. Les autres éléments se succèdent dans un ordre logique, tendant à se grouper par ressemblance : les deux triangles extérieurs, les deux segments verticaux intérieurs et entre eux le cercle, les petites barres obliques et les parallèles horizontales, les deux croix. Le malade marque des repères, repasse les traits, contrôle longuement, ce qui allonge le temps d'exécution.

Reproduction de mémoire (fig. 22) : type de construction I ; 19 points (en comptant les éléments présents et en enlevant 3 points pour ce qui est surajouté) (centile 30) ; durée 7′.

La construction commence par le cadre, suivi de ses médianes, puis de ses diagonales. La moitié gauche de la figure perd des éléments et subit une schématisation à base de symétrie : elle est composée de deux rectangles identiques, dont chacun a sa paire de diagonales ; le carré adjacent inférieur manque, ce qui rend la croix horizontale semblable à la verticale, toutes les deux étant, en même temps, détachées du cadre. Le rectangle intérieur gauche est transposé à droite. Les parallèles subissent le même renversement en miroir ; elles sont cinq au lieu de quatre, en nombre égal à celui des petites barres obliques, que le sujet a comptées ; cinq horizontales identiques, surajoutées, viennent remplir de façon symétrique le triangle adjacent supérieur. Une deuxième diagonale est ajoutée aussi dans le cadran inférieur droit du grand rectangle. Le cercle à trois points est présent, détail concret adéquat dans cette épreuve. Le côté inférieur du triangle latéral manque.

La reproduction de mémoire déforme le modèle par une véritable hypertrophie de la construction par symétrie.

Nous assistons ici à la modification aberrante de la réalité, au moment où son souvenir s'élabore sous l'emprise d'un mécanisme d'ordre rationnel. En revenant à l'observation clinique, nous voyons que ce malade interprète a posteriori d'une façon délirante ce qu'il a vécu.

Le *2e examen* a lieu 5 jours après la fin de la cure de sommeil ; traitement post-cure de 150 mg. Largactil/j.

E.E.G. (fig. 21)

Le rythme alpha postérieur, un peu plus ample (20-30 μv) et plus lent (9-10 c/s), est devenu plus actif.

Il s'entremêle avec des rythmes bêta.

La réaction d'arrêt abolit l'alpha et laisse subsister des bouffées rapides infra-voltées, comme précédemment.

L'hyperpnée n'a pas d'effet appréciable.

L'action de la S.L.I. rappelle celle du 1er examen, mais le sujet ne se plaint plus. Une onde pointue généralisée répond aux moments où débute la stimulation. La comparaison avec le 1er examen, où l'épreuve stroboscopique avait dû être interrompue, est incomplète. Pour le début de l'épreuve, la réaction est peut-être un peu plus marquée au 2e examen.

Le *Rorschach* n'a pas été répété. (Nous avons présenté l'analyse de celui qui a été pratiqué au 1er examen, à cause de son intérêt pour l'étude du cas.)

Dessin

L'arbre garde sa forme-champignon, tracée d'abord au crayon. Mais il est plus grand ; il commence plus bas (plus près du dessinateur), son tronc est plus épais, sa couronne moins aplatie. Le contour du tronc est repassé cette fois en vert, se différenciant de celui de la couronne, en rouge. La base, en noir et vert, s'étend d'une façon semblable à celle du 1er examen, avec ses grandes lignes arrondies où s'entremêlent des tracés décousus et des traits lancés. La surface du tronc est couverte de traits au crayon plus sinueux et montant en oblique, dans un tracé plus continu qu'au 1ᵉʳ examen. La couronne est remplie de traits rouges et verts fortement lancés en hachures. Cette fois, un peu de gribouillis vert s'ajoute au côté extérieur de la couronne, qui n'est plus ainsi complètement fermée.

La maison est exécutée en noir et rouge. Le contour s'agrandit et devient asymétrique, avec un mur montant un peu plus haut que la base du toit à droite et faisant une saillie légèrement arrondie, à ce niveau, à gauche; le sommet du toit ne se trouve plus sur l'axe central, mais plus à droite. Cependant, la symétrie se retrouve dans les deux paires de fenêtres latérales — plus marquées et mieux différenciées qu'au 1ᵉʳ examen, toujours découpées en carreaux —, la porte au centre — qui n'est plus vide mais a un dessin en croix dessus —, les marches qui descendent en s'amenuisant vers le centre. Le chemin axial et les deux ovales latéraux qui représentaient des parterres de fleurs n'existent plus; ces formes construites sont remplacées par un gribouillis aux lignes amples et arrondies, remplissant toute la surface inférieure de la feuille et montant de côté, surtout à gauche. La surface du toit est couverte d'un dessin moins géométrique, moins régulier que celui en losanges du 1ᵉʳ examen et le quadrillage de la façade a disparu, remplacé par des hachures, ces traits que le sujet lance à coups de crayon impulsifs, en frappant fortement.

Le personnage est toujours vu de profil : tête garnie d'un chapeau et corps d'une forme très floue, le tout tracé au crayon, puis repassé et rempli en rouge et jaune. « C'est une petite dame, une vieille parisienne. » Le dessin ne se réduit plus à la tête; le corps est ébauché, bien que de façon vague.

Tout en restant, dans l'ensemble, assez proches des dessins du 1ᵉʳ examen, ceux du 2ᵉ montrent cependant une atténuation de la symétrie, une tendance à l'agrandissement, des décharges explosives renforcées au détriment des constructions géométriques.

Figure complexe de Rey

Copie : type de construction I; 33,5 points (centile 60-70); durée 4′ (centile 50).

La construction est toujours rationnelle, mais d'une façon moins accusée qu'au 1ᵉʳ examen : le cadre est suivi de sa médiane verticale; sa médiane horizontale et ses diagonales viennent plus tard, après les deux triangles extérieurs et le losange. La croix verticale est pourvue d'une seule barre horizontale, qui la traverse et la relie au cadre; il semble y avoir

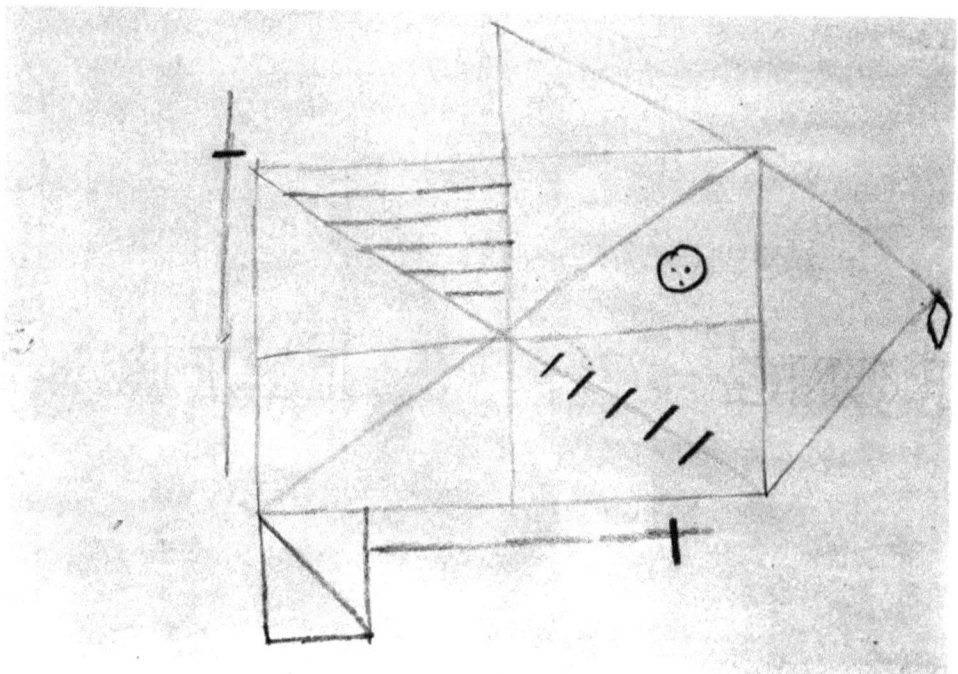

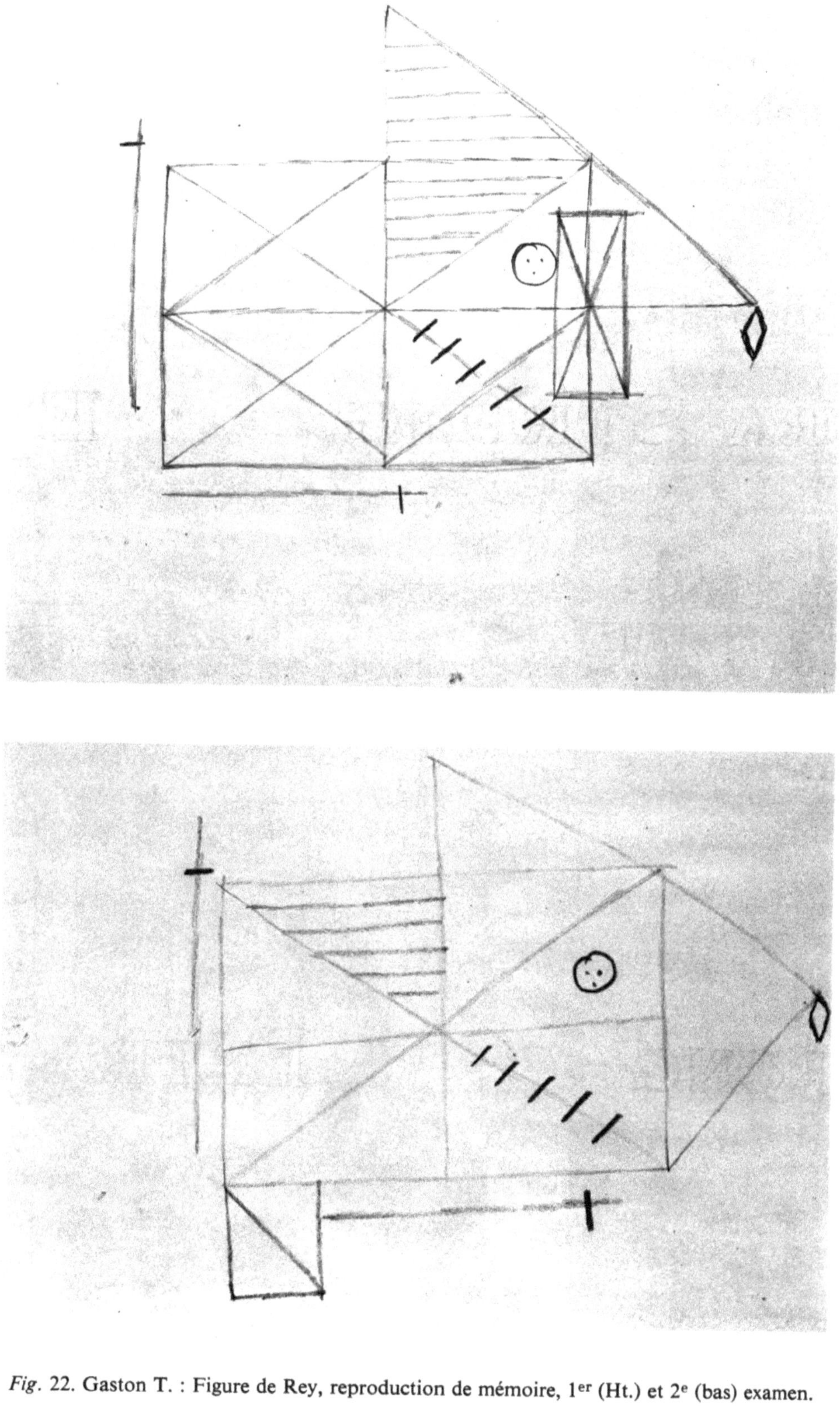

Fig. 22. Gaston T. : Figure de Rey, reproduction de mémoire, 1er (Ht.) et 2e (bas) examen.

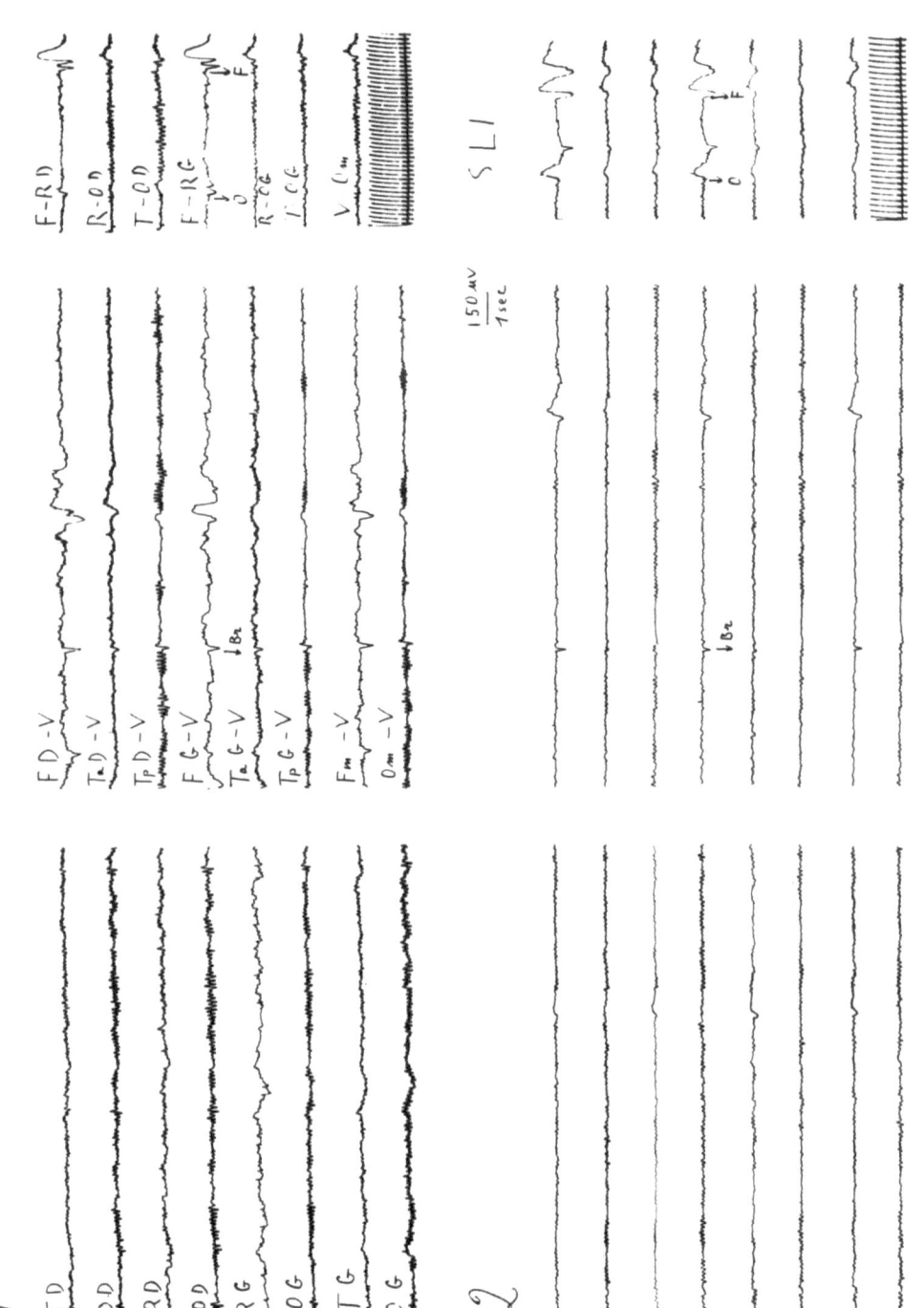

Fig. 23. Louis G. : 1ᵉʳ examen, avant traitement; 2ᵉ examen, après 18 jours de cure de sommeil.

 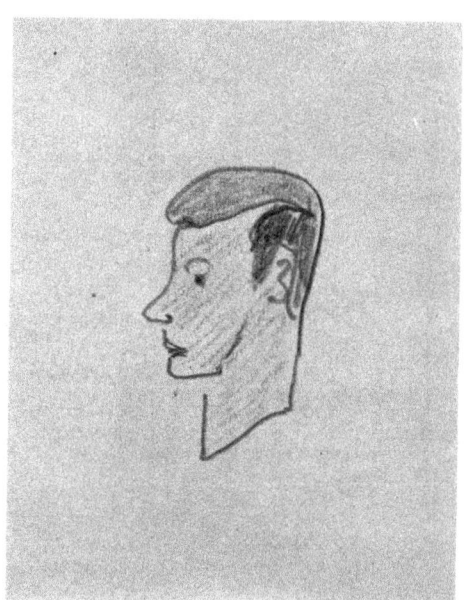

Fig. 24. Louis G. : Dessin de l'Homme, 1ᵉʳ (g.) et 2ᵉ (dr.) examen.

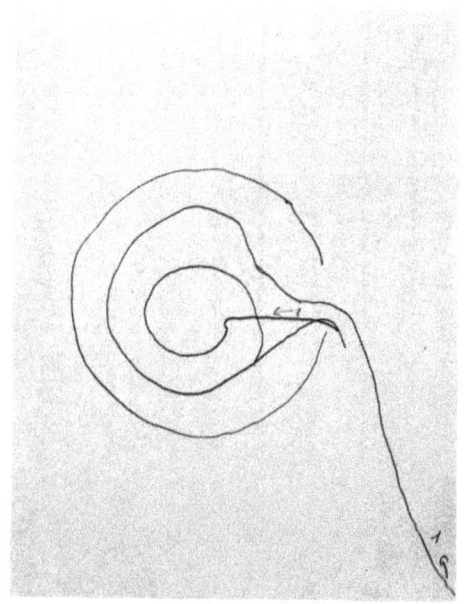 

Fig. 25. Louis G. : Balle dans le champ, 1ᵉʳ (g.) et 2ᵉ (dr.) examen.

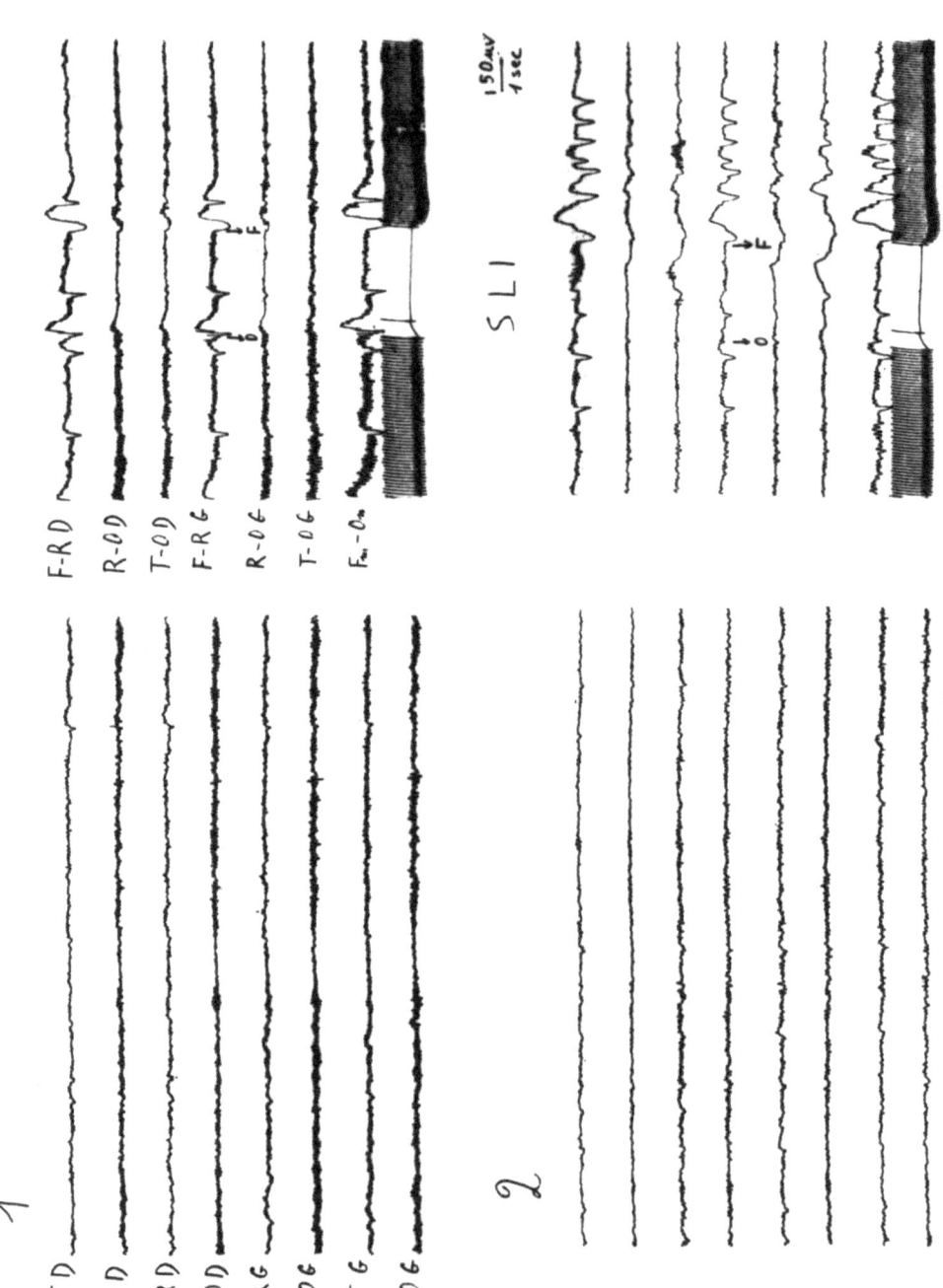

Fig. 26. Léon L. : 1er examen, avant la cure de sommeil ; 2e examen, après 22 jours de cure.

confusion entre le trait d'union avec le grand rectangle et la barre transversale. Le cercle est déplacé au-dessus de la diagonale. Le malade compte les petites barres obliques et les parallèles horizontales, repasse certains traits, mais ne marque plus de repères et le tracé est en général moins précis. La durée d'exécution a beaucoup baissé.

Reproduction de mémoire (fig. 22) : type de construction I; 21,5 points (centile 40-50); durée 3'.

La construction, plus rationnelle que dans la copie, part du grand rectangle avec ses diagonales et ses médianes. Contrairement à la copie, le cercle à trois points n'est pas déplacé. Comme pour la copie, le temps d'exécution est beaucoup plus court qu'au 1er examen. Plusieurs éléments sont absents, parmi eux le rectangle intérieur. La croix verticale est encore séparée du cadre. Mais le carré adjacent inférieur est présent, en continuité avec la croix horizontale. Le triangle latéral est maintenant entier. Les parallèles sont encore cinq au lieu de quatre; mais elles ne se renversent plus et ne se dédoublent plus en miroir. Les diagonales ne sont plus dédoublées non plus.

Les déformations par symétrie ont régressé d'une façon évidente, ce qui, malgré les imprécisions introduites dans la copie, apporte à l'épreuve de REY une amélioration appréciable.

L'examen psychologique montre une poussée sensori-motrice après la cure de sommeil, en même temps qu'une synchronisation du rythme alpha se produit à l'E.E.G.

Parmi les différentes épreuves, la Figure complexe de REY apporte, dans cette observation, des données saillantes. Elle met en lumière l'un des facteurs du mode de vision schizo-rationnel, la construction par symétrie, et ses implications psychopathologiques; elle montre, par rapport à lui, une modification nette sous l'action de la poussée sensori-motrice, qui mène vers une représentation plus adéquate du réel.

CHAPITRE IV

Variations contraires à la poussée sensori-motrice

OBSERVATION LOUIS G.

Louis G., 30 ans, souffre d'un état d'angoisse, avec agitation psychomotrice et préoccupations hypocondriaques variées, auxquelles se rattachent des explications subdélirantes.

Il se plaint de maux divers : anémie, troubles digestifs, maladie du foie. Il est insomniaque et, d'autre part, boulimique. Il explique sa boulimie en affirmant qu'il est porteur de parasites intestinaux; ceux-ci, dit-il, ont développé des toxines et affaibli son système nerveux, ce qui a été encore aggravé par les médications hypnotiques.

Après une scolarité poursuivie jusqu'au brevet d'études élémentaires, il a travaillé comme employé de bureau dans plusieurs banques. Exaspéré par une vie médiocre et solitaire, il part au Canada à l'âge de 24 ans. Là-bas, il exerce différents métiers manuels, en recherchant les plus pénibles pour trouver le calme. Après 6 ans, accablé par des préoccupations d'argent et soucieux de revoir ses parents (âgés de 64 et 65 ans) avant leur mort, il revient en France. Il est à ce moment, quelques mois avant son hospitalisation, persuadé d'être gravement malade et incapable de faire encore un effort quelconque.

Le *1er examen* a lieu quelques jours après son hospitalisation, avant la cure de sommeil.

1er E.E.G. (fig. 23)

Sur les régions postérieures, le rythme alpha à 9 c/s, d'environ 50 μv, est important. Il est bien bloqué par l'ouverture des yeux.

Durant la première hyperpnée, la réaction d'arrêt s'affaiblit un peu, elle s'épuise alors plus vite qu'à d'autres moments de l'enregistrement. L'hyperpnée n'a pas d'action sur le rythme de base.

Les bruits soudains déclenchent des ondes pointues assez marquées.

La S.L.I. provoque des rythmes thêta durant l'ouverture des yeux à 6 et 7 é/s et des rythmes induits plus petits durant la fermeture des yeux à 9 et 11 é/s.

1ᵉʳ Rorschach (pl. Ror.)

Le malade tient les planches, les regarde attentivement, donne des réponses assez nombreuses et détaillées (48 rép. en 1 heure et demie). Cependant, il éloigne chaque planche qu'il a fini d'interpréter, systématiquement, toujours de la même façon.

Les petits détails marquent relativement le type de perception, mais à côté de grands détails facilement vus (6 G, 29 D, 13 Dd).

Des réponses de couleur sont données aux pl. II et III et dans les trois planches polychromes, toujours dans de grands détails : 4 F C et 2 C F. Le rouge attire, c'est lui qui est d'abord vu aux pl. II et III, avec l'image adéquate du « papillon » et aussi avec celle impulsive du « sang » — ressentie comme pénible par le sujet — dans une réponse où l'expression épilepto-sensorielle de la chute est suivie d'écartement : « Ça c'est comme une goutte de sang qui serait tombée d'assez haut, une grosse goutte, et puis qui serait écartée là, dont un filet serait parti là sur le côté (pl. III, tache rouge latérale, avec son prolongement plus mince). » A la pl. IX, dans des réponses où l'estompage intervient en même temps que la couleur, le feu se juxtapose au froid et la teinte chaude prend un caractère artificiel : « une espèce de bougie avec la flamme... comme un halo de lumière par un temps froid (centre et partie bleutée entre les taches orange) »; « ça pourrait être de la neige qu'on a teint en rose, des amas de neige, on a mis de la peinture rose par dessus (taches roses) ». A la pl. X, on a un F C banal : « une chenille (vert médian) ».

Les différences de tons, parfois dans la couleur et surtout dans le gris, jouent un rôle important (17 F (c)).

Les kinesthésies sont assez fréquentes (5 exprimées à la première présentation des planches et 6 à l'enquête), elles aussi plus ou moins atténuées par des expressions rationnelles s'associant à des verbes épilepto-sensoriels comme : « être accroupi », « debout » ou « tomber », « s'élancer » ou « foncer ». A la pl. III, la kinesthésie banale unit le noir latéral au noir médian, mais par une action de tiraillement — « les bras qui tirent sur ça » — et l'homme (noir latéral entier) est désigné comme une « silhouette vue de profil ». Dans la même planche renversée, apparaît avec la réponse suivante une expression de coupure : « cette branche est coupée » (noir lat. Ht, « jambes » des figures ban.).

Les figures animales banales de la pl. II se réunissent par un lien médian marqué, où se mêle cependant un élément de coupure : « debout, collés l'un contre l'autre ; c'est la tête que je vois, sans le cou (désigne sur lui-même, en limitant l'image à la « tête » par un geste horizontal), de profil ; ils se touchent ».

L'image sensorielle de l'eau en mouvement, à la pl. VI (centre noir et gris), aboutit, après avoir été soumise à des critiques, à un éloignement : « Ici, le fond là, ça pourrait être de l'eau qui coule, le fond d'un cañon ; ça serait droit, un cañon c'est sinueux, ici il est droit ; là, les côteaux (mime) ; normalement il doit y avoir de l'eau... y en a un petit peu... disons vu d'avion. »

Les critiques sont très nombreuses, avec remarques de parties qui manquent et d'autres qui devraient être exclues, mise en relief de détails minuscules, gêne devant des irrégularités des contours.

Certaines images sont vues déformées. A la pl. I, le sujet dit : « Maintenant là je vois l'apparence d'un corps humain, vu de dos, à partir de la taille jusqu'aux pieds, ses courbes là, ceci ça forme les pieds, un pied, quoique c'est un pied plus ou moins déformé (gris foncé de la moitié inférieure du détail médian, avec la saillie axiale en bas). » A la pl. II, les animaux des taches noires sont des « veaux », mais leur museau est « prolongé par une corne » ; au renversement de la planche, on arrive à la métamorphose : « un oiseau avec une tête de reptile ». Le papillon de la pl. V est « assez déformé, parce qu'aucune ligne n'est droite ».

1re épreuve de dessin

Les dessins sont tous situés dans la moitié supérieure de la feuille, laissant au bas de la page un grand intervalle blanc. A part le dessin libre, qui juxtapose des motifs disparates de gauche à droite, chaque thème, placé à gauche du centre de la page, s'y trouve isolé. Les formes ne sont pas grandes en général, mais assez concrètes. Le coloris est adéquat, parfois intense.

Le premier dessin commence plus bas que les suivants ; c'est un « hêtre » de dimensions moyennes, à la couronne en guirlande. Le deuxième arbre, un « sapin », est plus petit, mais avec un coloris vert plus intense. La maison a un toit rouge, avec, à droite, une cheminée qui fume, une façade et un mur latéral jaunes, des portes et des fenêtres aux volets verts. Le personnage est représenté par une tête de profil s'arrêtant au col (fig. 24). Le dessin libre présente un avion entre deux têtes de profil, l'une qu'il côtoie, à gauche, en train de fumer la pipe, l'autre plus petite et plus loin, à droite, avec un chapeau.

1re épreuve de la Balle dans le champ (fig. 25)

Le sujet pose des questions, demande des explications supplémentaires et n'en finit pas d'en donner lui-même. « Plusieurs itinéraires », « plusieurs solutions » lui paraissent possibles. Il part de l'extérieur du champ, du bas de la feuille, entre et trace un chemin circulaire ; après quoi, il ajoute un autre parcours plus au centre, qu'il raccroche au premier.

Il tient à recommencer sur une autre feuille : il part toujours du bas de la page, traverse le champ à l'horizontale et décrit un cercle ; il ajoute de nombreuses flèches, pour marquer la direction, et il épaissit beaucoup le tracé en le repassant.

Le malade est soumis à une cure de sommeil de 26 jours : 322 h. 15′ de sommeil, avec une moyenne journalière de 12 h. 23′. Le traitement totalise : 9 g. Eunoctal, 7 g. Imménoctal, 800 mg. Nozinan et 825 mg. Largactil.

Durant la première semaine de traitement, Louis G. se plaint continuellement de son état de santé, parlant de sa diarrhée ou de sa constipation, de son foie ou de maux de tête. Ensuite les plaintes se font plus rares et le malade, d'humeur maussade, devient réticent et peu communicatif.

Le *2e examen* a lieu après 18 jours de cure de sommeil.

2e E.E.G. (fig. 23)

Le rythme de base, à 7 c/s et d'env. 20 μv, est devenu plus lent et moins ample.

La réaction d'arrêt à l'ouverture des yeux est assez bonne.

L'hyperpnée n'a pas d'action.

La réaction aux bruits soudains est à présent moins marquée.

La S.L.I. exerce une action d'entraînement entre 3 et 11 é/s ; les rythmes induits ont une petite amplitude, inférieure à celle du 1er examen.

2e Rorschach (pl. Behn-Ror.)

L'attitude est beaucoup plus amorphe qu'au 1er examen. Le malade ne soulève que légèrement les planches et donne très peu de réponses, entrecoupées de longs silences : 11 durant une heure. Il dit dès le début : « j'ai beaucoup moins d'imagination que la première fois, je crois » et déclare au cours du test qu'il « ne voit rien aujourd'hui », qu'il n'a « pas beaucoup d'inspiration », que « ce sont des taches qui sont plus difficiles que les premières », que « ce sont des choses dans lesquelles on ne peut rien trouver ». Chaque planche est toujours éloignée à la fin et en même temps le sujet détourne la tête et croise ses mains, dans un geste qui se referme.

Dans cette production très réduite, ce sont surtout les grands détails qui ont beaucoup baissé : 4 G, 3 D, 4 Dd.

L'estompage persiste (4 F (c) et (c) F sur 11 rép.).

La réaction à la couleur s'est modifiée. Aux pl. II et III, le rouge est scotomisé. Les réponses de couleur, 2 C F nuancés d'estompage, n'apparaissent que dans un petit détail du bleu de la pl. IX, « une vague en mer », que le sujet relie au souvenir nostalgique de ses voyages, et le grand détail marron avec ses taches foncées intérieures de la pl. X vu comme nourriture : « un morceau de nougat aux amandes ».

La kinesthésie humaine est donnée à la pl. III, mais suivie aussitôt de coupure dans la même réponse (ici, il faut tenir compte aussi du fait que sur les pl. Behn-Ror. la séparation entre le noir supérieur et inférieur est plus importante que dans les pl. Ror.) : « un homme avec les bras légèrement en arrière... dans un élan en avant là (figure tournée vers l'extérieur), seulement la jambe est détachée »; il est toujours « vu de profil ». Trois kinesthésies banales sont encore exprimées à l'enquête des pl. I, IV et VIII : « sauter, voler, avancer ».

Le lien médian de la pl. II est disparu.

Les réponses sont maintenant moins détaillées, tandis que des critiques persistent. Le « papillon » banal de la pl. IV est « déformé, puisque ses ailes ne sont pas régulières ».

2ᵉ épreuve de dessin

Les dessins se situent dans la partie supérieure, à gauche ou au centre de la feuille.

Les arbres, colorés toujours en vert et marron, ont maintenant tous les deux des formes semblables, aux contours festonnants. Le premier, nettement plus petit qu'au 1ᵉʳ examen, commence plus haut, avec une base plus schématique. Le deuxième arbre, tout en étant plus grand que le premier, commence au même niveau.

La maison est d'abord dessinée avec une cheminée qui est maintenant à gauche et une fumée réduite ; à part le rouge du toit et le vert de la porte et des volets, le reste est blanc. N'arrivant pas à bien construire ce qu'il désigne comme une « maison canadienne », le sujet fait un autre essai : avec une cheminée replacée à droite et sa fumée plus grande, cette « maison de campagne, une maison de chez nous », rappelle davantage le 1er examen, mais elle est toujours moins colorée : toit rouge, portes et volets marron, murs laissés en blanc.

Le personnage est toujours représenté par une tête de profil. Les lignes sont devenues plus droites et le détail du col ne se voit plus. (fig. 24)

Le dessin libre se réduit à une petite tête de profil, avec un chapeau mexicain, colorée, mais isolée en haut et au centre de la page.

2ᵉ épreuve de la Balle dans le champ (fig. 25)

Le tracé est rapide, simplifié et schématisé par rapport au 1er examen. Le chemin ne part plus du bas de la feuille, mais de l'entrée du champ, et se réduit à une seule courbe aplatie. Le sujet indique par quelques petits traits flous éparpillés qu'il « regarde des deux côtés ».

Cette simplification de la Balle dans le champ au 2ᵉ examen fait partie, comme les modifications du dessin et celles qui accompagnent un appauvrissement de la production au Rorschach, d'une poussée vers le pôle schizo-rationnel. A l'E.E.G., le rythme de base est devenu plus lent et moins ample, en même temps que la réaction aux bruits soudains et à la stimulation lumineuse intermittente s'est affaiblie.

L'évolution clinique ultérieure renforce la signification du 2ᵉ examen. Peu de temps après la fin de la cure de sommeil, apparaissent des manifestations d'automatisme mental, avec thèmes hallucinatoires dépressifs : le malade a le sentiment qu'il lui arrive des choses « étranges, surnaturelles » ; il entend prononcer son nom en écho dans tous les coins, il pense avoir à expier de nombreux péchés.

Devant cette aggravation, on entreprend une cure insuline-sommeil. A notre *3ᵉ examen*, pratiqué le 11ᵉ jour de ce nouveau traitement — après 3 pré-comas insuliniques et 4 jours de cure de sommeil — l'E.E.G. présente une activité spontanée dont la fréquence et l'amplitude sont intermédiaires entre celles du 1er et du 2ᵉ examen (alpha à 8 c/s, d'env. 30-40 μv), une réaction aux bruits soudains toujours atténuée, une sensibilité à l'entraînement par le stroboscope légèrement supérieure à celle du 2ᵉ examen. Les résultats psychologiques sont, dans l'ensemble, dans une situation intermédiaire entre le 1er et le 2ᵉ examen.

OBSERVATION LÉON L.

Léon L., 47 ans, présente une psychonévrose dépressive hypocondriaque ancienne, avec asthénie, appréhensions et délectation morbide. Il souffre d'insomnies, céphalées, manque d'appétit, nausées matinales et diarrhées. Il se plaint d'être rapidement fatigable et incapable d'un effort soutenu. Il ne travaille pas depuis de nombreuses années.

Les troubles ont commencé il y a 9 ans, avec céphalées, vertiges, pseudo-paralysie des jambes, menaces de suicide. Cinq électrochocs sont pratiqués lors d'une première hospitalisation, qui n'apportent pas d'amélioration et paraissent même être suivis d'aggravation. Une cure de sommeil se montre plus favorable. Une autre hospitalisation pour cure de sommeil a lieu 3 ans plus tard. Par la suite, le malade vit à son domicile, mais ne reprend pas son travail. Divers traitements sont essayés, parmi eux le Largactil.

Ouvrier agricole depuis l'âge de 15 ans, après l'obtention de son certificat d'études primaires à 14 ans, conducteur de tracteur par la suite, son travail a toujours été satisfaisant avant l'éclosion des troubles.

Marié à l'âge de 24 ans, il a six enfants, âgés entre 6 et 22 ans, bien portants.

Au moment du *1er examen*, le malade n'a aucun traitement. Il ne prend plus de Largactil depuis un mois.

1er E.E.G. (fig. 26)

Le tracé est constitué par un rythme alpha postérieur à 9 c/s d'environ 30 à 40 μv, symétrique et quasi continu, bien bloqué par l'ouverture des yeux.

L'hyperpnée n'a pas d'action.

La S.L.I. entraîne les rythmes cérébraux à 10 et 11 é/s.

1er Rorschach (pl. Ror.)

Le blocage, très important, réduit toute la production à quelques réponses obtenues avec difficulté. Le malade rejette les planches, les reprend quand on insiste, mais avec très peu de résultat. Entre des soupirs fréquents et profonds, ou des sourires de dérision, il parle, mais c'est surtout pour nier toute possibilité de voir quelque chose ; « ce sont des taches... des formes plus ou moins noires... sur un tableau blanc », des « couleurs » qui n'ont « aucun sens », « des images qui ne consistent en rien ». Il constate que les côtés droit et gauche sont « identiques », cherche aussi des différences minimes entre eux.

En tout, 3 réponses sont données, accompagnées de doute, un détail ostéologique à la pl. I, un Do à la pl. II, un D banal à la pl. VIII : « Un corps... c'est un corps ? C'est pas les os du bassin ça ? Il me semble » (I ∨ dét. méd.). « Je sais pas, on dirait deux têtes d'animaux, je ne sais pas, c'est peut-être des bêtises » (II moitié sup. du noir). « Ça a une ressemblance avec un animal, mais pour définir l'animal on ne saurait pas dire » (VIII rose lat.).

A l'enquête, le sujet voit les personnes qu'on lui propose à la pl. III d'une façon qui implique la kinesthésie, tout en ne répondant qu'avec beaucoup de réticence : « si l'on veut dire, ça n'a aucun sens... c'est vraiment pas précis... elles sont face à face... avec le corps plié... puisque vous voulez dire que ce sont des personnes ; elles font le même geste, puis c'est tout... d'être pliées et de se regarder, elles sont face à face quoi ». A la pl. VIII, le lien s'exprime, mais le mouvement est arrêté ; les « bêtes » sont vues « ayant une patte de derrière reposant sur quelque chose et une patte de devant reposant sur autre chose, qu'on peut pas définir... elles sont présentées à l'arrêt, comme photographiées à l'arrêt. »

Quand, après le test, on demande au sujet de nommer les couleurs de la pl. X, il cherche les nuances. Il indique sa préférence pour les planches colorées sous une forme négative, en repoussant les noires. Parmi les différentes teintes, il préfère le rose.

1re épreuve de dessin (fig. 27)

Le sujet pose des questions en commençant, émet des autocritiques au cours de l'exécution, ajoute aussi quelques commentaires avec références personnelles.

Le trait est hésitant, hachuré ; les formes sont adéquates et assez grandes, mais plutôt pauvres ; le coloris est terne.

L'arbre, avec une ligne de base mince, un tronc droit obliquant légèrement vers la droite, trois branches avec des rameaux dont la disposition n'est pas tout à fait symétrique, a une écorce grise et des feuilles vertes.

La maison a un toit quadrillé en rouge, une cheminée grise sans fumée à gauche, des volets verts, les murs et les fenêtres laissés en blanc.

L'homme est dessiné après un moment d'hésitation, de face et les bras écartés, près du bord gauche et de la marge inférieure de la page. Il a des pommettes rouges et la barbe marquée par un pointillé au crayon, une rangée de boutons sur le haut du corps laissé en blanc — « il a une veste blanche », dit le malade en riant — un pantalon marron et des chaussures orange.

Le dessin libre représente un peuplier qui a une base large et prend toute la hauteur de la page, au tronc incliné vers la droite, coupé par le bord supérieur de la feuille, des branches parallèles partant des deux côtés, plus petites et plus serrées à droite qu'à gauche. La surface du tronc est légèrement crayonnée; accusant le climat dépressif, la couleur n'est point employée, même lorsqu'elle est suggérée : « c'est la morte saison ».

1er P.M.K. (fig. 29 et 30)

Le sujet se montre coopérant, accepte la tâche de bon gré et cependant il se plaint de ce qu'elle le fatigue et lui donne mal à la tête et aux yeux. Au début, un léger tremblement accuse son émotivité. Par la suite, on le voit faire des efforts, le visage crispé, transpirant, avec des mouvements de déglutition et de profonds soupirs.

Dans l'épreuve des linéogrammes, les déviations les plus marquées sont celles du tracé vertical droit qui se déplace vers l'intérieur, tandis que le gauche descend un peu, et celle vers l'avant des deux sagittaux, surtout à la main droite. L'horizontale droite dévie vers l'extérieur, la gauche vers l'intérieur, les deux s'abaissent un peu par rapport au modèle.

Dans les zigzags, les angles s'amplifient et, à part quelques légères rentrées, les tracés tendent plutôt à s'ouvrir.

L'escalier est grand, largement ouvert dans sa configuration générale, malgré de petites inclinaisons en sens inverse du mouvement dans les traits verticaux des marches.

Aux chaînes, se produisent des décollements impulsifs avec agrandissement des chaînons dès la pose de l'écran, dans le tracé égocifuge gauche, qui dévie légèrement vers l'extérieur, tandis que le droit va vers l'intérieur.

Les deux U verticaux se déplacent beaucoup vers l'intérieur.

Les parallèles égocifuges présentent des torsions axiales et les égocipètes, une déviation vers le centre; dans celles-ci, des tassements alternent avec des espacements à la main droite.

Cinq jours après le 1ᵉʳ examen, commence une cure de sommeil, qui dure 28 jours : 379 h. 45′ de sommeil, avec une moyenne journalière de 13 h. 23′. Le traitement totalise : 9,60 g. Eunoctal, 7 g. 10 Imménoctal, 0,7 g. Largactil et 1 g. Nozinan.

Dans la salle de traitement, le malade a une attitude variable, tantôt se plaignant et tantôt satisfait de la cure. Il paraît en tout cas souhaiter le sommeil, est mécontent quand on l'interrompt et se dit toujours fatigué.

Le *2ᵉ examen* a lieu après 22 jours de cure de sommeil.

Dès le début et durant tout l'examen, le malade fait état de sa fatigue d'une façon spectaculaire et montre son appréhension devant tout travail qui pourrait lui être demandé. L'attitude névropathique de refus de tout effort est très marquée.

2ᵉ E.E.G. (fig. 26)

Le rythme de base, dont la fréquence s'est abaissée à 8 c/s, est devenu plus irrégulier et moins ample (environ 20-30 μv). La réaction d'arrêt à l'ouverture des yeux est moins nette.

A l'hyperpnée, apparaissent quelques figures thêta plus amples que l'alpha.

La S.L.I. n'a aucune action.

2ᵉ Rorschach (pl. Behn-Ror.)

Les soupirs se répètent tout le temps, très démonstratifs, et la production se réduit à 2 réponses : des « animaux », énoncés sans autre spécification et sur un mode dubitatif, devant les grands détails banaux des pl. I et VIII.

A l'enquête, la suggestion des personnages de la pl. III provoque d'abord une négation acharnée, puis une expression de coupure très marquée ; la kinesthésie est rejetée : « Non, je vous ai dit tout à l'heure qu'il n'y avait rien... Ça n'a pas de visage, ça n'a pas de corps, ça ne représente rien, ça n'a pas de forme... On dirait, ça, c'est les têtes, c'est tout, c'est plutôt inventé... Ces corps divisés en deux parties, ces taches sont divisées en deux parties, ici c'est coupé... Ça a l'air d'être immobile. » Les animaux de la pl. I, reconnus comme « chiens » à l'enquête, sont « immobiles » aussi. A la pl. VIII, on n'obtient ni kinesthésie, ni lien.

La symétrie des taches, ainsi que les différences minimes entre les deux côtés, sont soulignées, comme au 1ᵉʳ examen.

Les nuances interviennent toujours quand le sujet, après le test, nomme, sur demande, les couleurs de la pl. X. A présent, le malade refuse tout choix entre les planches : « Rien du tout, tous semblables pour moi, ils me plaisent et me déplaisent autant l'un que l'autre, ça ne me dit rien. » La teinte préférée est le vert.

Malgré l'importance de l'inhibition, qui limite tellement la production du Rorschach, nous pouvons relever quelques indices de poussée vers le pôle schizo-rationnel entre le 1er et le 2e examen, notamment par l'enquête et par les questions posées à la fin du test : coupure remplaçant la kinesthésie de la pl. III (cette coupure est en tout cas trop importante pour pouvoir être attribuée à la seule différence entre les séries Ror. et Behn-Ror.), disparition du lien à la pl. VIII, rejet systématique de l'ensemble des planches qui ne sont plus différenciées selon leur climat, préférence pour une teinte plus froide.

2e épreuve de dessin (fig. 28)

Le malade soupire de la même façon qu'au cours du Rorschach et, à plusieurs reprises, il s'arrête, en se déclarant fatigué. Il émet plusieurs autocritiques, sur un ton ironique; il n'introduit plus de commentaires avec référence personnelle, comme il le faisait au 1er examen.

Le trait est plus entrecoupé qu'au 1er examen, surtout dans le premier dessin, qui représente un arbre. Celui-ci est tracé entièrement en vert, avec une pression très faible, tout pâle, avec une forme fermée et simplifiée : un contour ovale finissant en pointe au sommet, de petits traits entrecoupés à l'intérieur, un tronc très court tout nu. Contrairement au 1er examen, le dessin commence par la couronne.

Un deuxième arbre est tracé au crayon, commençant par un tronc qui, en haut, se sépare en deux branches symétriques, dont les rameaux sont le plus souvent coupés au bout. Seules les feuilles sont colorées, le reste est blanc. La ligne de base est à peine visible. Même si l'épaisseur plus grande à gauche introduit une inégalité entre les deux branches auxquelles se réduit la couronne, la dichotomie est frappante.

La maison a subi aussi des modifications. Le toit est dépourvu de ses tuiles rouges et les fenêtres n'ont plus de volets. La porte, qui était placée avant sur le côté gauche, est maintenant au centre de la façade. La cheminée se situe aussi sur l'axe central du dessin et se présente comme un rectangle vide.

L'homme, toujours de face et les bras écartés, se situe plus au centre et plus haut, plus loin des bords de la feuille qu'au 1er examen. Un pied plus court que l'autre, il paraît avoir moins d'assise. Les mains sont plus petites et d'un tracé plus décousu. Sur le visage, on voit encore les pommettes rouges, mais le détail de la barbe est disparu. La veste garde sa rangée de boutons. Le vêtement est coloré en entier, mais d'une façon uniforme, dans un bleu froid ; les chaussures, marron, sont devenues plus foncées.

Pour le dessin libre, le sujet hésite longuement, après quoi il exécute rapidement « un arbuste ». Il trace au crayon, au milieu de la page, un contour ovale coupé à sa base et, à l'intérieur, de menus traits entrecoupés : petite et fermée, isolée dans l'espace blanc de la feuille, seule la couronne de l'arbre existe. Le malade repasse ensuite ce dessin en vert ; en continuant les petits traits intérieurs, il frappe avec son crayon de plus en plus fort et le « pointillé » devient « hachure ». Nous assistons ici à un moment de décharge motrice, limitée d'ailleurs à l'intérieur d'une figure fermée, qui fait exception dans cette épreuve de dessin, dans l'ensemble plus schizoïde qu'au 1er examen.

Les temps d'exécution sont en général plus courts au 2e examen, accompagnant un appauvrissement et une schématisation des dessins.

2e P.M.K. (fig. 29 et 30)

On n'obtient l'épreuve qu'après beaucoup d'encouragements, le malade déclarant dès le début qu'il ne peut pas faire ce travail, trop fatigant. Durant le test, ses mains tremblent, il transpire beaucoup, il se plaint souvent.

La pression du trait est en général plus faible qu'au 1er examen.

Dans la première épreuve, celle des linéogrammes, le tremblement est plus marqué. Les tracés verticaux dévient maintenant tous les deux vers l'intérieur, en s'élevant. Les sagittaux vont toujours vers l'avant. L'orientation des horizontales s'inverse par rapport au 1er examen : vers l'intérieur à la main droite, vers l'extérieur à la gauche ; la droite s'abaisse toujours un peu, tandis que la gauche s'élève avec une déviation secondaire amplifiée.

Aux zigzags, les angles sont devenus plus aigus. Le tracé égocifuge subit une importante torsion axiale, avec déplacement des deux mains vers la gauche. Dans le zigzag égocipète, les deux mains dévient nettement vers le centre dans un mouvement de fermeture.

L'escalier, avec une configuration plus mauvaise que dans le 1er P.M.K., déplace à gauche sa branche ascendante droite, descend plus près de l'axe aux deux mains, présente des angles aigus.

Les chaînes ne montrent plus de décollements à la main gauche, mais ceux-ci apparaissent maintenant à la droite. Les directions restent les mêmes qu'au 1er examen. Les chaînons sont un peu moins grands.

Les U verticaux dévient toujours vers l'intérieur, moins qu'au 1er examen, mais avec un renversement de la figure, dont les branches se tournent obliquement vers l'axe, et en s'élevant. Cette élévation des U, comme des linéogrammes verticaux, malgré l'état de dépression que manifeste le malade, est curieuse.

Les parallèles présentent des directions semblables à celles du 1er examen. Dans les tracés égocipètes, les irrégularités dues à l'alternance de tassement et d'espacement ne se présentent plus à la main droite, mais à la gauche. Un arrêt volontaire avant la fin du parcours se produit à la main droite, aussi bien dans le tracé égocifuge qu'égocipète.

Le trait moins appuyé, le geste déviant vers la gauche ou se refermant (les épreuves des zigzags et de l'escalier sont ici particulièrement importantes), les interruptions (aux parallèles) rendent ce P.M.K. plus schizoïde que le 1er.

L'examen psychologique pratiqué après trois semaines de cure de sommeil montre, dans ce cas, un ensemble de modifications qui s'orientent vers le pôle schizo-rationnel. Le Rorschach, malgré sa grande pauvreté sous l'emprise d'un blocage psycho-névrotique qui marque aussi bien le 1er que le 2e examen, nous fournit des éléments dans ce sens. Le dessin et le P.M.K. le confirment avec davantage de données. Le moment de décharge motrice au cours du dessin libre du 2e examen apparaît comme une exception, d'une portée limitée comme nous l'avons vu, mais venant nuancer le résultat. A l'E.E.G., l'appauvrissement de l'activité alpha spontanée s'accompagne d'une disparition de l'entraînement des rythmes cérébraux par le stroboscope, cependant que quelques figures thêta apparaissent à l'hyperpnée.

Les derniers jours de la cure de sommeil, Léon L. se montre très abattu. Son épouse, venue lui rendre visite, est déçue de le trouver si peu accueillant : accapparé par ses soucis de santé, désireux de retourner aussitôt se coucher, il veut à peine rester avec elle ; il mange cependant les friandises qu'elle lui a apportées. (L'accueil avait été bien meilleur lorsqu'elle était venue le voir le 12e jour de sa cure de sommeil.)

Par la suite, cette aggravation cède et, quand nous revoyons le malade à un *3e examen*, un mois et demi après la fin de la cure de sommeil, traité par 175 mg. Nozinan/j., il a un comportement sensiblement proche de celui du 1ᵉʳ examen. A l'E.E.G., le tracé de repos et sous hyperpnée ressemble à celui du 1ᵉʳ enregistrement; l'action d'entraînement de la S.L.I. s'est renforcée. A l'examen psychologique, la poussée schizoïde du 2ᵉ examen régresse et on note quelques éléments plus sensoriels qu'au 1ᵉʳ examen. Malgré l'attitude encore très réticente du sujet — qui marque toujours le Rorschach, où néanmoins les refus s'atténuent et la production s'accroît légèrement — on sent un contact un peu meilleur, qui prend d'ailleurs une expression verbale plus familière.

Si, en comparant notre 2ᵉ examen pratiqué après trois semaines de cure de sommeil au 1ᵉʳ qui précède le traitement, nous constatons un renforcement des aspects schizoïdes, cela n'exclut évidemment pas d'autres variations qui auraient pu se produire au cours de cette période. Y a-t-il eu au début de la cure des variations sensori-motrices qui se sont effacées ensuite devant des modifications de sens contraire? Un E.E.G. enregistré le 14ᵉ jour de la cure de sommeil montre, sur un rythme de base alpha très irrégulier et avec une réaction d'arrêt visuelle affaiblie, des ondes lentes thêta et quelques fréquences delta qui prennent parfois un aspect pointu et augmentent un peu à l'hyperpnée. D'après les notations en salle de traitement, le comportement du malade semble avoir été plus adapté à ce moment. En l'absence d'un examen psychologique à cette période, nous ne mentionnons ces données trop fragmentaires que pour indiquer la possibilité de ces fluctuations.

L'observation de Léon L. constitue, en tout cas, comme celle de Louis G., un exemple de modifications dans le sens schizo-rationnel constatées après l'intervention de la cure de sommeil, en correspondance avec un appauvrissement du rythme de base à l'E.E.G. qu'accompagne un affaiblissement de la réaction à la stimulation lumineuse intermittente. Secondaires par rapport à l'orientation dominante de la poussée sensori-motrice dans notre expérience, ces cas ont néanmoins leur intérêt théorique et pratique.

CHAPITRE V

Poussée sensori-motrice dans les états dépressifs

Nous allons présenter deux cas de dépression mélancolique concernant deux frères hospitalisés dans le même service, à trois ans de distance, traités par la cure de sommeil, associée à des électrochocs chez l'un, pratiquée seule chez l'autre.

OBSERVATION ANDRÉ B.

André B., 57 ans, est hospitalisé dans un état dépressif grave, qui a provoqué une tentative de suicide par pendaison.

Le désespoir, la douleur morale s'accompagnent de sentiments d'indignité et de culpabilité, d'idées de ruine. Les troubles du sommeil, le manque d'appétit avec anorexie, la constipation, la langue saburrale, les céphalées marquent le tableau psycho-somatique. Des préoccupations hypocondriaques, avec crainte du cancer, se centrent sur des douleurs abdominales dues à une sigmoïdite.

Le malade se montre accablé, prostré; la mimique est peu mobile, les commissures labiales sont abaissées, la parole est lente et monocorde.

Les troubles ont commencé il y a un mois, avec baisse de l'activité, rabâchage d'idées tristes, tendance à s'isoler et à devenir taciturne. Ils se sont aggravés depuis deux semaines, avec un sentiment accrû d'être menacé par une maladie somatique incurable (en dépit du diagnostic médical négatif) et de devenir une charge pour les siens, menant à la tentative de suicide.

André B. est à la retraite depuis six mois. Il travaillait comme électricien à la Société Nationale des Chemins de Fer, où il était employé depuis l'âge de 18 ans. Il avait obtenu son certificat d'études primaires à 12 ans et poursuivi sa scolarité jusqu'à l'âge de 15 ans. Marié, il a un fils de 33 ans.

Notre *1er examen* a lieu le lendemain de l'hospitalisation

1er E.E.G. (fig. 31)

Le rythme alpha, à 9 c/s, d'amplitude moyenne, un peu plus actif à droite qu'à gauche, s'intrique parfois avec de petites bouffées rapides d'environ 15 c/s moins amples.

L'ouverture des yeux abolit l'activité alpha, pas les rythmes rapides.
L'hyperpnée et la S.L.I. n'ont pas d'action.

1er Rorschach

Grand et maigre, le malade a un visage allongé, aux rides marquées, un air très sombre. Il est attentif, mais se décourage devant une tâche qui lui paraît difficile et pénible. Il regarde les planches avec de longs silences, parle peu, chuchote parfois. L'attitude n'est pas rigide, les gestes sont quelquefois brusques, empreints d'une certaine dureté. Au début, le malade prend les planches; à partir du choc provoqué par la pl. IV, qu'il lâche avec dégoût, il les touche moins et se retire dans une attitude de refus.

(Pl. Ror.)

I

(Cherche un peu)

1.	Un papillon. (Prend pl.)	G	F +	A ban
2.	(Enc.) Des taches là (ptes taches ext.).	Dd	F	Tache
3.	(Enc.) Un gland (pte saillie arrondie lat. bas).	Dd	F ±	Pl
4.	Une tête de singe là (désigne à dr.), une par ici aussi (g.), de profil. (Dd lat. plus Ht que rép. 3, avec des pointes un peu foncées int. vues comme yeux)	Dd	F Clob	Ad

ENQUÊTE : L'air sévère.

(Enc.) Non. ∨ ∧ (Geste un peu brusque, dur)

5.	(Renversons pl. ∨ ; geste négatif de la tête; insistons : à quoi ça ressemble?) A un trône. (Montrez!) Tout ça. (Enc., geste négatif, soupire)	G	F +	Obj

II

(Prend pl., cherche)

1.	On dirait deux chiens là. (Désigne rapidement de la main dr. noir g. et dr.) Je ne sais pas ce qu'ils ont au-dessus (rouge sup.)... ∨ ∧ Je ne sais pas. (Lâche pl.) (Renv. pl. ∨, il regarde sans reprendre la pl., geste négatif, chuchote en la reprenant) Je ne vois pas. ∧ (Secoue la tête, geste négatif fréquent, puis lâche pl.) Je ne peux pas le dire. (Renv. encore pl. ∨ , insistons, il cherche) Je ne vois pas... (Reprend pl.) ∧ ∨ (Pose pl. tout en continuant de la regarder) Je ne vois pas... (En chuchotant) Ben, rien.	D	F + (FK)	A ban

ENQUÊTE : Ils cherchent quelque chose. (?) Parce qu'ils orientent l'oreille, leur mufle, qui fait le beau (mime élévation de la tête).

III

(Prend pl. avec un léger retard, fronce les sourcils)

1.	Ce sont deux hommes ça... qui tiennent quoi de leurs bras... des paniers.	Gz	K	H ban
2.	Et encore un papillon là au-dessus (désigne rouge méd., geste en rond). Il est gros.	D	F +	A ban

ENQUÊTE : (La Cr ne joue pas)

3.	C'est de l'eau. (Où?) Ce qui est en perspective là (gris et blanc méd.). (Pose pl. en continuant de la regarder, la reprend ∨ ∧)	Dd	(c) F	Eau
4.	∨ (Enc.) Des perroquets, des oiseaux sur une branche (rouge lat. avec saillie allongée).	D	FK	A

ENQUÊTE : Ils se balancent (Kin. vue dès le début)

(Enc., cherche, secoue la tête)

IV

(Prend pl., regarde longuement en silence) ∨ ∧ ∨ ∧		T R long

1. Un diable sur sa chaise, sur un fauteuil quoi. (Fauteuil = D méd. inf.) — Gz — F Clob / K — H fant

   ENQUÊTE : On dirait qu'il va pour se lever là (vu à l'enquête). (Vu première présentation : assis)

2. ∨ Une chouette là-haut (dét. méd. Ht). Je ne vois plus rien. (Lâche pl. avec dégoût, ne la regarde plus) — D — F Clob — A

V

(Prend pl. et regarde longuement, secoue la tête, hausse les épaules) ∨ ∧ Je ne vois pas. (Lâche pl. et croise les bras, malgré les enc.) J'essaie... Pas du tout. (Reprend pl. après l'avoir regardée de loin, secoue la tête) — → R

(Sugg. renv. pl.) ∨ Je ne vois pas à quoi ça ressemble.

1. ∧ (Enc.) Un animal, mais quoi... (Sur demande, il désigne détail central) Un animal, mais fictif. (Ressemble?, cherche sans toucher pl.) Kangourou, peut-être. — D — F + — A

VI

(Ne prend pas la pl., croise les mains, regarde longuement, ∨ ∧, regarde encore, touche à peine pl. ∨ ∧ < ∨) (Après bp d'enc.) Ça se brouille dans mon cerveau, je ne peux plus rien dire... Je ne vois pas. — → R

1. Une descente de lit (à voix basse). — G — F + — Peau ban

   ENQUÊTE : On croirait une peau coupée en deux.

VII

(Regarde longuement en touchant à peine la pl.) — → R

1. ∨ (Après bp d'enc.) Deux têtes de femmes. — Dd — F (c) — Hd

2. Puis deux têtes d'éléphants (tiers moyen).   D   F +   Ad ban

(1) (Les têtes de femmes?) De profil, là (bordure lat. tiers Ht).

    ENQUÊTE : (Têtes de femmes vues un peu en relief)

(Remettons pl. ∧) Non.

VIII

(Touche légèrement pl., regarde longuement) < ∧ (Enc. ++) ∨ Je ne vois rien.   → R

1. (Posons pl. <, enc. ++. Soupire, dit enfin) A une cigale peut-être (rose Ht). ∧ (Enc. ++, regarde longuement) Non. (Renv. pl. ∨, il tient les mains croisées, secoue la tête)   D   F —   A

    ENQUÊTE : C'est déjà des grosses cigales.

    (Sugg. K.) Là, elles sont à l'arrêt.

IX

(Regarde longuement, touche à peine soulevant parfois légèrement un coin de la pl. Enc. ++)   → R

(Sugg. renv. pl. Tourne ∨. Toujours silencieux regarde, les mains croisées. Lui disons que nous lui montrerons ensuite la dernière pl., paraît encouragé, chuchote)

1. On dirait la forêt là (vert). Au-dessus (rose), je ne sais pas. (Remettons pl. ∧) Non.   D   C   Nat

X

Pff! (Repousse la pl., la regarde longuement, la touche à peine retirant aussitôt la main, ne trouve rien malgré les enc.)   R

(Sugg. renv. pl.; tourne ∨, secoue la tête, regarde pl. sans la toucher, ne dit rien)

APRÈS LE TEST

Le test a déplu : désagréable et difficile.

Préfère les planches colorées, parce que les couleurs sont plus belles ; le noir est triste. Parmi les planches colorées, préfère IX, parce qu'elle est « plus ramassée ». Planche X est « étalée », c'est-à-dire dispersée, ce qui déplaît. Teinte préférée : vert.

Parmi les planches noires, préfère III ; « ça représente des silhouettes d'hommes ». Planche VII déplaît le plus, « parce qu'on ne comprend pas les dessins ».

Durée	= 1 h. 12'	
Réponses	= 18/2	→ R à toutes les pl. après IV
G	= 5	
D	= 8	
Dd	= 5	
F	= 10 (— 2)	F + % = 80
F (c)	= 1	
(c) F	= 1	
F Clob	= 3	
F C et C F	= 0	
C	= 1	Σ C = 1,5
K	= 2	Σ Kin = 3 — 4
FK	= 1 + 1 add	
A	= 7 Ad = 2	A % = 50
H	= 2 Hd = 1	
Nat, Pl	= 3	
Obj. Peau	= 2	
Tache	= 1	

Le test commence par une alternance entre réponses globales et petits détails, à la pl. I, de type rationnel ; ce sont des réponses de forme, auxquelles s'ajoute un Dd F Clob, « une tête de singe... de profil » au regard « sévère » (I 4).

Aux pl. II et surtout III, apparaissent par contre de grands détails et une réponse d'ensemble avec liens et kinesthésies (« au-dessus », « sur », « qui fait le beau », « qui tiennent », « ils se balancent »). Ceux-ci sont atténués par le doute et une attitude de recherche à la pl. II (« on dirait », « ils cherchent quelque chose »), ils ont un caractère plus direct à la pl. III où, à partir de la kinesthésie banale, les images sont aussi plus abondantes ; celle très sensorielle de l'« eau » subit cependant un éloignement, elle est vue à travers les différences de tons « en perspective » (III 3).

La pl. IV joue un rôle capital dans ce Rorschach, provoquant une forte impression et agissant sur son déroulement ultérieur. Après un silence prolongé devant cette planche, des réponses F Clob sont données, en accord avec son climat sombre et angoissant et d'ailleurs dans un langage sensoriel où interviennent le lien « sur » et les verbes « lever » et « assis ».

La tendance au refus marque toutes les planches qui suivent, la production devient très difficile et restreinte. Cette attitude de fuite s'accompagne d'un langage rationnel aux pl. V, VI et VII : « un animal... fictif » (V, D médian), « une peau coupée en deux » (VI, G), des « têtes » dont une « de profil » (VII, Dd F (c) et D F). Dans la première planche colorée, c'est un insecte qui est vu à la place des animaux habituels et il est « à l'arrêt » (VIII). A la pl. IX, que le sujet préfère pour son aspect plus compact (« elle est plus ramassée », dit-il à la fin du protocole), apparaît la seule réponse de couleur du test, couleur pure impulsive, avec l'image de « la forêt ». A la pl. X, dont la dispersion provoque par contre une gêne (« elle est étalée »), le blocage est complet.

Malgré la production très réduite aux planches colorées, le sujet n'hésite pas à dire qu'il les préfère aux noires, ressenties comme tristes.

Si l'attitude de refus qui domine toute la deuxième moitié du test accuse — par le comportement et le langage — la composante schizo-rationnelle, il est néanmoins en même temps important et caractéristique pour ce Rorschach qu'elle ait son point de départ dans une réaction anxieuse qui est liée au climat propre à la planche qui l'a provoquée.

1re épreuve de dessin

Les arbres, avec des lignes en partie arrondies, sont exécutés sans raideur, mais dans un tracé hachuré, avec des discontinuités, qu'on retrouve aussi dans les autres dessins. Ils sont assez grands, mais sans ligne de base et faiblement colorés. Le premier (fig. 32), un chêne, a un tronc assez large, sur lequel le sujet trace d'abord quelques traits au crayon à gauche et qu'en un second temps il remplit d'un marron clair pâle, qui s'étend légèrement sur les branches droites ; seuls les rameaux gauches portent quelques petites feuilles vertes. Le deuxième, un sapin, a un tronc nu, avec des rameaux sur sa moitié supérieure, où le vert superposé au crayon prend une tonalité grisâtre.

La maison est isolée au milieu de la page, avec de toutes petites fenêtres découpées en carreaux, une porte vide avec cependant deux marches à sa base, une cheminée laissée en blanc et sans fumée. Les murs rouges — une surface couverte de traits horizontaux et l'autre quadrillée — introduisent une couleur vive dans ces dessins tristes dans l'ensemble. Le toit présente une surface bleue et l'autre avec des rayures obliques de la même couleur.

L'homme a une tête proportionnellement trop grande laissée en blanc, des mains trop petites et d'un tracé décousu — aussi non colorées — un vêtement entièrement bleu garni de boutons, des chaussures marron. En général mécontent de ses dessins, le malade déprécie tout particulièrement celui-ci : « c'est atrophié ».

Pour le dessin libre, le malade esquisse les deux tours rectangulaires d'une cathédrale, puis en dessous le rectangle vide d'une fenêtre à gauche et une partie du contour supérieur du portail au centre. Le dessin reste inachevé, sans base, dans un tracé au crayon hachuré et discontinu; la couleur est refusée. Il a un caractère à la fois schizoïde et dépressif. (fig. 32)

1re épreuve de la Balle dans le champ (fig. 33)

Au lieu de décrire une spirale, le chemin revient vers l'intérieur bien avant d'accomplir un tour entier et laisse libre une partie du quadrant inférieur droit du champ; à la fin, il s'interrompt, reprend un peu, puis s'arrête, laissant une figure inachevée. Le trait est irrégulier, avec des crénelures.

On pratique 6 électrochocs et une cure de sommeil de 16 jours (5,40 g. Eunoctal + 3,90 g. Imménoctal + 0,975 g. Largactil, 174 h. 15′ de sommeil avec une moyenne journalière de 10 h. 58′).

Les troubles mélancoliques régressent rapidement; à leur place, se font jour des tendances hypomaniaques. L'excitation facile, l'incontinence émotionnelle, l'impatience qui se manifestent au cours du traitement s'atténuent vers la fin de la cure de sommeil.

Le *2e examen* a lieu 3 semaines après le 1er, après les 6 électrochocs et 13 jours de cure de sommeil.

2e E.E.G. (fig. 31)

Sur les régions postérieures, le rythme de base, aussi actif à gauche qu'à droite, varie entre 8 et 9 c/s. On enregistre des ondes thêta spora-

Fig. 27. Léon L. : Dessins du 1er examen : Arbre, Maison (Ht.), Homme et Dessin libre (bas).

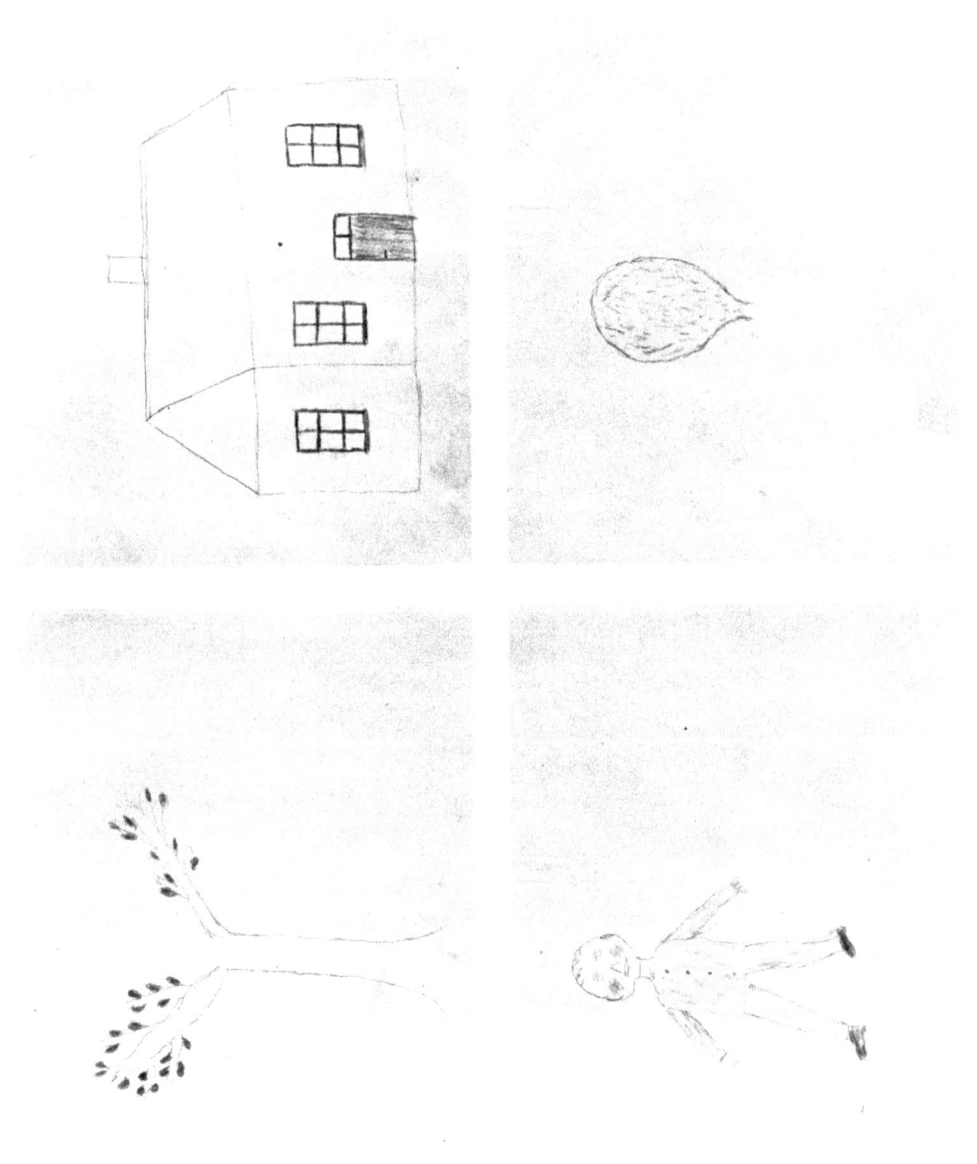

Fig. 28. Léon L. : Dessins au 2e examen.

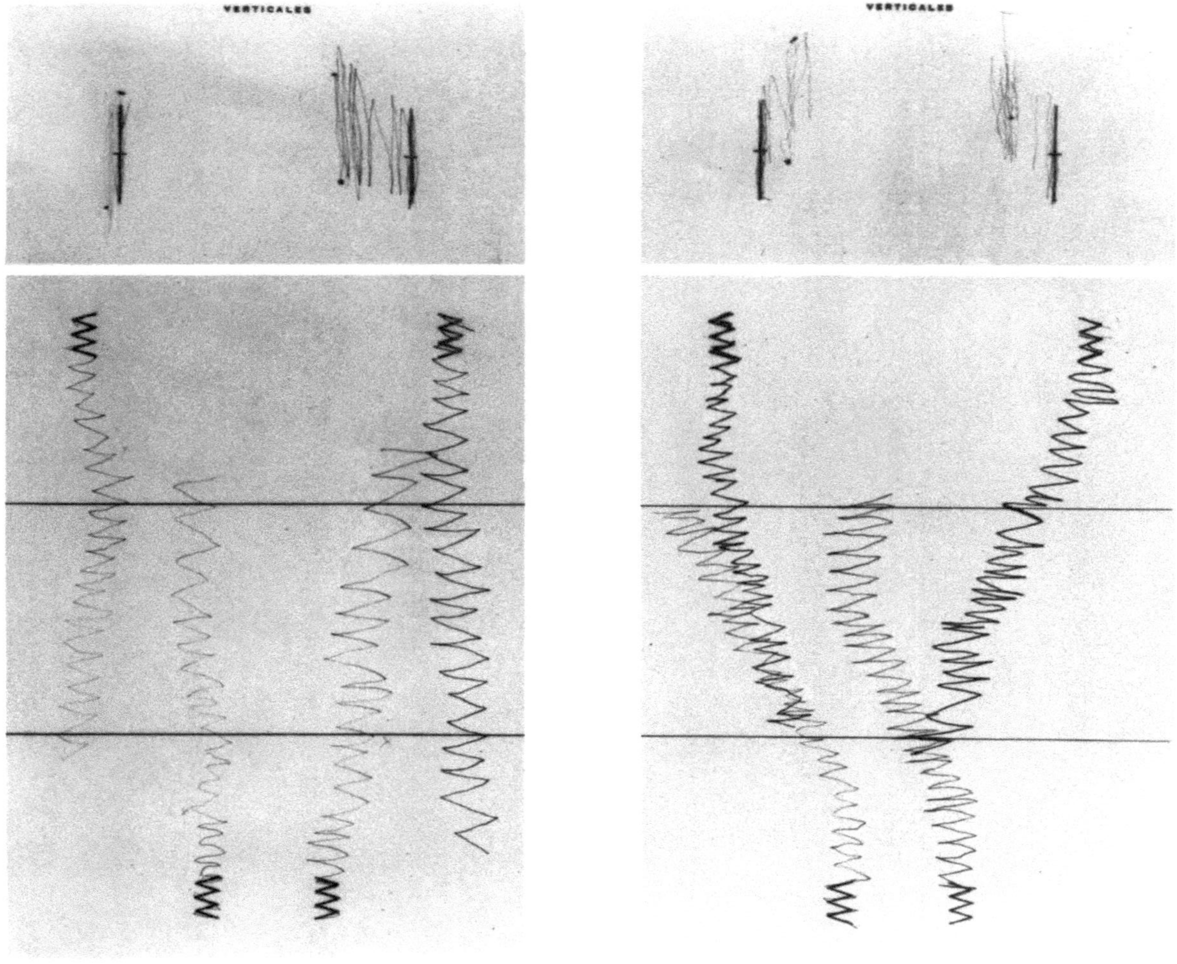

Fig. 29. Léon L. : P.M.K., 1er (g.) et 2e (dr.) examen. Linéogrammes verticaux et zigzags.

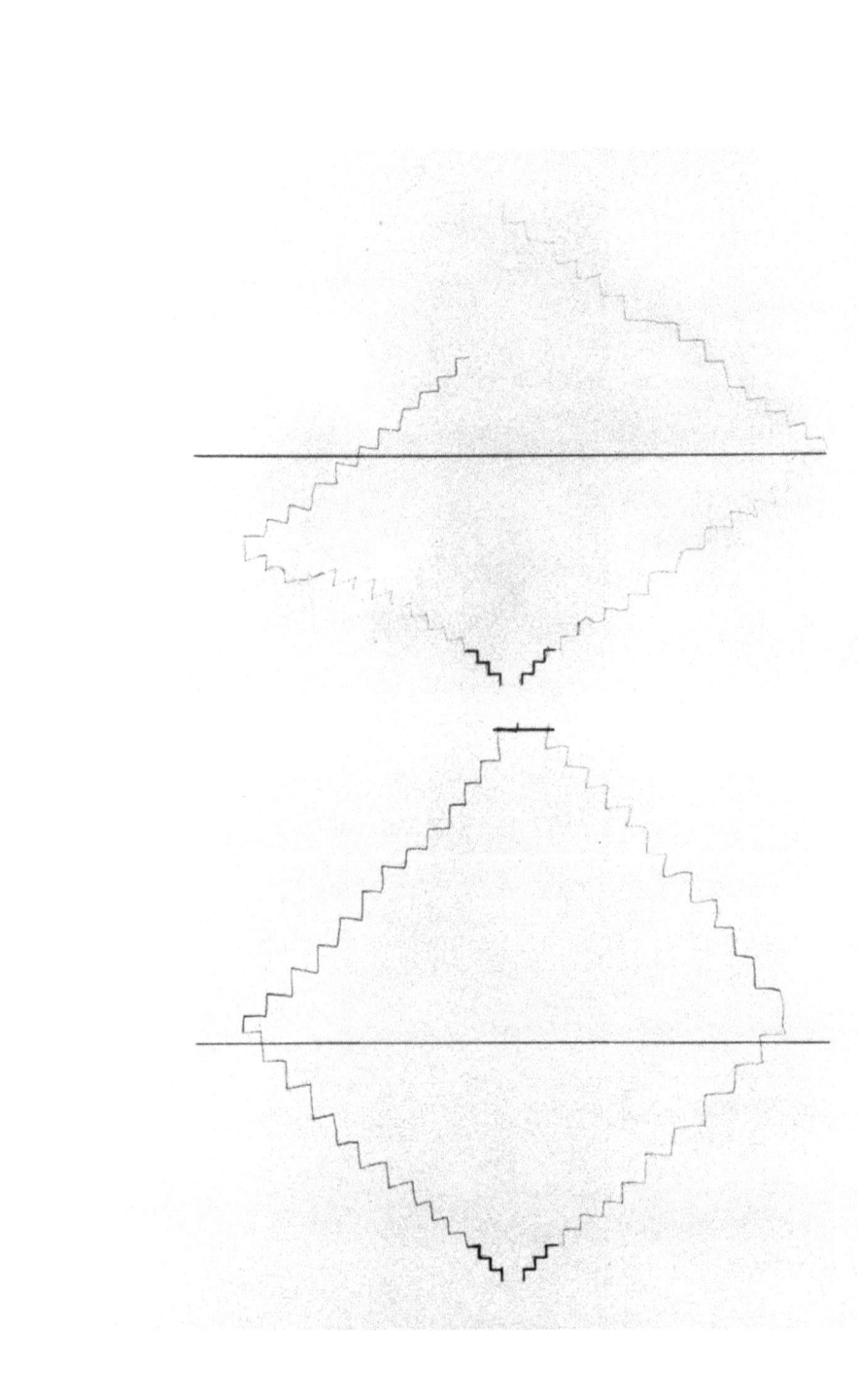

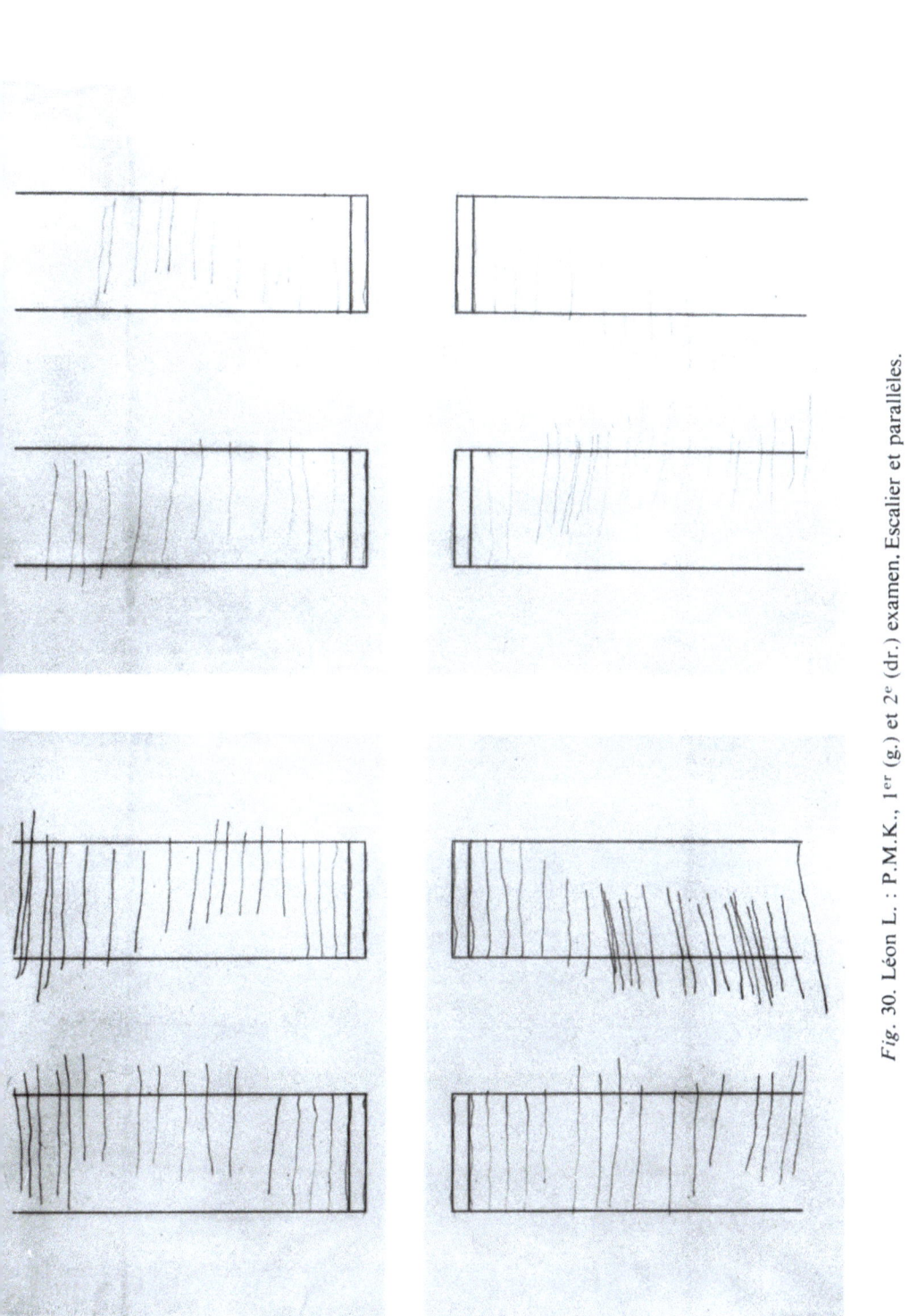

Fig. 30. Léon L. : P.M.K., 1er (g.) et 2e (dr.) examen. Escalier et parallèles.

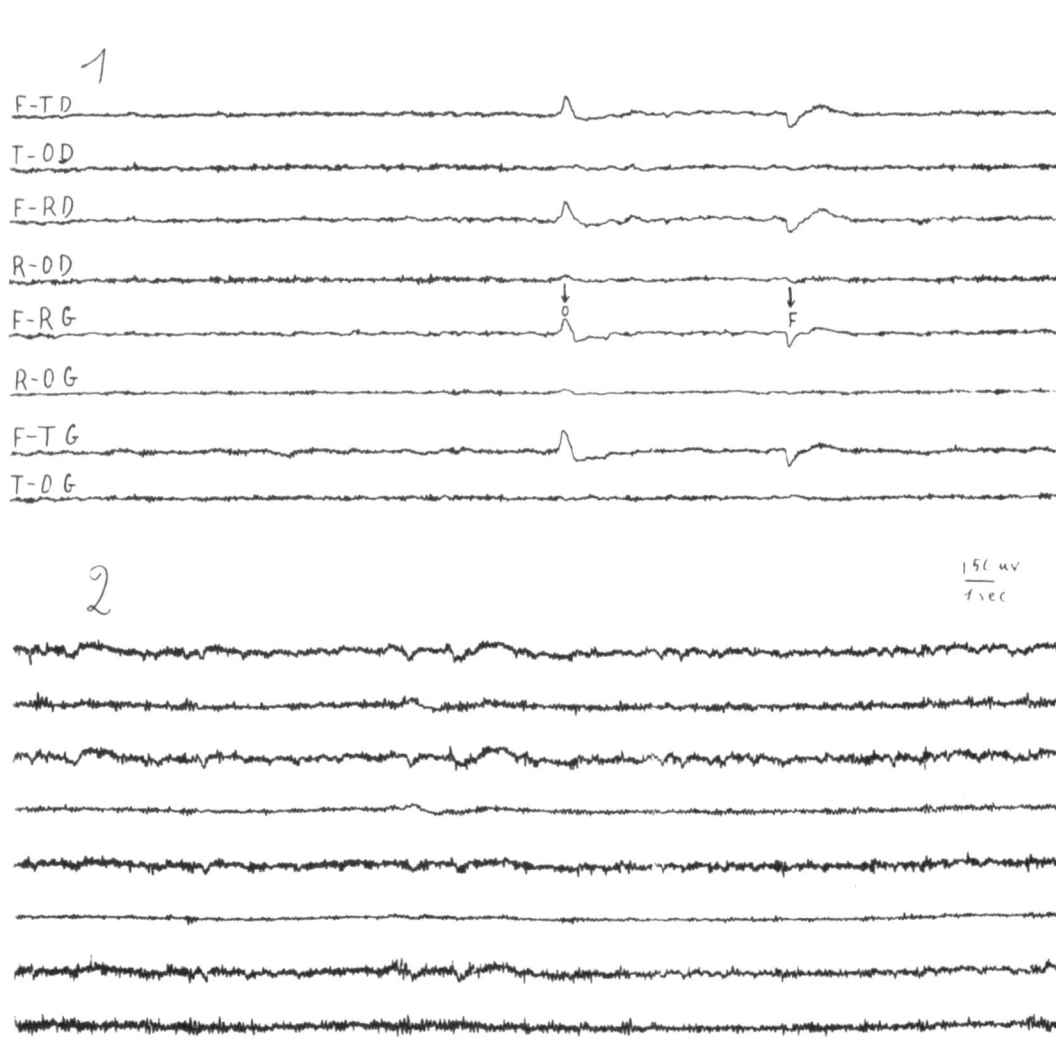

Fig. 31. André B. : 1er examen, avant traitement; 2e examen, après 6 électro-chocs et 13 jours de cure de sommeil.

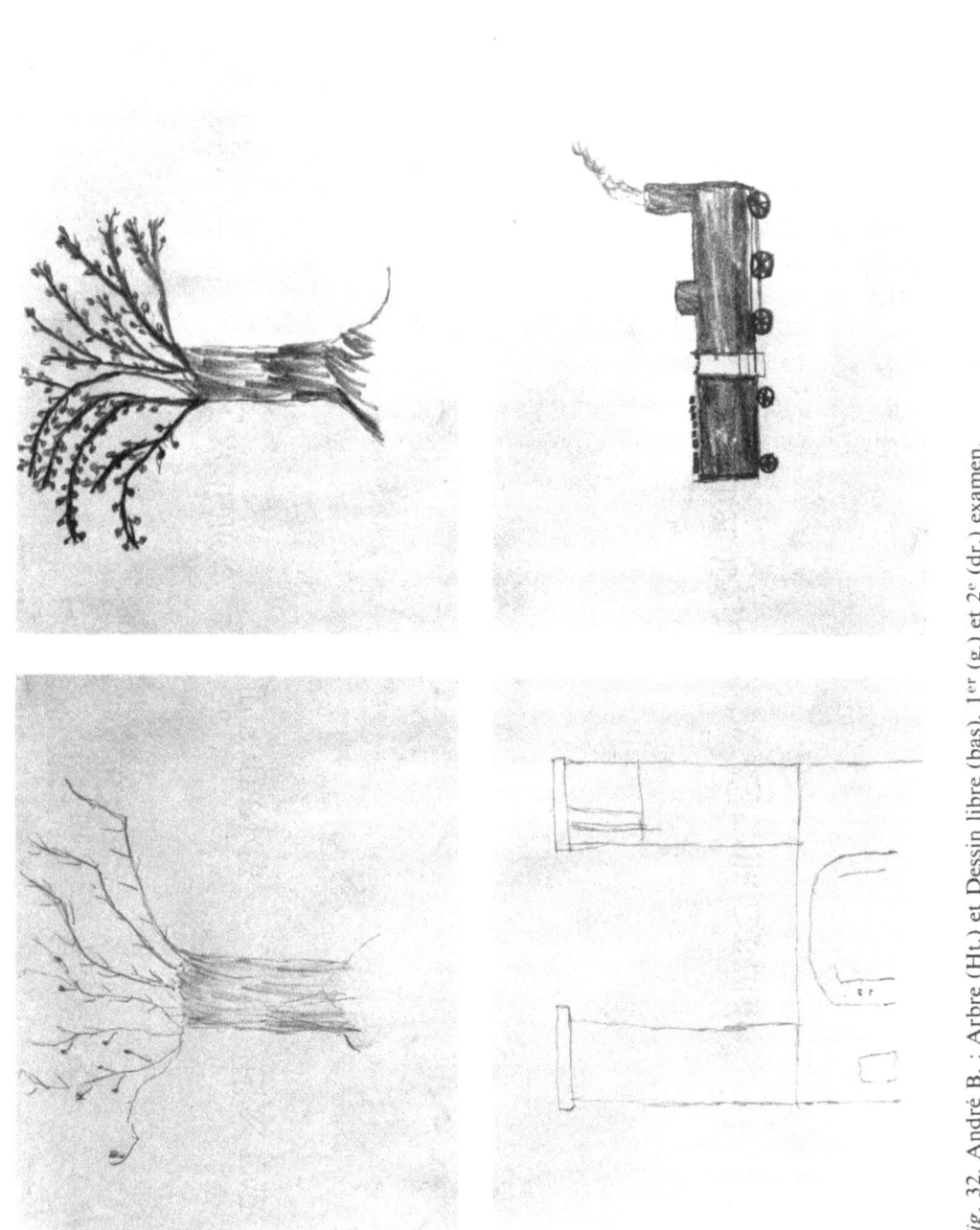

Fig. 32. André B. : Arbre (Ht.) et Dessin libre (bas), 1ᵉʳ (g.) et 2ᵉ (dr.) examen.

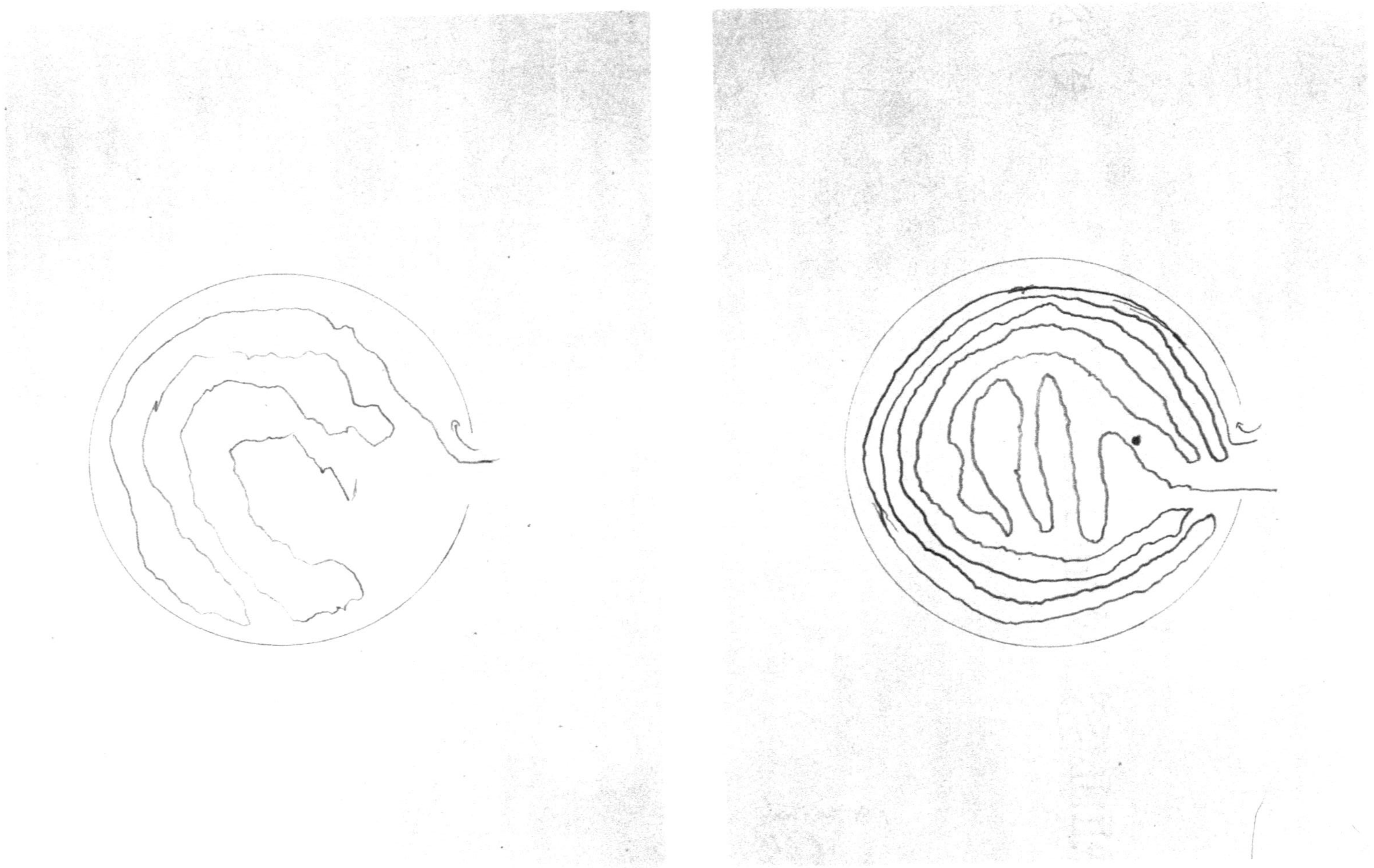

Fig. 33. André B. : Balle dans le champ, 1er (g.) et 2e (dr.) examen.

diques d'aspect plus ou moins pointu, plus marquées durant une deuxième hyperpnée.

Sur les régions antérieures, les rythmes rapides sont devenus plus importants et l'amplitude, comme d'ailleurs celle de l'ensemble du tracé, est plus grande qu'auparavant.

La réaction d'arrêt visuelle est en général positive, elle semble cependant par moments insuffisante.

La S.L.I. n'a pas d'action appréciable.

2e Rorschach

Très changé par rapport au 1er examen, le malade se présente dès l'abord souriant et loquace. Durant le Rorschach, un peu excité, il pousse des exclamations, fait quelques digressions, s'adresse à l'observateur sur un ton humoristique ou familier. Une inquiétude sous-jacente transparaît cependant dans ses questions; il est préoccupé par le résultat de l'examen, il veut être rassuré sur la disparition de ses troubles et sur sa sortie de l'hôpital prévue prochainement. Il prend les planches, les regarde avec attention et les tourne vers l'observateur pour lui montrer ce qu'il voit. Parfois, il les lâche d'un geste brusque et, à la fin du test, avant l'enquête, il s'impatiente; il continue cependant à faire preuve de bonne volonté.

A la fin de la pl. IV, qu'il lâche plus rapidement que les précédentes, le malade s'agite et se plaint de transpirer. Mais cette fois il continue de prendre les planches suivantes, en les interprétant abondamment.

(Pl. Behn-Ror.)

I

1. (Prend pl. de la main gauche) On croirait deux coqs derrière à derrière, c'est-à-dire derrière contre derrière, si je peux m'exprimer ainsi. (Montrez!) Voilà le bec (pointe Ht lat. g.), la crête (tête A ban), (sort son stylo pour désigner) le corps, la queue là (bas). Y en a deux, quoi (les deux moitiés entières de la pl.).   D G   F K —   A

   ENQUÊTE : Ils se dressent sur leurs ergots (mime).

   (Enc.) En autre dessin? On peut le tourner (mimant)?

2. ∨ Peut-être un papillon, les ailes écartées comme ça? (Confirmons) Oui, avec la tête ici (gris méd. Ht, geste en rond).   G   F +   A

(Montrez le papillon!) Ben, il est complet là comme ça (geste descendant sur les bords latéraux).

Enquête : Les ailes clouées.

(Enc.) Non... < ∧ Non. (Éloigne un peu la pl. en l'élevant à sa gauche) Non.

II

(Prend la pl. de la main gauche puis des deux mains) Ah! là je vois plusieurs choses!

1. Une lampe de chevet, qui forme lampe de chevet, ça, et l'abat-jour rouge (gris noir méd. + rouge sup.).   D   F C   Obj

2. Deux chiens, deux petits chiens qui supportent la lampe dans leur gueule, noirs. (Désigne noir g. et dr. tournant la pl. vers nous).   Dz | F K
 | F C   A ban

3. Puis deux petits lutins rouges (bas), je ne sais pas quel rôle ils jouent là...   D | F C
 | K   H fant ban

   Enquête : Qui dansent. En général on les voit en rouge, on les voit autour des flammes.

   Là, je ne vois plus rien de ce côté-là. ∨ Je vais regarder par ici voir si je vois autre chose... < ∨ < ∨ Je ne vois pas ce que c'est. (Enc.)

4. Là, on croirait un sujet, on croirait un homme avec un bouc (porte la main à son menton); de chaque côté c'est le même; la tête là, puis son ventre là, son dos, pareil de chaque côté (noir entier, tête Ht regarde vers l'int.).   D   K
 → F Clob   H

   Enquête : Il fixe quelque chose sévèrement; des Chinois, des Mongols.

5. On croirait un miroir aux alouettes, mais il est caché par les hommes; il est supporté sur un pivot (rouge bas + noir-gris méd.).   D   F +   Obj

   < (Cherche) Non, je vois plus.

   (Quand nous enlevons la pl., il demande) C'est mieux que la dernière fois?

III

Ah! (Prend pl. des deux mains, fait la moue)

1.	On croirait une danseuse, une poupée avec le chapeau sur le côté. (?) Voici le chapeau, la poupée par elle-même (noir dr. et g.). (Visage?) Ici, en profil (tourné vers l'int., ban).	G	k	Obj ban
2.	Puis là deux petits sujets (rouge méd.), deux danseuses, avec la tête qui est détachée (petite tache rouge adjac.), le corps, puis les jambes en avant ici là (pointes inf.).	D	k	Obj P
3.	Là des petits chérubins avec la tête, le corps et les jambes en avant, ils sont assis quoi (rouge lat., visage vers l'int.).	D	K F C	H fant
4.	∨ On croirait de grosses coquilles, des coques de mer qu'on souffle dedans, là (rouge méd.). (Cherche, tenant toujours la pl.)	D	F +	Coque
5.	Là, ça représenterait une tête d'animal, mais quel animal j'en sais rien, peut-être une tête de serpent (jambes des figures ban.)... la tête vers le bas, là.	D	F Clob	A
6.	(Idem 5) Un hippocampe; je me suis trompé, un hippocampe.	D	F —	A
	ENQUÊTE rép. 5 : C'est visqueux (désagréable).			
7.	Et l'autre paraît représenter deux chenêts vus de profil, deux chenêts pour mettre dans une grosse cheminée (reste du noir). (Pose des questions, on sent une inquiétude latente).	D	F +	Obj

IV

(Prend pl. des deux mains puis de la main dr., regarde attentivement)

1.	Pour moi, c'est un gros papillon noir avec ses antennes là, il est à l'envers (la tête en bas).	G	F Clob	A ban
2.	∨ Quelqu'un de cruel représenterait un hibou les ailes attachées sur une porte.	G	F Clob	A

(Pose pl., ne la regarde plus) (Enc.) Ah! bon, attendez! (Reprend pl.) De n'importe quel côté? (Oui) > ∧ Franchement non, je dirais un mensonge, si je disais que je vois autre chose. (Pose la pl., ne la regarde plus, puis y revient) Non, sincèrement. (Nous rend la pl.) (Se plaint de transpirer, se mouche, s'agite).

V

1. (Prend pl. des deux mains) Pff... Une libellule avec la tête ici (Ht), avec le corps, les pattes et puis les ailes déployées. Il manque les antennes, il manque toujours quelque chose quoi (riant). Je ne vois plus rien d'autre chose. Je ne sais pas si vous comprenez, mais quand on a eu une idée, après c'est difficile de trouver autre chose. G   F (c)   A
   F K

   ENQUÊTE : Libellule en vol.

   ∨ (Tient pl. main g., tousse) Non, là je vois pas, je vois rien. (Pose pl., croise les mains et soupire) (Enc.) Vous voulez que je vous dise quelque chose absolument... (répondant à notre sourire et prenant la pl. des deux mains)

2. Un animal écrasé, on croirait voir les ailes et les oreilles d'un lapin de garenne dont la tête a été écrasée, comme lorsqu'ils avaient la myxomatose. (Raconte encore comment les autos passaient dessus, ce n'était pas beau à voir) Enfin, vous voulez que je vous dise quelque chose... G   F Clob   A

3. Je vois une partie de chaque côté, une tête d'éléphant avec sa trompe (chaque partie lat. sans le noir méd.). D   F (c)   Ad

4. La partie centrale seule (noir foncé), on croirait une bombe à ailettes, une bombe qui éclate et qui tue. (Ne regarde plus la pl. Il dit qu'il tourne la tête « par discrétion », afin que nous ne croyions pas qu'il regarde ce que nous écrivons). D   F Clob   Bombe

   ENQUÊTE : C'est jamais beau (Pas de Kin. vue).

VI

1.	Ah! (Prend des deux mains) Une tête de Monténégrin, un habitant du Monténégro... Ici la tête avec son petit nez, ses moustaches, puis les yeux qu'on voit en dessous là (Ht méd.). Il est assis là, étend les bras avec sa grande houppelande qui l'enveloppe, il est assis quoi, en position assise.	Dbl/Dd → G	F (c) → K	Hd → H
2.	∨ Ici, je vois une tête de bélier, de mouton du moins (tiers Ht).	D	F (c)	Ad
3.	Et là-dessous, là, une tête de vache ici (tiers bas).	D	F — → F (c)	Ad
4.	On croirait voir encore une silhouette humaine avec les cheveux qui volent au vent (tiers moyen); celle-ci (dr.) est moins prononcée que l'autre (g.); on croirait un visage qui est plus ou moins tourné dans l'ombre (vers le centre). Une tête de femme vue de profil avec les cheveux au vent (bien vue).	D	F (c) → k	Hd
5.	De chaque côté, les petites taches (ext. Ht), un petit poulet. (Tête?) Par ici (vers int.) qui picore, quoi. Je ne vois plus rien.	Dd	F (c) → F K	A

VII

(Prend pl. id., regarde plus longuement)

1.	Dans le bas, on croirait une main humaine dont les pouces dépasseraient (mime en posant ses mains sur les dét. inf.)... qui maintient un squelette... un sternum ici, avec l'amorce du squelette (Dd int. bas).	Dz	k	Hd/Squel
2.	Puis au-dessus, on croirait deux Pères Noël avec la barbe là, la hotte derrière, les jouets dans la hotte, qu'on suppose être des jouets puisque c'est une hotte (noir sup. entier, fig. vers l'int.)... imagé quoi. (Nous regardant) J'ai de bizarres idées! (Enc.) Ça se défend (riant)! (Regarde ailleurs, puis revient à la pl.)	D	K → F (c)	H fant

3.	> ∨ (Enc.) Ici les deux têtes d'hommes (int. bas, désigne à nouveau avec son stylo).	Dd	F +	Hd
(1)	Au-dessus là, je vois toujours le pouce (idem rép. 1), je vois toujours le gros pouce, on peut l'attribuer à un corps, on ne voit pas de corps.		Répét. Dd	
4.	Mais alors on voit une tête ensuite (gris Ht, Dd orig. mais qu'on arrive à voir). (Laisse la pl.) Vous êtes enrhumée aussi? Vous habitez Paris?	Dd	F (c) Digr.	Hd

VIII

(Nous demande si c'est nous qui avons choisi le jour de l'examen, puis s'exclame avant de voir la pl.) Ah! (Prend pl. des deux mains).

1.	Ça représente pour moi un lézard, non, si, deux lézards en rouge là.	D	F +	A ban
2.	C'est deux insectes là en jaune, je ne saurais pas dire quoi par exemple, deux insectes (désigne jaune).	D	F +	A
3.	∨ Cigales, des cigales, des têtes de cigales. (?) Là ici, des cigales (marron).	D	F — → F Clob	A
	ENQUÊTE : Comme des grosses cavités du côté des yeux (taches foncées).			
(1)	Je vous ai dit des lézards tout à l'heure.			
4.	Il y a des menus insectes dont je ne sais pas donner le nom (jaune et bleu).	D	F +	A
5.	∧ (Rit) Si je suivais mon imagination, ça serait un canal avec des bateaux dessus, à traction électrique (gris). Une déformation professionnelle, vous voyez! Une perche imaginée qui toucherait les deux poteaux. Il faut justifier les poteaux là (append. gris).	D	F (c)	Pays
6.	∨ (Rit) Un corset de femme ouvert avec les cordons qui tombent. Là, vous voyez? Vous n'auriez pas imaginé ça, vous! On ne voit pas beaucoup de ces corsets-là chez les femmes, on en a vus.	D	F (c)	Obj/Sex

ENQUÊTE : Je le vois débordant du haut.

Vous allez avoir la crampe de l'écrivain!   Digr.
(Ne regarde plus la pl.)

IX

1. (Prend id.). En bas un hibou, la tête là avec les ailes déployées, on voit les yeux (mauve).   D   F (c)   A
   → F Clob
   F K

2. Là un kangourou à tête d'homme, avec le corps jusqu'ici là (partie méd. du bleu avec les deux pointes sup.).   Dd   F (c)   A/Hd

3. Deux profils d'Indiens avec leurs plumes, l'un regardant à droite, l'autre à gauche, mais légèrement tournés (marron, visages vers l'int.).   D   F (c)   Hd

4. ∨ Là deux sphinx qui se touchent (rouge).   D   F +   Statue
   Lien méd.

5. Là un chat-huant, la tête d'un chat-huant (bleu méd.).   Dd   F (c)   Ad
   → D   → F Clob   → A

   ENQUÊTE : Les ailes étalées (bleu entier), clouées.

   (Souvenir d'enfance, désagréable)

6. Au-dessus une chauve-souris, une tête de chauve-souris; les yeux, la tête là, et ça c'est les ailes étalées, quoi (mauve).   D   F (c)   A

7. Là, on pourrait imaginer deux lionceaux aussi (rouge).   D   F +   A

X

Oh là, y en a beaucoup de taches là (prenant la pl.)!

1. Tête de pipe Jacob, voyez, avec le gland, avec la barbe (rouge sup.).   D   F +   Obj

2. Ce serait une tête de Fée Carabosse comme on les présente souvent dans les illustrés de gosses (vert sup., fig. vers l'ext.).   D   F (c)   Hd fant

3. Ça représente deux petits poussins (rouge méd.) qui se battent, qui se jettent l'un après l'autre (mime légèrement).   D   F K   A

4. ∨ Un jeune félin, là, qui rampe, là et là   D   F K   A
   (bleu int. dr. et g.), mais plutôt là (dr.),
   parce que là (g.) il ne ressemble pas aussi
   bien. Alors, quand il rampe comme ça
   (mime en se tassant), il est ramassé, on ne
   voit presque rien.

5. ∧ Les trucs là (mauve) je les ai déjà vus   D   F (c)   A
   et je ne sais pas donner un nom ; c'est un
   animal qui vient d'éclore quoi, mais je ne
   sais pas donner de nom. Un petit poulet
   à travers une coquille, ou un petit canard,
   un truc comme ça.

   Enquête : Il n'y a que la tête qui dépasse,
       la coquille est fendue.

   (Regarde encore ailleurs, soupire, revient
   à la pl.) Oh ! Je ne vois plus, Madame.
   (Laisse la pl., regarde vers la fenêtre)

APRÈS LE TEST

Impression : « Couci-couça, pas emballé, pas déplu, on arrive à trouver en cherchant et c'est là qu'on trouve de belles choses, en partant d'un petit fil de rien du tout, fil d'Ariane comme on dit. Pas agacé. Plus intéressé aujourd'hui ; l'autre jour (premier examen), j'étais pas normal. »

(Travail ou jeu ?) « Une occupation, un loisir, occupation et loisir en même temps. »

Préfère les planches colorées, « parce qu'elles ressortent mieux comme couleurs, elles attirent plus la vue ». Il n'aime pas le noir. (Triste, inquiétant ?). « Inquiétant c'est le mot. Quand on est superstitieux. » (Vous êtes superstitieux ?) « Un petit peu. »

Parmi les planches colorées, préfère IX « parce que les couleurs sont plus étalées. X est trop touffue, trop de dessins dans la même planche. VIII est un peu trop ramassée, trop centrée ».

Le malade demande brusquement : « Je suis plus gentil que l'autre jour ? »

Parmi les planches noires, préfère II « parce qu'elle représente un motif d'animaux en même temps que de chasse. Je ne suis pas chasseur mais je préfère ça, elle est gaie, on a l'impression de jeu, on a trop souvent sujet d'être triste dans la vie ».

Planche qui déplaît le plus : « Je ne saurais pas dire, parce que je ne déteste jamais personne. » Après insistance, il indique III : « elle a moins de fond, moins de forme, elle désigne moins quelque chose ». La plus triste est « celle qui représentait le hibou (IV) ». Il finit par désigner la pl. IV comme la plus désagréable, après avoir essayé d'évincer cette question.

Durée	= 1 h. 15′	Aucun Refus
Réponses	= 47/18	
G	= 8 (1 Dbl/Dd → G)	
D	= 35 (1 Dd → D)	
Dd	= 4	
F	= 14 (— 3)	F + % = 79
F (c)	= 16 + 2 →	
F Clob	= 5 + 4 →	
F C	= 4	Σ C = 2
C F et C	= 0	
K	= 3 + 1 →	Σ Kin = 13 — 16
FK	= 7 + 1 →	
k	= 3 + 1 →	
A	= 22 (1 A/Hd)	A % = 53
Ad	= 3	
H	= 5	
Hd	= 6 (1 Hd/Squel)	
Obj	= 7	
Statue	= 1	
Bombe	= 1	
Paysage	= 1	
Coquillage	= 1	

Les réponses sont devenues beaucoup plus nombreuses, avec un temps de réaction plus rapide. Ce sont les grands détails surtout qui augmentent.

La production aux planches multicolores s'accroît d'une façon importante. Ce gain aussi est accusé pour la pl. II, où apparaît le rouge, qui est vu en premier et amène l'image sensorielle de la « lampe ». Quatre réponses forme-couleur sont données aux pl. II et III, en rapport avec le rouge, où à l'image de la lumière s'ajoutent celles légères et gaies des « lutins » et des « chérubins ». Le sujet aime toujours mieux la pl. IX que la pl. X, mais à présent il semble préférer ce qui est moins « touffu » plutôt que fuir un éparpillement (réponses aux questions après le protocole).

Les kinesthésies sont nombreuses, certaines accompagnées de lien, parfois avec un contenu ludique.

Les réponses d'estompage ont beaucoup augmenté.

Les interprétations F Clob persistent, présentes dans six planches, accompagnant plusieurs D dans des taches noires ou d'un coloris foncé aux pl. II, III, V, VIII et IX et deux G à la pl. IV. On y trouve l'œil d'un homme qui « fixe sévèrement » (II 4) et ceux d'insectes marqués par de « grosses cavités » (VIII 3), les images du « serpent », du « papillon noir », du « hibou » et du « chat-huant », la note agressive mêlée à l'angoisse de la « bombe qui éclate et qui tue » (V 4) ou de l'oiseau nocturne qu'on a cruellement cloué (IV 2, IX 5). Aux pl. II et III, on voit, reflétant une labilité de l'humeur, les réponses dépressives succéder dans la même planche à des images gaies liées à la vivacité du rouge ou à la kinesthésie de la danse. Les planches noires sont ressenties comme tristes et surtout inquiétantes; la pl. IV est la plus désagréable, le sujet finit par l'indiquer après avoir essayé d'éviter d'en parler quand on lui pose des questions après le test.

Ce qui différencie beaucoup la réaction anxieuse actuelle de celle du 1er examen, c'est qu'elle ne provoque plus de blocage et que, bien loin d'être le point de départ d'un refus prolongé, elle n'arrête pas le flux des images et ne rompt pas le contact.

Au langage détaillé et en général lié (les mots « puis », « avec » sont fréquents) se mêlent sporadiquement des expressions rationnelles, telles que : « silhouette humaine » (pl. VI), « profil » (III 1 et 7, IX 3), animal tué (V 2). Un petit élément de coupure s'introduit dans un grand détail de la pl. III (rép. 2, rouge int.), où la persévération de la kinesthésie de la danse s'exprime par ailleurs dans un langage très lié. Notons ces réponses associées, où la kinesthésie de lien côtoie le morcelé et l'immobile : « une main humaine... qui maintient un squelette » (VII 1), « deux sphinx qui se touchent » (IX 4).

Dans une production tellement plus riche qu'au 1er examen, plus libre, l'euphorie et l'inquiétude, les thèmes personnels, les différents aspects formels du mode de vision, tout s'exprime abondamment.

Dans les différences importantes que nous constatons par rapport au 1er examen, quelle est la part du changement d'humeur, où l'excitation remplace l'inhibition dépressive, et celle de la poussée sensori-motrice? L'un renforce l'autre et plus ou moins ils se confondent. La disparition du refus, l'augmentation des grands détails, l'accroissement des kinesthésies, la réaction plus adéquate à la couleur vont en tout cas dans le sens de la poussée sensori-motrice.

2ᵉ épreuve de dessin

Le trait est devenu plus continu et nettement plus appuyé, le coloris est plus intense.

Les arbres, un chêne et un tilleul, sont plus habillés, avec beaucoup de feuillage, des troncs couverts de traits colorés épais — marron pour le premier, une bande marron et une autre verte pour le deuxième —, plus évasés à leur base. (1ᵉʳ Arbre, fig. 32)

Si la maison est encore isolée au milieu de la page et ses cheminées ne fument toujours pas, un coloris intense lui donne cependant plus de consistance et de présence. Le toit est entièrement bleu, les murs et les cheminées sont rouges; la porte est colorée en bas, vitrée en haut. Les fenêtres, aux contours plus épais, assombries, ont un caractère anxieux (elles font penser aux « yeux » vus dans le Rorschach).

L'homme a une tête plus petite, mieux proportionnée, avec une pommette rouge; les mains sont encore réduites. Le coloris du vêtement, marron-orange, est plus chaud. Interrogé, le malade explique : « un passant que je rencontre dans la rue comme ça, un soldat plutôt, il chante », tandis qu'au 1ᵉʳ examen il répondait d'une façon plus évasive et plus impersonnelle : « quelqu'un qui se promène, je ne sais pas ».

Le dessin libre représente une locomotive toute noire qui fume, à laquelle est attaché un wagonnet marron. Les roues, de même que de petits rectangles, les « briquettes », au haut du wagonnet, sont d'un dessin noir accusé. Marqué par sa tonalité sombre, ce dessin fait ressortir la tendance dépressive, mais avec une imagerie, une facture, un climat nettement plus sensoriels, plus dynamiques qu'au 1ᵉʳ examen. (fig. 32)

2ᵉ épreuve de la Balle dans le champ (fig. 33)

Le chemin est fait de plusieurs tours circulaires, puis d'un tracé à la verticale à tendance sinusoïdale dans la partie centrale du champ, qui cette fois est parcouru en entier, d'un trait tremblotant mais épais et continu. Le sujet dessine un petit rond à droite concrétisant le ballon, puis ajoute au chemin un trait final pour indiquer la sortie.

Les épreuves graphiques du 2ᵉ examen montrent, ainsi que le

Rorschach, une poussée vers le pôle épilepto-sensoriel, qui accompagne l'apparition des ondes lentes dans un tracé E.E.G. dont l'amplitude générale a en même temps augmenté.

Le traitement, qui a fait régresser l'état mélancolique, a opéré dans ce cas des modifications importantes. L'apport dynamique propre à la poussée sensori-motrice a joué son rôle et nous voyons à l'E.E.G. son correspondant biologique. Avec elle s'intriquent des variations de l'humeur qui vont de la dépression à l'excitation, dont nous ne connaissons pas de concomitant E.E.G.

OBSERVATION JEAN B.

Jean B., 68 ans, est hospitalisé au cours d'une crise dépressive, trois ans après son frère.

Jean B. s'accuse de fautes graves et irréparables, dont il pense que sa famille, qu'il se reproche d'avoir réduit à la misère, aura à souffrir. Il croit que rien ne peut améliorer son état, qui est en rapport avec « une crise de conscience », et exprime des idées de suicide. Il craint de ne plus pouvoir faire face à des difficultés matérielles mineures. Toute dépense d'argent l'inquiète, son avarice est extrême. Il souffre d'insomnie et d'anorexie; manque d'appétit et constipation, amaigrissement important.

Une paralysie faciale gauche consécutive à l'opération d'une tumeur parotidienne il y a cinq ans a créé un sentiment pénible de diminution et de disgrâce.

Marié, il a deux fils, dont l'un est mort à 24 ans comme soldat, il y a 7 ans.

Jean B. a pris sa retraite à 50 ans. Il était mécanicien à la SNCF, où il travaillait depuis l'âge de 18 ans. Il a obtenu son certificat d'études primaires à 12 ans et suivi une école professionnelle jusqu'à 16 ans.

1ᵉʳ E.E.G. (fig. 34)

Sur les régions postérieures, l'activité alpha à 9 c/s, d'environ 30-40 μv, est assez abondante. Sur les régions fronto-rolandiques, les rythmes bêta sont importants. La réaction d'arrêt à l'ouverture des yeux s'exerce bien sur le rythme alpha.

La 1ʳᵉ hyperpnée n'a pas d'effet, sauf une légère augmentation de l'activité alpha; la 2ᵉ fait apparaître deux bouffées thêta de 50-60 μv isolées.

La S.L.I. exerce un certain entraînement : petits rythmes induits entre 3 et 8 é/s, rythmes plus amples à 9 é/s, fréquences de 6-7 c/s pour 12-13 é/s, trains d'ondes légèrement rythmés par les éclairs couplés.

1ᵉʳ Rorschach

Grand et maigre, le visage allongé et marqué surtout par ses rides intersourcilières, l'aspect de Jean rappelle celui de son frère André. Mais dès l'abord le contact est plus ouvert. Jean B. parle facilement, il pose sa main sur celle de l'examinateur en lui faisant part de sa déchéance et, au cours du test, il s'adresse souvent à lui. Dès les premières paroles et provoquant de nombreuses digressions au cours du Rorschach, le malade s'accuse en se lamentant. Il ne manifeste aucune opposition envers autrui; il croit à la bonne volonté de l'examinateur, mais s'en déclare indigne et tout effort en sa faveur lui paraît inutile. Il prend facilement les planches, mais les lâche après quelques réponses pour revenir à ses préoccupations mélancoliques. Avec des gestes violents, il tape alors sur la table ou sur ses genoux, s'exclame, soupire, se lamente et, en proie à son agitation anxieuse, il se lève plusieurs fois et marche. Les gestes amples, comme les grandes exclamations, ont un caractère dramatique. Quelques réponses sont mimées.

(Pl. Ror.)

I

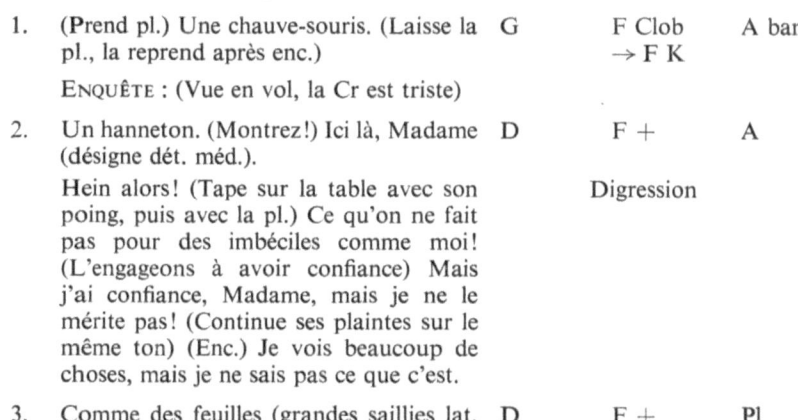

pas! (Recommence ses plaintes, tape du poing sur son genou, s'exclame :) Qu'est-ce qu'on va faire? (Enc.) Je vois des blancs (4 Dbl int.), ici un rond blanc (méd.). (?) Ben, je sais pas.		Indic Dbl	
(Suggérons renverser pl., comprend d'abord tourner verso) $\vee$ (Regarde en tenant pl. de la main g. un peu loin) Ben, je ne sais pas. Y a toutes ces planches à regarder? (Lamentations et exclamations à nouveau : rien à faire!...) (Enc.) Je n'en sais rien, je ne peux pas. (Ne peut pas penser à autre chose qu'à ce qui le préoccupe)			

II

1.	Deux éléphants. (A notre demande, indique noir dr.) Ah non! C'est des chiens qui tiennent quelque chose au bout de leur museau (gris méd.), ou des ours.	D	F K lien méd.	A ban
2.	Retourné, qu'est-ce que vous voyez? $\vee$ C'est encore la même chose avec un éventail rouge au bout de leur museau (rouge méd. Ht). (?) Des ours comme ça $\wedge$ et des chiens là $\vee$ (Tête Ht). Enquête : Un éventail déployé (F + Cr).	Dz	F K F C P lien	A
	Je voudrais être comme vous, calme, mais il n'y a rien à faire. (Se lève, agité, mais accepte de se rasseoir. Il tape du poing, se lamente en parlant de son fils et de sa femme.) (Enc., geste las en secouant la tête)		Digr	
3.	$\wedge$ C'est comme des bonnets ça (rouge Ht). Enquête : Un bonnet phrygien (F + Cr).	D	F C	Obj
	(Tape sur son genou, digr id., soupire, exclamations)		Digr	

III

1.	(Prend pl. de la main dr.) Deux danseuses qui se font vis-à-vis,	G	K	H ban
2.	avec un nœud rouge ici (méd.) et des... (désigne rouge lat.) Je ne sais pas ce que c'est. (Tape des pieds et des mains) Ça m'énerve, ça m'énerve! (Enc.) Je ne sais pas.	D	F C	Obj ban

	(Sugg. renv. pl., la prend ∨ puis la pose, hausse les épaules)			
3.	Des branches (noir lat. Ht) avec deux oiseaux (noir para-méd.).	Dz	F —	Pl A
	(Enc.) Un nœud rouge et... Je ne sais pas quoi, deux choses rouges de chaque côté (lat.).		Répét	
	Ah! Est-ce possible? (Gesticulation habituelle, tapant du poing) Ma femme, mes enfants, qu'est-ce qu'ils vont dire! (Rappelons à la pl.) Non, Madame. (Recommence ses plaintes)		Digr	

IV

	(Prend pl. de la main g.) Je n'en sais rien. ∨ ∧ Pour moi, ça représente du noir sur du blanc. (Lâche pl.) Rien ne m'intéresse, Madame, même pas la lecture, même pas la télévision, rien.		→ R Digr	
1.	(Après enc. reprend pl. de la main g. ∨) Des figurines comme on en voit aux cathédrales. (Digr. habituelle sur ses « fautes graves ») Ah! Madame, c'est comme si j'étais à la torture! (Enc.) Plus rien. (Remettons pl. ∧) La même chose, du noir sur du blanc. (Représente?) Je n'en sais rien.	G	F ± Digr	Archit
2.	(Se rapproche de la pl.) Une descente de lit, si on veut. Eh bien, avec ça ils seront fixés! Vous savez, ça ne vaut pas la peine qu'on s'intéresse à moi... c'est ma faute... Ah, ma femme, mes enfants, qu'est-ce qu'ils vont dire! (Se lève, puis accepte de se rasseoir)	G	F (c) Digr	Peau ban

V

1.	Encore une chauve-souris. (Prend pl. main g., ∨ ∧, la pose) C'est une chauve-souris, (reprend pl. ∨) de l'autre côté aussi. (Pose pl. ∧)	G	F Clob → F K	A ban
	ENQUÊTE : (Vue en vol, Cr triste comme à la pl. 1)			
	Je sais, Madame, que vous essayez de me chasser ce que j'ai là (en touchant son front). C'est trop grave... (Continue id., se lève). (Renv. pl. ∨, enc.) Ah, je vois rien, Madame, du noir sur du blanc.		Digr	

VI

	(Prend pl. des deux mains) Je n'en sais rien. ∨ ∧ Je ne sais pas ce que ça représente.		→ R	
1.	Une peau de bête. ∨ Là aussi. (Tape sur la pl., la rejette, soupire, se donne des coups de poings sur la tête) Ah! Madame, arriver à mon âge, avoir fait… rien à faire… (Remettons pl. ∧, enc.) Non, Madame, la même chose. (Se lève)	G	F + Digr	Peau

VII

1.	La même chose, des figurines. (?) Là, ici (désigne tiers sup. + tiers moyen)…	D	K	H
2.	avec un papillon en dessous (tiers inf.) dont les ailes sont déployées.	D	F K	A
(1)	(Figurines?) Ben, des sujets, des petits sujets, des personnages, comme des danseuses, leurs pattes comme ça (mime en étendant le bras, puis se ravise en souriant), qui mettent leurs bras comme ça (saillie lat. du tiers moyen, mime id.). Je n'ai jamais bu, jamais fumé… (Renversons pl. ∨) Eh, Madame, la même chose. (Reprend pl. après enc.)		Digr	
3.	Deux mannequins (tiers bas et moyen) qui tiennent (mime en levant son bras dr., cherche)… une écharpe (tiers Ht) sur leur tête (mime tenir avec la tête). Ah! bon sang, ma femme, mes enfants… je n'ai jamais été méchant, un imbécile oui… (Il est debout, agité) Tout ce que vous allez me montrer c'est toujours la même chose, du noir sur du blanc.	D → Gz	K Digr	H P

VIII

| 1. | (Prend pl.) Un arbre (gris) avec deux… des espèces d'écureuils (rose lat.), un arbre vert avec des écureuils roses, je n'ai jamais vu ça mais enfin c'est comme ça ici. (Se lamente à nouveau) Vous passez votre temps pour un individu comme moi… vous faites votre métier… (Se lève, marche, puis se rassoit) (Enc.) Je ne saurais pas vous dire. | Dz | F C
→ F K
Digr | Pl
A ban |

2. (Sugg. renv. pl.) ∨ Comme deux ours (rose lat.) qui tiennent un... quoi... qui s'appuient sur un... Ah, je ne sais pas, Madame! Ah, c'est dur, c'est dur! (Tape du poing sur son genou) (Tête de l'ours vue près orange méd.) Il y a du rose, du marron, marron clair (orange avec ses nuances) et vert en dessous,   D   F K   A

                                                                                 Nomme Crs

3. avec un mât vertical dans le milieu (désigne centre de bas en Ht). (Se lève encore)   D   F +   Obj

> ENQUÊTE rép. 1 : Un arbre avec deux écureuils appuyés sur un support orange et marron. (Kin?) Ben, ils sont dressés sur leur pattes de derrière. (Vus id. 1re présentation) (« Appuyer » = P rép. 2)   (P)

IX

(Prend pl. de la main g.) J'ai aucune idée de ce que ça peut-être. Marron, vert et rose. ∨ Et autrement c'est l'inverse. (Remettons pl. ∧, la reprend après enc.) Je ne peux pas vous dire ce que c'est, Madame, sauf les couleurs, c'est tout. Marron, vert et rose; et là ∨ je vois la même chose dans les deux sens. ∧ (Représente?) Je sais pas. (Enc.) Évidemment, je sais ce que vous cherchez, à me faire partir ce que j'ai dans la tête. (Lamentations, exclamations, laisse la pl.) Tout cela, pareil pour moi.   R
                         Nomme Crs

                         Digr

X

(Prend pl. des deux mains)

1. (Avec un geste ample comme s'il déclamait) Des guirlandes suspendues à une espèce de candélabre (ensemble des taches rattachées au gris méd. sup.).   Gz   F C → C F   Décor

2. ∨ (Exclamations, tape bruyamment sur la pl.) Là c'est la même chose... appuyée sur un support (gris méd.)... avec des arabesques de chaque côté (les autres taches). Ah, en arriver là, Madame! (Lâche pl.)   Gz   F C → C F P lien   Décor

                         Digr

APRÈS LE TEST

Quand on lui demande si le test lui a plu, il hausse les épaules : « Rien, voyez, je vous l'ai dit, je m'intéresse à rien. Pourtant, tout est normal chez moi. »

(Travail ou jeu?) « Plutôt les deux, un amusement et il faut trouver ce que c'est, je ne trouve pas. »

Préfère les planches colorées, c'est plus « attrayant ». Les planches noires sont désagréables : « Ça me fait pas peur, mais ça me donne une impression de tristesse. »

Parmi les planches colorées : « pas beaucoup de préférence »; choisit X, « un peu plus habillée, colorée ».

Teinte préférée : « le vert, parce que c'est l'espérance... et pour moi y a plus d'espoir ».

Préférence parmi les planches noires : « Je n'en sais rien. » Choisit VII, parce que ça représente « deux animaux qui dansent ».

La planche III est « bizarre », elle plaît mieux que la I. « Deux danseurs qui tiennent un panier. » (Pourquoi bizarre?) « C'est la façon de se tenir comme courbés (mime). »

Pl. I déplaît le plus : « On dirait qu'on a projeté un encrier sur une feuille blanche (mime). »

Durée	= 50′	→ R pl. IV, VI — R IX
Réponses	= 21/5	
G	= 9	
D	= 12	
Indic. Dbl		
F	= 6 (— 1,5)	F + % = 75
F (c)	= 1	
F Clob	= 2	
F C	= 6 (2 → C F)	Σ C = 3, → +
Nomme Crs	= VIII et IX	
K	= 3	Σ Kin = 7 — 10
F K	= 4 + 3 →	
A	= 9	A % = 52
Peau	= 2	
H	= 3	
Pl	= 3	
Obj. Arch	= 4	
Décor	= 2	

Les modes de perception comprennent des G, dont une partie sont des réponses d'ensemble, et des D, certains combinés aussi.

Des réponses de couleur sont données aussi bien aux pl. II et III qu'aux pl. VIII et X et l'importance des F C marque le contact affectif. A la pl. IX, où la production se trouve bloquée, l'énumération des couleurs indique encore une attirance pour elles. Dans la dernière planche, la préférence de la couleur s'accuse (F C → C F), avec des images à thème décoratif qui embrassent l'ensemble des taches multicolores (« guirlandes... arabesques »).

Les kinesthésies sont nombreuses. Elles se réfèrent parfois au vol et à la danse (I, III, VII) ; à la pl. VII, le sujet voit des « ailes... déployées » et mime le bras tendu ; à la pl. III, il mime l'attitude courbée et qualifie cette fois de « bizarre » « la façon de se tenir » (rép. III 1 commentée après le test). Les kinesthésies expriment souvent le lien par les verbes « tenir » et « appuyer ».

Des liens importants, où revient l'image du support, s'accompagnent de persévération au renversement de la planche, dans les pl. II (lien médian), VII, VIII et X. A cela s'ajoute l'emploi des prépositions « sur », « en dessous » et surtout « avec ».

Des expressions comme « figurines » ou « personnages » (pl. IV, VII), le qualificatif « bizarre » intervenant dans le commentaire de la pl. III, le symbolisme qui oriente le choix de la couleur préférée (après le test) introduisent quelques éléments rationnels dans un Rorschach à dominante sensorielle.

La pl. IV provoque le premier blocage : elle est d'abord refusée et dépréciée, réduite à ne représenter que « du noir sur du blanc ». Avec ses deux réponses globales données après ce temps d'arrêt, la production est aussi plus rationnelle ici que dans les planches précédentes, toutes sensorielles. Dans les planches qui suivent, nous notons une tendance au refus à la pl. VI, la note de dépréciation « du noir sur du blanc » reformulée à la fin de la pl. VII, le refus de la pl. IX. Mais cela n'empêche pas une réponse adéquate à la pl. V, ni la production imagée et le langage lié des pl. VII, VIII et X.

Si la pl. IV — la planche propre à éveiller l'angoisse — donne lieu à une réaction d'inhibition, comme chez André B., celle-ci ne détermine pas chez Jean B. la même attitude de refus prolongée et systématique.

Au 1er examen, le Rorschach de Jean B. — avec ses réponses de couleur, ses kinesthésies, ses persévérations et ses liens — se montre dans son ensemble plus sensoriel que celui de son frère.

1ʳᵉ épreuve de dessin (fig. 35)

Les dessins sont d'une facture primaire et pauvre. Les contours sont tracés au crayon noir, en violet ou en vert, avec des lignes plutôt ondoyantes et d'un trait assez épais, tout en présentant certaines discontinuités. Seuls le dessin libre et le 2ᵉ arbre ont quelques surfaces colorées.

Les arbres sont assez grands. Le premier, tracé en violet, présente, au-dessus d'une longue ligne de base, un tronc large, un renflement arrondi et irrégulier au sommet et deux paires de branches, sur lesquelles le sujet ébauche, avec difficulté, le contour vert des feuilles lorsqu'on lui propose de colorer son dessin. Le deuxième, avec un tronc plus mince, a davantage de branches et celles-ci montent à droite en lignes ondoyantes et nues ; « les feuilles sont tombées », dit le malade sur un ton triste. Le dessin est fait au crayon ; la surface de la base se couvre d'un gribouillis vert, celle du tronc de marron et celui-ci s'étend aussi le long des branches.

La maison se réduit à une façade avec une porte centrale et deux fenêtres latérales vides ; malgré son schématisme, le tracé n'est pas rectiligne.

L'homme, vu de face, a une forme enfantine, d'un dessin linéaire, tracé entièrement en vert : rond du visage avec ses trois points, cou, corps arrondi avec le détail sensoriel de la rangée de boutons, bras descendant latéralement, un pied plus court que l'autre.

Le dessin libre juxtapose deux thèmes différents : des signaux de chemin de fer dessinés d'abord à gauche, avec des carreaux orange, vert et jaune ; une église ensuite à droite, au crayon, avec ses deux fenêtres et son toit quadrillés d'une façon irrégulière et, sur le côté gauche, l'embrasure d'une porte et une croix au sommet.

Les dessins sont pour le malade encore un motif d'autodépréciation. Ils sont faits très rapidement, surtout le premier arbre, la maison et l'homme, plus schématiques que le deuxième arbre et le dessin libre.

Ce dernier n'a pas le caractère schizoïde du dessin libre d'André B. Le niveau des formes des dessins de Jean est en général inférieur à celui d'André. Le trait est moins hachuré et plus épais.

1ʳᵉ épreuve de la Balle dans le champ (fig. 37)

Après un premier tour circulaire, le malade dessine — à la place d'une spirale — des chemins concentriques, dont les tracés prennent en partie des formes orthogonales et présentent des discontinuités.

Le *2e examen* a lieu le lendemain d'une cure de sommeil de 18 jours (Eunoctal, Imménoctal, Théralène, Niamide et Phénergan; 302 h. de sommeil, avec une moyenne journalière de 16 h. 47′), qui a apporté une très nette amélioration. Le malade a retrouvé son appétit; il se montre satisfait et calme.

2e E.E.G. (fig. 34)

Le tracé, d'aspect irrégulier et avec des formes parfois pointues, comprend des rythmes à 7-8 c/s et des fréquences bêta. Les rythmes à 7 c/s sont nombreux, parfois en bouffées assez amples; l'activité bêta semble encore plus importante que sur le tracé précédent. La réaction d'arrêt visuelle s'exerce sur les rythmes à 7-8 c/s, laisse persister les fréquences rapides.

L'hyperpnée ne modifie pas ce tracé d'une façon appréciable.

L'entraînement exercé par la S.L.I. apparaît plus marqué qu'au 1er examen.

2e Rorschach

L'aspect dépressif a disparu, le ton est énergique. Des digressions ont encore lieu durant le test; entre autres, le malade affirme qu'il se sent beaucoup mieux, pose des questions sur les relations entre les résultats de l'examen et sa sortie de l'hôpital, parle de ses rhumatismes; ce ne sont plus, en tout cas, des lamentations et les thèmes varient. Des exclamations (excitation motrice) accueillent la plupart des planches. Le sujet mime plusieurs fois; il arrive aussi qu'il frotte la tache et qu'il désigne par un geste répété, adhésif. Le contact avec l'interlocuteur est toujours bon.

(Pl. Behn-Ror.)

I

1. (Prend pl.) On a l'impression que ce sont de petits chiens qui font le beau... sur un support. (Pose pl., puis se penche sur elle et regarde) Ben, sur les côtés, on se demande ce que c'est que ça (désigne les petites ailes sur le dos des animaux dr. et g.), comme des ailes. Puis un petit bout de queue là en bas (désigne).   D → Gz   F K   A ban

(Se mouche, parle de l'odeur de son mouchoir)

Ici, comme un tronc d'arbre (centre), sur lequel ces deux petits chiens viennent s'appuyer, quoi.
(Sugg. renv. pl. ∨ hausse les épaules)

2.	Ben, ça fait comme une panoplie... Moi, je ne vois pas. (?) Ben comme ça (tourne la pl. vers nous, la tenant à bout de bras à sa g.). C'est difficile à décrire. Je vois la même chose que la dernière fois que je suis venu vous voir. (Lui disons que ce ne sont pas les mêmes pl.) C'est le même genre. Alors, de ça dépend ma sortie... (Petit entretien. Il dit qu'il se sent beaucoup mieux) (Revenons à la « panoplie ») Eh, accrochée au mur (mime), comme une photo. (De quoi?) Ben, d'objets en bois sculptés. (Quels objets?) Ben, vous savez, on en voit tellement, c'est assez difficile à décrire, des objets d'ornement.	G	F ±		Décor
			Digr		

II

1.	(Prend pl.) Ah! Ben, je vois deux petits chiens encore avec...	D	F + → F K	A ban
2.	en dessous des sujets en rouge (bas);	D	F C → K	H/Décor
3.	et au-dessus, là, c'est comme un chandelier, voyez-vous, là (frotte centre gris),	D	F +	Obj
4.	avec un motif en rouge aussi (Ht).	D	C F	Décor

ENQUÊTE rép. 1 : Ils sont assis sur leur train de derrière (vus ainsi dès 1re prés.).

ENQUÊTE rép. 2 : Comme des petites danseuses de ballet, des dessins d'ornement.

ENQUÊTE rép. 4 : Un motif décoratif, un dessin d'ornement.

De l'autre côté maintenant? ∨ Ben, je ne saurais pas quoi dire. Vous savez, on voit les deux petits chiens comme tout à l'heure, mais à l'envers, avec les mêmes motifs que tout à l'heure. C'est tout ce que je peux dire. (Lâche pl., la reprend après enc.)   P

Je vois beaucoup de choses, mais je ne sais pas dire ce qu'il y a.

5.	Ici (désigne en grattant noir + gris méd.)… comme un éventail ouvert.	D	F (c)	Obj
	ENQUÊTE : Le manche (noir), un éventail ouvert (gris), plutôt un motif décoratif (vu en relief).			
	(Demande si ce n'est pas de ses réponses que dépendra son retour chez lui) (Enc.) Eh bien, ma foi, ces motifs en rouge (Ht), je vous ai dit là, les dessins en rouge… (Quand nous enlevons la pl., il demande) Y en a encore quelques-unes ?		Digr	

III

(Prend pl.) Ah ! ∨ ∧ (Pose pl.) Ben, c'est pas facile à décrire.

1.	Moi, je vois des sujets qui font la révérence (noir)…	G	K	H ban
2.	avec des motifs en rouge, tout ce que je peux dire.	D	C F	Décor P
(1)	(Sujets ?) Ceux-ci (H ban) ; on dirait une figure d'un ballet, d'une danse. (Se lève pour aller boire de l'eau)			
3.	(Enc.) Des motifs en rouge aussi, ici là (lat. bas). (Représentent ?) Ben, des taches rouges, comme un Picasso, vous savez, les peintres modernes… Comment on dit ? Impressionnistes ? (Abstraits ?) Pour moi ce sont des taches… oui, des peintres abstraits…	D	C F	Décor P
	(Rappelons tourner pl.) ∨ Ah ! Que voulez-vous que je vous dise ? La même chose, mais à l'envers. (Représente ?) Ben, je me le demande, je ne vois pas, non, je vois mais je peux pas dire ce que ça représente. (Enc.)		→ P	
4.	Si vous voulez… ici on a l'impression d'une tête de poisson, là aussi (jambes des figures H ban). Ah, les médecins doivent bien rire !	D	F (c) → F Clob	Ad
	ENQUÊTE : (Les têtes de poisson sont désagréables)			
5.	En dessous (reste du noir), des figurines à l'envers… (Figurines vues la tête en bas, différentes des danseurs de ballet vus	D	F +	Hd → Obj

dans le noir entier de la rép. 1) avec des taches rouges toujours. (Parle de ses rhumatismes)   Digr

IV

1. Ah! (prenant pl. de la main dr.) Une chauve-souris qui déploie ses ailes, comme je vous ai dit la dernière fois. Ah, c'est mon mouchoir qui sent comme ça! (Enc.) Ben, beaucoup de choses et puis je ne sais pas le dire. (Reprend pl., regarde). Comme des petits bariolages en dessous ses ailes; ici c'est plus clair (gris inf.), là c'est noir (corps de la tache). Le papillon, comme s'il était accroché à des feuilles, sur des feuilles. (Enc.) Non, Madame.   G | F Clob   A ban
| F K

Digr

→ (c) F

2. (Sugg. renv. pl.) ∨ A part les pattes, on croirait une peau tannée posée par terre (mime). Je ne vois plus rien d'autre, Madame.   G   F (c)   Peau

V

1. Ah, ah! Un avion. Écoutez, pour moi, ça a la forme d'un avion en l'air, en plein vol...   G   k   Avion
→ F (c)
P « vol »

2. avec, sous le fuselage (centre noir), ça représente de chaque côté du fuselage, se rattachant à lui, une tête de chien, la moitié de la figure d'un chien et par ici l'autre moitié (gris para-méd. dr. et g.). ∨ ∧   D   F (c)   Ad

Ah! ça sent mauvais ce mouchoir, bon sang! (Regarde ailleurs, revient à la pl., puis regarde sa main qui lui fait mal)   Digr

VI

1. (Prend toujours pl.) Ah, qu'est-ce que c'est que ça! Je vois une tête (Dbl méd.) de singe, qui déploie ses pattes de devant et de derrière (lat. et bas)...   Dbl/D   → G | F Clob   A P
| F K

2. avec un motif en noir dans le milieu (noir méd.), un ornement.   D   (c) F   Décor

3. Et là il y a : une, deux, trois, quatre... quatre taches noires (Dd ext. lat. bas). (Pose pl.)   Dd   (c) F   Taches

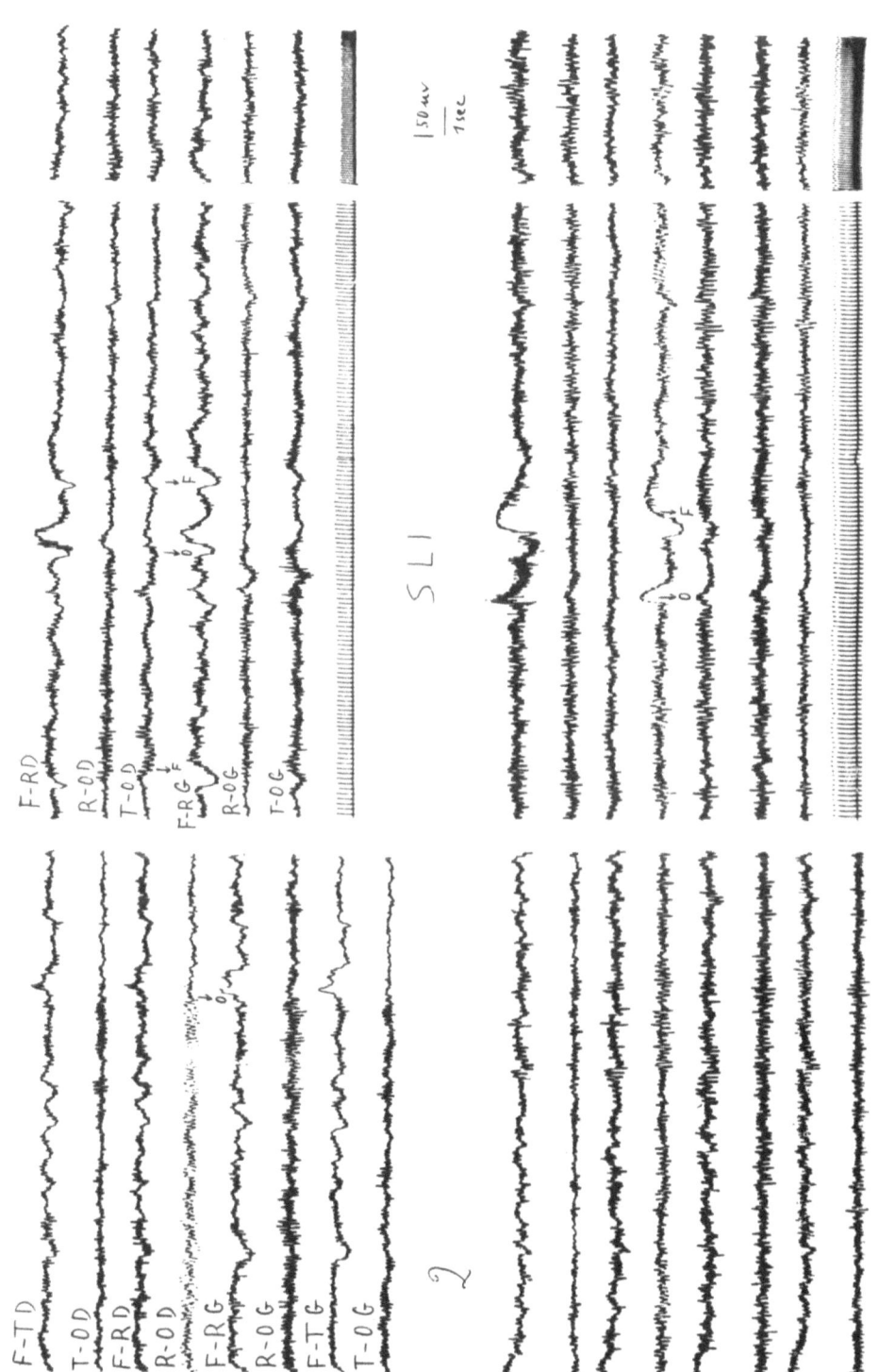

Fig. 34. Jean B. : 1ᵉʳ examen, avant traitement ; 2ᵉ examen, après cure de sommeil.

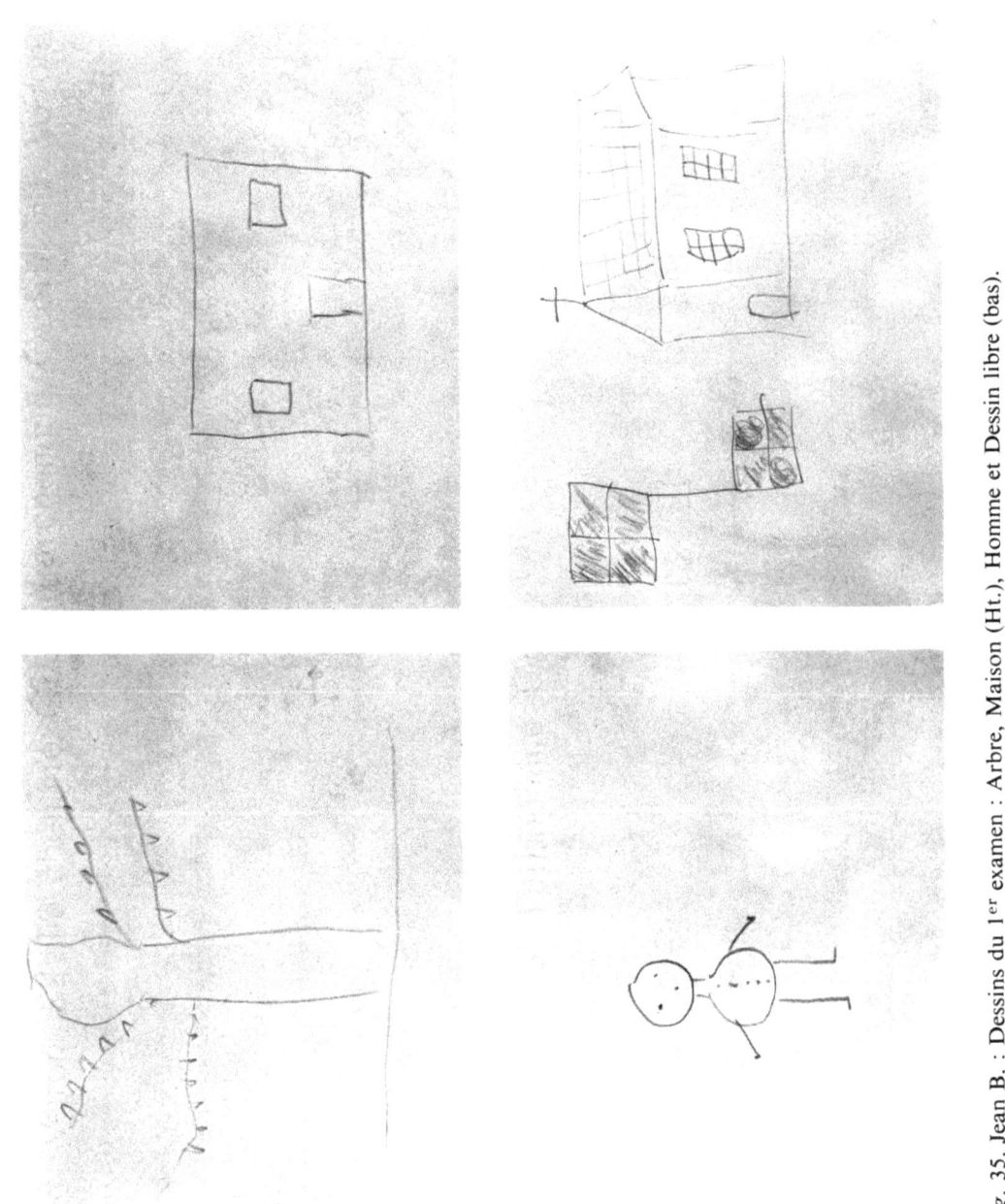

Fig. 35. Jean B. : Dessins du 1er examen : Arbre, Maison (Ht.), Homme et Dessin libre (bas).

Fig. 36. Jean B. : Dessins sur les mêmes thèmes au 2e examen.

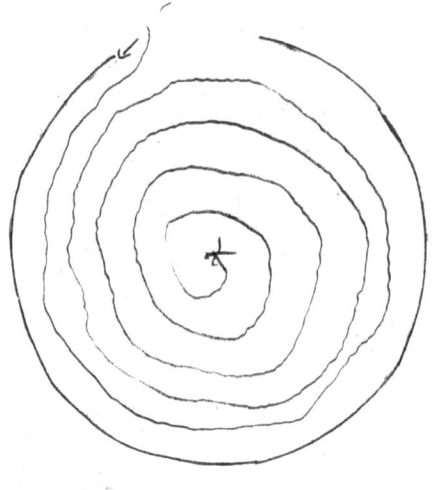
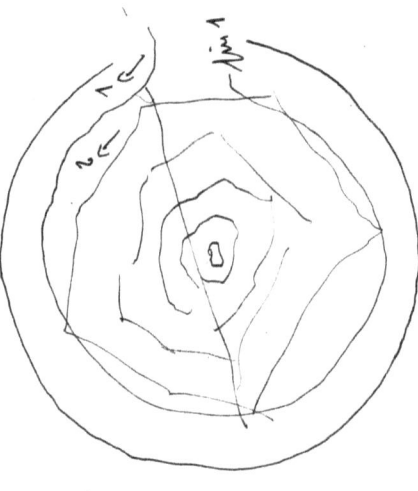

Fig. 37. Jean B. : Balle dans le champ, 1er (g.) et 2e (dr.) examen.

(Rappelons tourner pl.; le fait et tape avec la pl. sur le bord de la table) Hein! La même figure, mais à l'envers, pour moi. Qu'est-ce que vous voulez que je vous dise? Il ne faut pas sortir de St-Cyr pour dire ça! (Boit de l'eau à nouveau) (Enc.) Pour moi, non Madame, ça représente la même chose mais à l'envers. Du beau temps pour janvier...

→ P

Humour

Digr

ENQUÊTE rép. 1 : (Les yeux du singe sont désagréables)

VII

Ah! (Prend id.) Eh bien, vous savez, ça n'a l'air de rien. Si je vous demandais à vous ce que ça représente (en riant)! Pour moi, ça représente tout ou rien. (Pose pl. en continuant à la regarder) Qu'est-ce que ça représente... (La reprend) Écoutez, j'en sais rien...

T R long

1. On dirait une tête... d'animal... qui a été momifiée il me semble, moi je vois ça comme ça. (Montrez!) Ben, tout l'ensemble (désigne tout le noir d'un geste répété).

   G   F —   Ad/Obj

   Ici, en bas, comme un support pour accrocher la tête, comme on fait d'habitude, au mur, chez des chasseurs (mime). (Momifiée?) Plutôt... comment ça s'appelle ça... vous savez, quand c'est travaillé chez les armuriers. (Cherche encore le mot, il veut dire « empaillée ») (Tête A?) Comme une tête d'ours.

2. (Sugg. renv. pl. ∨ cherche) Hein, c'est bizarre... Un motif d'ornement toujours accroché au même support.

   G   F +   Décor
           P lien

VIII

Ah, ah! En couleur (prenant la pl.)...

Remarque Cr

1. (Pose pl., la regardant toujours) Des... Des petits animaux accrochés par leur queue, le rouge ici, à une espèce de support, là, voyez-vous, là (gris).

   D   F C   A/Obj ban
           P lien

   ENQUÊTE : Des petits lapins (rouge). Ils sont accrochés par la queue à un

	ornement (gris); un objet d'ornement qui ressemble à un vrai lapin.			
2.	En dessous, deux petits sujets jaunes avec des taches brunes sur le derrière, ici, sur le dos. (?) Comme des petits lapins.	D	C F → (c) F	A
	ENQUÊTE : Ils se redressent sur leurs pattes. Ils gambadent.		(F K)	
3.	Plus bas c'est deux sujets bleus, ça représente deux oiseaux... bleus (Parle d'un avion qui s'appelait l'Oiseau Bleu)	D	C F	A
4.	En bas qu'est-ce que c'est (marron)... Deux... j'en sais rien... Deux figurines aussi. (?) Ben, des motifs d'animal... avec, ils ont chacun une queue bien sûr, ici ils ont une crête sur la tête avec chacun un œil noir brun (A vus à l'envers).	D	F C	A/Obj
	(Se lève pour boire, dit qu'il est mieux que la dernière fois, que la cure de sommeil lui a fait du bien)		Digr	
	(Sugg. renv. pl.) ∨ Alors, la partie supérieure (marron), je vois comme deux paons, deux paons, vous savez.			
	ENQUÊTE : (A → ornement aussi)			
5.	En dessous ici sur les côtés (désigne orange, geste répété), comme deux petits animaux qui se dressent sur leurs pattes de derrière.	D	F K	A
(3)	Alors ici dans le milieu toujours la même chose, des oiseaux bleus, pour moi.		Répét	
6.	Plus bas, des chiens qui lutteraient ensemble (jaune).	D	F K	A
7.	Et plus bas, un tronc d'arbre ici (gris, geste adhésif).	D	F (c)	Pl
	ENQUÊTE : Tronc ouvert, comme s'il avait été (mime)... comment dirais-je, entaillé.			
	Ma foi, rien d'autre, Madame. (Dit qu'il ira lundi chez le dentiste, demande si nous ne l'appellerons pas, raconte comment il s'est cassé une dent)		Digr	

IX

(Prend id.) Tout ça c'est bien beau, je vois ce que c'est, mais pour décrire c'est pas facile. Des motifs, de la peinture abstraite quoi.

1. En haut, en rouge brun, on dirait des grappes de raisin. — D — F C — Fruit

2. En dessous, deux motifs en jaune (marron), deux poules accrochées, une de chaque côté, qui se font pendant, la tête en bas. — D — F C → F K — A/Dessin

3. En dessous, en bleu, on dirait un papillon. — D — F C — A ban

4. Et plus bas, en rose (mauve), on dirait un... un chat-huant... comme il a déployé ses ailes. Y en a beaucoup de gens, ils les accrochent chez eux (mime). (Regarde ailleurs) — D — F Clob → F K P kin. et lien — A

   ENQUÊTE : (Chat-huant vivant, on voit ses yeux)

   (Rapp. tourner pl.) ∨ Les mêmes motifs, mais à l'envers, vus à l'envers. — → P

   (Toujours préoccupé par une odeur qu'il sentait dès le début de l'examen — examine son manteau)

   Ces taches là (petites taches accidentelles du carton), on n'en parle pas? (Enc.), Non, je vois rien d'autre, Madame. — Indique Dd

X

1. (Prend id.) Des figurines, c'est le même genre que des oiseaux... des... comment dirais-je, des petits animaux. — G — F C — A/Obj

2. Deux perroquets là (vert méd.). — D — F C — A

3. En dessous des oiseaux (rouge méd.). — D — K — A

4. Là, en bleu (int.), deux têtes de poissons. — D — F + — Ad

5. Je me suis trompé, un gland avec sa queue (bleu id.), comme on trouve dans les forêts auprès des chênes. — D — F ± — Pl

(3) Ici en brun (rouge méd.), deux petits oiseaux qui se font la révérence.

6. Plus bas, en marron, c'est deux paires d'yeux (taches foncées du marron), des yeux d'animal là. — Dd (→ D) — F (c) — Ad

ENQUÊTE : (Demandons si les yeux sont désagréables) Non. C'est bizarre... c'est deux têtes de chiens (marron entier), comme des épagneuls, là on voit mieux. Y a qu'un œil ici et là c'est le museau, c'est à rectifier.

Je crois qu'on a tout dit.

(Sugg. renv. pl.) ∨ Pour moi, je vois la même chose mais à l'envers. Oui, Madame. (Pose pl., la reprend après enc.) Non, on voit beaucoup de choses et puis c'est pas facile à décrire. (Pose pl.)

APRÈS LE TEST

Plus intéressé et plus attentif qu'au premier examen : « la dernière fois je n'étais pas à tenir avec des pincettes ! »

Aime aussi bien les planches colorées que les planches noires. « Évidemment, j'aime mieux les couleurs claires ; mais, dans l'ensemble, elles ne me déplaisent pas. »

Parmi les planches colorées, préfère X : « il me semble qu'il y a plus de vie ».

Teinte préférée : bleu pl. IX.

Parmi les planches noires, préfère II : « elle a plus de vie, plus de mouvement ».

Planche qui déplaît le plus : « Ben, vous savez, elles sont toutes très intéressantes, rien ne me déplaît. » Planche qui plaît le moins : il désigne VII, « y a moins de vie, comme des natures mortes ».

Durée	= 60′		
Réponses	= 38/17		
G	= 10 (1 D → Gz, 1 Dbl/D → Gz)		
D	= 26		
Dd	= 2 (1 → D)		
F	= 8 (− 2)	F + %	= 75
F (c)	= 6 + 1 → (1 → Clob)		
C (F)	= 2 + 2 →		
F Clob	= 3 + 1 →		
F C	= 8		
C F	= 5	Σ C	= 9
K	= 2 + 1 →		

FK	= 5 + 3 → + 1 add	
k	= 1	Σ Kin = 8 — 12 + 1 add
A	= 16 (4A/Obj)	A % = 55
Ad	= 5 (1 Ad/Obj)	
Peau	= 1	
H	= 2 (1 H/Décor)	
Hd	= 1 (Hd/Obj)	
Obj, avion	= 3 ,→	
Pl, fruit	= 3	
Décor	= 6, →	
Tache	= 1	

Les réponses sont devenues plus nombreuses et plus rapides, avec un accroissement proportionnel marqué aux planches colorées et une augmentation importante des grands détails.

Les réponses de forme-couleur et de couleur-forme atteignent un nombre élevé. A côté de cette réaction renforcée à la couleur, apparaît, avec des réponses d'estompage — F (c) et (c) F — une sensibilité aux nuances.

La pl. IV donne lieu à une réponse F Clob banale accompagnée de kinesthésie, elle ne provoque plus de blocage. Un choc Clob, plus tardif, se produit seulement à la pl. VII (plus sombre dans la série Behn-Ror que dans les planches Ror.). Parfois, des « yeux » sont remarqués dans de petites taches foncées.

Les kinesthésies ont la même importance qu'au 1er examen. Quelques-unes ont pour thème la danse, la révérence. D'autres ont un caractère épilepto-sensoriel plus accusé, par le lien (« s'appuyer sur », « lutter ensemble »), l'indication de la position (« assis sur », « se dresser sur », « la tête en bas »), la persévération d'un mouvement de déploiement lié d'abord à l'image des ailes (IV 1, V 1, VI 1).

A côté de l'image du support qu'on retrouve, nous notons une persévération marquée de l'expression « accroché ». En général, la persévération s'est renforcée. Le langage est continuellement lié par des mots comme « sur, en dessous, au-dessus, et, avec, qui... ».

En regard de la poussée sensori-motrice qui s'exprime par l'augmentation des grands détails, de la réaction à la couleur et de la persévération, ainsi que par le langage très lié, s'affirme cependant un élément d'un autre ordre : le thème décoratif, avec des expressions tendant vers la stylisation comme « ornements », « motif » ou « figurine » et des images où parfois le vivant est transposé en objet, tout en restant animé par la couleur, la kinesthésie ou le lien.

La poussée sensori-motrice apparaît nettement aux pl. IV, V, VI et IX, en même temps que régresse l'action inhibitrice du noir et que la couleur s'épanouit.

2ᵉ épreuve de dessin (fig. 36)

Les contours ne présentent plus les discontinuités du 1ᵉʳ examen. La couleur s'étend davantage et, en partie, s'éclaircit.

Dans le premier arbre, qui n'est plus tracé en violet mais au crayon — de même que tous les autres dessins — une surface arrondie remplace la base linéaire du 1ᵉʳ examen; le tronc est moins large mais aussi plus souple, incliné vers la droite dans sa partie supérieure. Des feuilles dessinées en vert habillent les branches et un coloris marron rougeâtre couvre la surface du tronc et de la base. C'est avec cette couleur, plus vive et plus gaie que le marron employé au 1ᵉʳ examen, que sont faits le sol, puis la surface d'un tronc plus épais et très sinueux, dans le dessin du 2ᵉ arbre, porteur aussi de feuilles vertes.

La maison est beaucoup plus détaillée qu'au 1ᵉʳ examen : la façade présente une porte voûtée avec de petites vitres et des fenêtres aux carreaux irréguliers dont le tracé est recouvert de bleu; elle est surmontée d'un toit asymétrique garni de tuiles repassées en marron clair et d'une cheminée d'où s'échappe vers la droite une fumée en guirlande. Un commentaire verbal accompagne l'exécution de ce détail sensoriel qui apparaît maintenant : « pour pas qu'il pleuve dans la cheminée, j'ai mis un chapeau ».

Le dessin de l'homme est moins schématique, lui aussi, et plus grand. Le visage est dessiné de face, tandis que le corps et les pieds se tournent un peu de côté, avec un bras qui se tend en direction de la marche. A la place des trois points auxquels se réduisaient les traits du visage, on voit — colorés en bleu — des yeux arrondis et une bouche qui s'élargit. Le bras et les jambes ne sont plus linéaires, ils acquièrent aussi une épaisseur. La rangée de boutons, qui n'est plus centrale et d'ailleurs mal placée par rapport au bras, est marron clair. La forme est mal construite et le tracé imprécis, mais l'image a pris plus de consistance.

En composition libre, deux thèmes sont exécutés, chacun sur une feuille. Le malade — qui a soif et boit au cours de l'examen — dessine d'abord une bouteille avec un nom d'eau minérale inscrit dessus et un verre, reposant sur une ligne de base. Sur une deuxième feuille, l'image de l'église du 1ᵉʳ examen revient, en partie modifiée, tout en gardant des notes dépressives. En ajoutant au crayon du marron clair, le malade représente l'église de sa ville, avec deux longues rangées de fenêtres de formes irrégulières et, sur le côté gauche, toujours sa croix au sommet et la porte. Sur celle-ci, il ajoute maintenant le dessin d'une croix : « la porte est fermée et il y a une croix dessus ». Les tuiles du toit s'inclinent à présent vers la droite, en même temps que les murs latéraux se couvrent de traits qui montent obliquement dans la même direction.

Des autocritiques sont formulées à la fin des dessins, sur un ton humoristique.

2ᵉ épreuve de la Balle dans le champ (fig. 37)

Le sujet dessine cette fois une spirale, par un tracé légèrement festonnant (tremblement sous l'effet du traitement) mais continu, en ajoutant au centre une croix qui désigne le ballon.

Au 2ᵉ examen, la poussée sensori-motrice accompagne un ralentissement du tracé E.E.G., où des rythmes thêta nombreux et amples apparaissent spontanément, et un effet stroboscopique plus marqué.

Cette poussée va de pair avec une amélioration clinique importante sous l'action du traitement, qui a fait régresser la dépression mélancolique de Jean B., de même que cela s'était produit chez André B.

Au moment de l'état mélancolique aigu que présentaient d'abord les deux frères, l'examen psychologique, en particulier le Rorschach, montrait des formes en partie différentes de l'inhibition dépressive, dans un cadre typologique plus schizo-rationnel chez André que chez Jean B. Nous notions alors à l'E.E.G. une sensibilité à l'hyperpnée et à la S.L.I. chez Jean seulement.

Les modifications constatées après traitement posent, dans les deux cas, le problème d'une intrication partielle entre la poussée sensori-motrice et les variations de l'humeur allant de la dépression à l'excitation. Nous connaissons le concomitant E.E.G. de la première et nous comprenons qu'à côté d'autres processus qui probablement s'y ajoutent, elle agit sur l'état dépressif par l'effet dynamogène qu'elle comporte.

OBSERVATION RAYMOND C.

Raymond C., 47 ans, présente un état dépressif, avec asthénie, céphalées, anorexie et insomnies, troubles mnésiques. Il est irritable, hypersensible au bruit, sujet à des crises de larmes. Il souffre de céphalalgies frontales et pré-orbitaires ; depuis quelques mois, s'y ajoutent des douleurs au creux épigastrique. Il a arrêté tout travail depuis un an et demi.

Il y a 3 ans, il a été blessé à la tête, dans la fonderie où il travaillait, par la chute d'une barre de fer ; plaie du cuir chevelu, pas de perte de connaissance.

Il y a un an et demi, il a subi une série d'opérations pour appendicite, éventration, hernie avec rechute.

Raymond C. a eu une enfance maladive ; méningite cérébro-spinale à 5 ans.

Il est allé à l'école jusqu'à l'âge de 13 ans, sans obtenir le certificat d'études primaires. Il a travaillé ensuite chez ses parents, herbagers, jusqu'au service militaire, puis comme manœuvre. En captivité pendant 5 ans au cours de la guerre, il a souffert alors, à l'âge de 30 ans, d'un rhumatisme articulaire aigu avec atteinte cardiaque (qui n'a pas laissé de séquelles). Marié à 35 ans, il a quatre enfants, dont le plus jeune est malade depuis un an ; sa femme a aussi des soucis de santé. Raymond C. a travaillé dans plusieurs fonderies comme manœuvre et a connu des périodes de chômage.

La débilité mentale est probable. Il sait lire, écrire et compter. Il s'intéresse à l'actualité, connaît les événements, mais les comprend très mal.

Nous pratiquons 5 examens à une semaine d'intervalle : le 1er avant la cure de sommeil, le 4e le dernier jour d'une cure de trois semaines, le 5e sept jours après sa fin ; un 6e examen a lieu trois semaines plus tard. L'E.E.G., le dessin et le P.M.K. sont effectués à tous les examens ; le Rorschach aux 1er, 3e et 6e ; la Figure complexe de Rey aux 1er, 2e, 5e et 6e.

Au moment du *1er examen*, quelques jours après son hospitalisation, le malade n'a aucun traitement.

Maigre, le front très ridé, le visage triste, la voix faible et plaintive, il parle dès l'abord de ses douleurs. Il raconte la suite de ses diverses maladies, ses soucis de famille, son découragement.

Il se montre docile, coopérant, à l'E.E.G. comme aux épreuves psychologiques.

E.E.G. (fig. 38)

Le tracé est plat, presque dépourvu de rythme alpha. A l'hyperpnée, on voit quelques bouffées alpha à 10 c/s de très petite amplitude et espacées, un peu mieux dessinées aux moments de fermeture des yeux.

Il apparaît parfois des fréquences thêta irrégulières et des bouffées bêta infravoltées.

La S.L.I. exerce une action d'entraînement, avec des rythmes plus nets entre 5 et 10 é/s; aux fréquences supérieures, on voit des rythmes bêta induits infravoltés.

Aux questions posées sur ce qu'il a vu et ressenti au cours de l'épreuve du stroboscope, le sujet répond d'une façon imprécise : « ça fait mal, ça tirait dans les yeux; ça fait papillon (mime), la lumière pâle; du vert, du rouge; des petits ronds; ça saute ».

Rorschach

Le malade parle à voix basse, l'air triste, soupire parfois. L'indécision s'exprime dans le ton interrogatif, la façon de chercher ses réponses en tournant beaucoup la planche, l'hésitation sur le moment où il met fin à son interprétation.

Le sujet désigne ses réponses, en général de la main droite et, à quelques reprises, simultanément des deux mains. On note quelques gestes circulaires. Une fois, il éloigne un peu la planche à bout de bras, en employant à ce moment une expression rationnelle (V 1 : « c'est toujours la forme, je crois »).

Certaines réponses s'accompagnent de références personnelles. A deux reprises, le test est interrompu par des maux de ventre. Des digressions, ayant toujours pour thème les soucis de santé, personnels et familiaux, reviennent dans les intervalles entre deux planches ou à la fin de la dernière.

(Pl. Ror.)

I

1. (Prend pl.) C'est un papillon, (pose la pl. un peu à sa gauche tout en continuant de la regarder) oui. (Encouragements à reprendre la pl.) Voilà la tête (Ht méd.)   G   F +   A ban
→ F (c)

et les pattes (saillies para-médianes Ht), l'abdomen ici (méd. vers le bas, désignation imprécise), ça c'est la queue là (sail. méd. inf.) et les ailes (dét. lat.). (Autre chose?) Ici (petite tache claire centrale)... Description d'un papillon. Je connais pas bien. C'est un papillon tigré ça, taché, un papillon de couleur.

(Suggérons tourner pl.) ∨ Je vois pas. (Enc.) Oui... un papillon ça a des tentacules (pte saillie méd. bas). Après je vois pas. < > ∨ Je vois pas... Non, je vois pas. Je crois que c'est à peu près tout comme description.

→ P
en renversant la pl.

Enquête : Un papillon en découpe.

II

1. C'en est encore un. C'est un papillon ça. ∨ Je sais pas.   G   F C   A

2. ∧ C'est pas une chauve-souris? La tête, les yeux là (gris méd. bas avec les taches foncées). Ça c'est les ailes là (noir lat., geste ondoyant). Ça c'est ce qui l'aide à voler, je crois, la queue. Ici c'est les pattes, non? C'est une vraie souris, à part que ça a des ailes. J'en ai déjà vu de près, ça voyage la nuit. Je ne vois pas grand-chose, ça doit être à peu près tout. < ∧ Ça vit beaucoup d'insectes, la chauve-souris. (Pose doucement la pl., laisse sa main dessus et la regarde encore)   G/Dbl   F Clob   A

   (Sugg. tourner pl.) < ∨ (Tourne la pl. lentement) Ça doit être tout, je crois. > Je ne vois plus rien (sourire gêné, lâche pl.). (Renversons pl., enc.) ∨ Ça c'est le corps de la bête (blanc central). Je ne vois plus.   P

   Enquête : (Tête de la chauve-souris) C'est plutôt la tête d'un serpent (rire gêné).

3. Ça a pas la forme d'un papillon (rouge méd. Ht)? (Il enlève son foulard parce qu'il a chaud et soupire) > La tête du papillon, c'est tout le contraire de la chauve-souris (la tête de la chauve-souris, gris méd., se trouve à l'opposé du papil-   Do   F +   Ad

lon, rouge méd.). C'est la tête du papillon ça?

(Remettons pl. à l'endroit) ∧ Je vois pas, non je vois pas.

III

1. ∧ > ∨ > ∨ C'est le corps d'un papillon ça... je crois, je peux me tromper. Ça représente le squelette d'un papillon. C'est ça? Ça c'est la tête (gris méd., Ht), les pattes (pointes grises para-méd.), ici c'est les ailes (désigne simultanément des deux mains noir lat. Ht droit et gauche), ici c'est le corps du papillon (rouge central), ça je sais pas (rouge lat.). C'est pas les pattes du papillon? Si, je crois. > ∨ > ∨ Je vois pas. > ∨ (Soupire)   G   F —   A/Ost

   (Sugg. tourner pl.) ∧ (Enc., relève la pl. qu'il avait posée) Je ne vois pas, (pose pl.) je ne vois pas. (Reprend après enc.) ∧ > ∧ Je vois pas...

2. On dirait plutôt un oiseau (noir sup.), plutôt le type d'un oiseau, le bec et la tête, le cou (tête H ban.), plutôt la forme d'un oiseau et son corps ici (corps H ban.), ça c'est la queue. (Il se plaint d'avoir mal au ventre, courte interruption)   D   F +   A

   (Remettons pl. ∧) Je peux pas dire...

   ENQUÊTE : (Sugg. H) Pour moi, non. (Insistons) Non, non, c'est pas la forme d'un homme, plutôt un oiseau. (Insistons) C'est ici alors (désigne cette fois noir inf. jambe ban.). (Où sont les mains?) Ce serait là (ban.). C'est une forme spéciale alors. (Sugg. K) Ils se regardent.   (G   F +   H ban)

IV

(Touche pl. avec un peu de retard)

1. ∨ ∧ C'est une chauve-souris? Je reconnais aux ailes (lat.). Y en a plusieurs sortes (en nous regardant)? Ça ses tentacules (pointes dét. méd. bas), les yeux là (taches foncées lat. du dét. méd. inf.), le   G   F Clob   A ban

corps, le tronc (méd.), c'est la queue ici (Ht méd.), puis les pattes (append. lat. Ht). (Soupire) ∨ ∧ C'est tout à peu près, la description de la chauve-souris. ∨ Je vois en grand, quand elle vole (montre les ailes). (Remettons pl. ∧) Elle plane. (Autre chose?) Non. > ∧ Non ∨. → F K   P

V

1. (Prend pl.) ∧ ∨ ∧ C'est une petite ça,   G   F +   A ban
c'est une chauve-souris encore, il me   → F K
semble. C'est toujours la forme, je crois
(éloigne la pl. à bout de bras gauche en
disant « forme »), c'est les oreilles là, son
cou et le dos, puis les pattes (centre de Ht
en bas), puis les ailes (lat.). ∨ ∧ C'est
tout. (Enc.) ∨ ...

ENQUÊTE : En train de voler.

VI

(Regarde pl., puis la prend ∨) Je ne vois pas ce que c'est.

1. ∧ C'est un papillon? Je crois que ça doit   D G   F (c) —   A
être un papillon. Sa tête, ses tentacules,   → F Clob
ses yeux (Ht méd. avec petites pointes lat.
et taches foncées int.). (Se plaint d'avoir
mal au ventre) Ça c'est le dos, le cou, le
dos, puis la queue ici (noir central de haut
en bas); c'est les pattes ici (petits append.
lat. du corps de la tache). ∨ Oui, c'est ça.
(Soupire) < ∨ Je vois pas.

ENQUÊTE : Découpe, croquis.

(Quand nous enlevons la pl., le malade   Digression
nous dit qu'il a encore « pas mal de
mémoire »; « c'est plutôt les nerfs ». Il n'a
pas reçu de réponse à la lettre qu'il a écrite
à sa femme. Il parle aussi de son enfant
malade).

VII

1. C'est un papillon ça. Ça c'est la tête ici   D G   F —   A
(centre du D inf.), ça c'est le corps
(désigne de la main gauche blanc central,
geste insistant), là c'est les pattes ici

(append. Ht du 1/3 sup.). (Soupire) ∨
C'est tout, je vois rien. Ça c'est le tronc
(1/3 sup. et moyen) du papillon. C'est
une découpe d'un papillon.

(Quand nous enlevons la pl. il demande   Digression
s'il verra l'oculiste, dit que sa vue est
faible. Il parle aussi de ses cinq ans de
captivité en Allemagne et de ses rhumatismes.)

VIII

1. ∧ ∨ C'est encore un papillon. C'est la   D G   F C —   A
   tête du papillon (orange Ht, geste en
   rond), ça c'est le tronc et la queue ici
   (bleu et gris), puis les ailes ici (rose
   lat.). (Se plaint d'avoir mal au ventre
   — courte interruption).

2. (Enc.) Non, non. > < On dirait une bête   D   F +   A ban
   (rose ban). Je sais pas ce que c'est, on   → F K
   dirait un loup. > Un genre de loup, ça,
   < il me semble. Ça a la tête d'un chien,
   les pattes, la queue, le corps. ∧ Je ne vois
   plus rien là-dessus.

   ENQUÊTE : Il court.

IX

∧ ∨ < (Soupire)

1. ∨ C'est un papillon? Ça c'est les tenta-   D G   F C —   A
   cules (orange), la tête ici, le dos, la queue
   (centre de bas en Ht), puis les ailes (vert).

   ENQUÊTE : Une découpe.

2. > On dirait une tête d'une bête, un chien   D   F (c)   Ad
   ou un ours, je sais pas ce que c'est. < On
   voit bien son nez, puis ses yeux et le
   crâne là, le cou là (rose tête Hd ban).
   (Soupire) Je ne vois plus. < ∨ ∧ < Non.
   ∧ > Ça fait deux bêtes. (Soupire et pose
   pl.) ∧ Je ne vois plus rien.

X

∧ ∨ ∧ (Hausse les sourcils) ∨ Je suis
en train de chercher, mais je vois pas.

1. > C'est un papillon? C'est la tête ici   D/Dbl   F C —   A
   (gris méd.), ça c'est le tronc (blanc méd.),   → C F

puis la queue (vert entier méd.), puis les ailes là (rose), les pattes (gris lat.). (Il voit les détails progressivement, avec difficulté.)

Enquête : Découpe.

2. Ça, ça ne fait pas partie du papillon, je crois (bleu lat.). ∧ C'est pas un écureuil sur un arbre? C'est tout petit, on voit les oreilles, la tête là, le corps, les pattes, puis c'est la queue ici. Ça grimpe sur les arbres. Il est sur un arbre. Il observe... Il est en train de manger. Je ne sais pas ce qu'il fait. D F K A
    P]

(1) Ça, c'est des couleurs du papillon. Ici, jaune, rouge (taches foncées du jaune méd.), marron (lat.). Y en a plusieurs couleurs de papillons. Quand on était petit, on les ramassait.

3. (Renversons pl.) ∨ On dirait la tête d'une bête, on voit le nez, la tête, le dos, puis son ventre, on voit son museau (orange ext.). (Quelle bête?) < > Je ne peux pas distinguer ce que c'est. Une bête, mais comment, je sais pas. Je sais pas si c'est un cochon... la tête assez allongée. (Soupire.) D F + A
    → F K

Enquête : Le corps allongé, couché.

Il y a longtemps que je ne travaille plus à l'école comme ça (il touche son front — veut dire travail intellectuel). (Demande encore s'il ira voir l'oculiste)

APRÈS LE TEST

« C'est instructif ». Il préfère les planches colorées : « c'est plus tranchant, c'est plus beau ». Les noires sont tristes : « trop sombre, trop ombrageux ». Parmi les planches colorées, préfère : IX, « une belle découpe de papillon ». Pl. X, « c'est une découpe aussi, parce que c'est départagé par les couleurs » (D séparés). Le papillon de la planche VIII est vivant. Teinte préférée : rose pl. X; « j'aime bien les couleurs gaies ». Parmi les planches noires, préfère V : « j'ai déjà vu chez nous, c'est naturel, c'est vivant ». Pl. IV, A vivant. Pl. VII déplaît : « ça représente juste un tronc, une découpe ». Pl. III déplaît aussi.

Durée	= 1 h 10′		
Réponses	= 17/7		
G	= 10 (1 G/Dbl, 4 D G) + 1 add		
D	= 6 (1 D/Dbl)		
Do	= 1		
F	= 8 (— 2) + 1 add	F + %	= 75
F (c)	= 2 + 1 →		
F Clob	= 2 + 1 →		
F C	= 4 (1 → C F)	Σ C	= 2 — 2,5
F K	= 1 + 4 →	Σ Kin	= 1 — 5
A	= 15 (→ Ost et croquis)	A %	= 100
Ad	= 2		
H	= 0,1 add		
Hd	= 0		

Le sujet paraît considérer l'épreuve comme une tâche intellectuelle, liée à des connaissances : « je connais pas bien » (I), « il y a longtemps que je ne travaille plus à l'école comme ça » (à la fin de la pl. IX), « c'est instructif » (appréciation après le test). [1]

La production est pauvre, les formes banales ou mal vues, les contenus stéréotypés. A partir de la globale banale du début « un papillon », cette réponse se répète tout au long du test, dans une série de G — qui, après les planches noires, persistent aux pl. VIII et IX —, un D (X 1) et 1 Do (II 3).

En général — et cela ajoute une note sensorielle et quelque peu infantile au mode de perception — les réponses, G et D, s'accompagnent d'une énumération de détails où s'introduit le mot de lien « puis » et qui persévère parfois au renversement de la planche.

L'image des « ailes » s'impose dès le début; mais le « papillon » est vu comme un « squelette » à la pl. III et, par la suite, considéré plutôt comme « une découpe, un croquis ».

La kinesthésie du vol s'exprime à la pl. IV, s'accompagnant d'une persévération nette de l'image de la « chauve-souris » au renversement

---

[1] G. GANIDEL, dans son étude du Rorschach chez le débile mental, remarque « que c'est plutôt à ce qui lui est le plus difficile, à l'effort de compréhension qu'il fait appel devant l'épreuve »; il cherche « à comprendre, lui justement qui comprend mal » : « Les mauvaises formes chez le débile et chez l'épileptique », *Cahiers du Groupe Françoise Minkowska*, 1960, p. 31.

de la planche : « je vois en grand, quand elle vole » ; dans la planche vue à l'endroit, « elle plane ». Il y a une kinesthésie de lien à la pl. X : « un écureuil sur un arbre... ça grimpe sur les arbres », où s'introduit cependant une attitude rationnelle : « il observe ».

Il n'y a ni kinesthésie, ni réponse de couleur à la pl. III, dominée par une forme globale ostéologique comprenant le rouge aussi bien que le noir : « le squelette d'un papillon » (rép. 1, pl. $\vee$). Dans la réponse suivante, un grand détail vu dans une partie du noir, l'image de l'« oiseau » est introduite par les formules : « on dirait plutôt... le type d'un... la forme d'un » (rép. 2, pl. $\wedge$). Les figures humaines suggérées à l'enquête sont difficilement acceptées et « c'est une forme spéciale alors ».

Des réponses forme-couleur — ayant toutes le même contenu, « un papillon » — apparaissent à la pl. II et aux trois planches colorées, avec une réaction à la couleur plus marquée dans la dernière (X 1 : F C → C F).

Des réponses F Clob sont provoquées par les pl. II, IV et VI, accompagnées toujours de l'image anxieuse d'« yeux » vus dans de petites taches foncées.

Dessin

Le sujet dessine avec application. Quelques questions avant de commencer, quelques arrêts hésitants, le tracé en partie hachuré et repassé expriment le doute. Mais d'autres fois le trait est directement appuyé et, en général, il est bien visible. Les formes sont concrètes et détaillées. Le coloris est tantôt vif, tantôt plus dépressif.

Les arbres ont des racines et portent des fruits rouges et jaunes ; mais on remarque, dans le premier, le dessin mal assuré des branches et de leur insertion dans le tronc. La maison — « une maisonnette de campagne » — a une cheminée (qui ne fume pas), des marches devant la porte et « un peu de verdure » ombrée de noir en bas, une gouttière sur le côté, le toit et les murs couverts d'un quadrillage tracé en rouge ; son relief est senti ; elle laisse un espace blanc autour (fig. 39). Le dessin du personnage, « un petit garçon » vu de face, est d'une facture enfantine, avec ses mains aux doigts écartés d'une façon primaire, le petit détail très apparent des boutons du veston ; les traits du visage sont marqués ; dans le coloris, le noir, le marron et le bleu dominent (fig. 39). Pour le dessin libre, le sujet choisit une armoire qui se trouve dans la salle d'examen : contours droits et fermés cernés de noir, surface vert foncé.

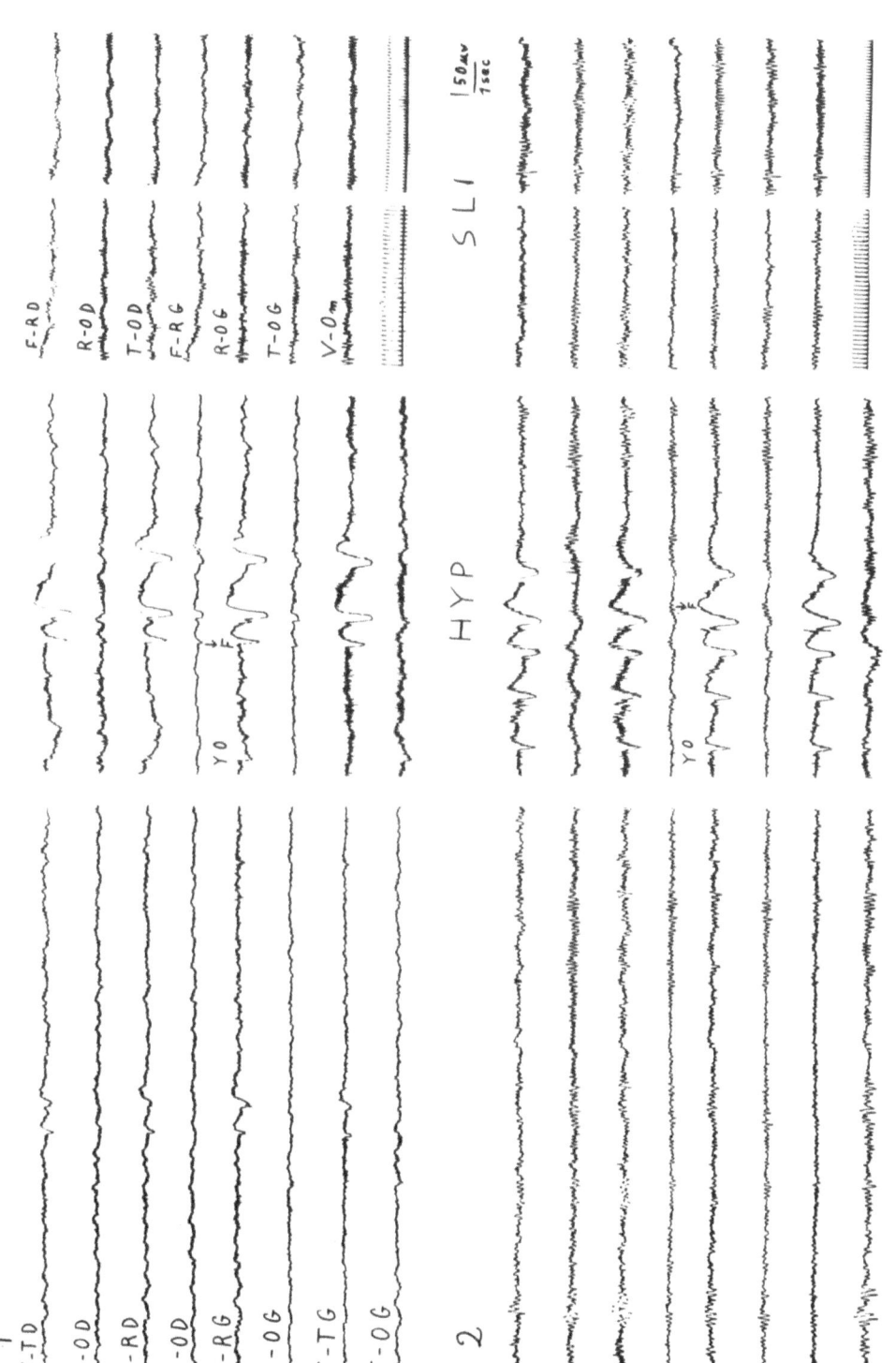

Fig. 38. Raymond C. : 1er examen, avant traitement; 2e examen, après une semaine de cure de sommeil.

Fig. 39. Raymond C. : Dessins de la Maison et d'une Personne, 1ᵉʳ (g.) et 2ᵉ (dr.) examen.

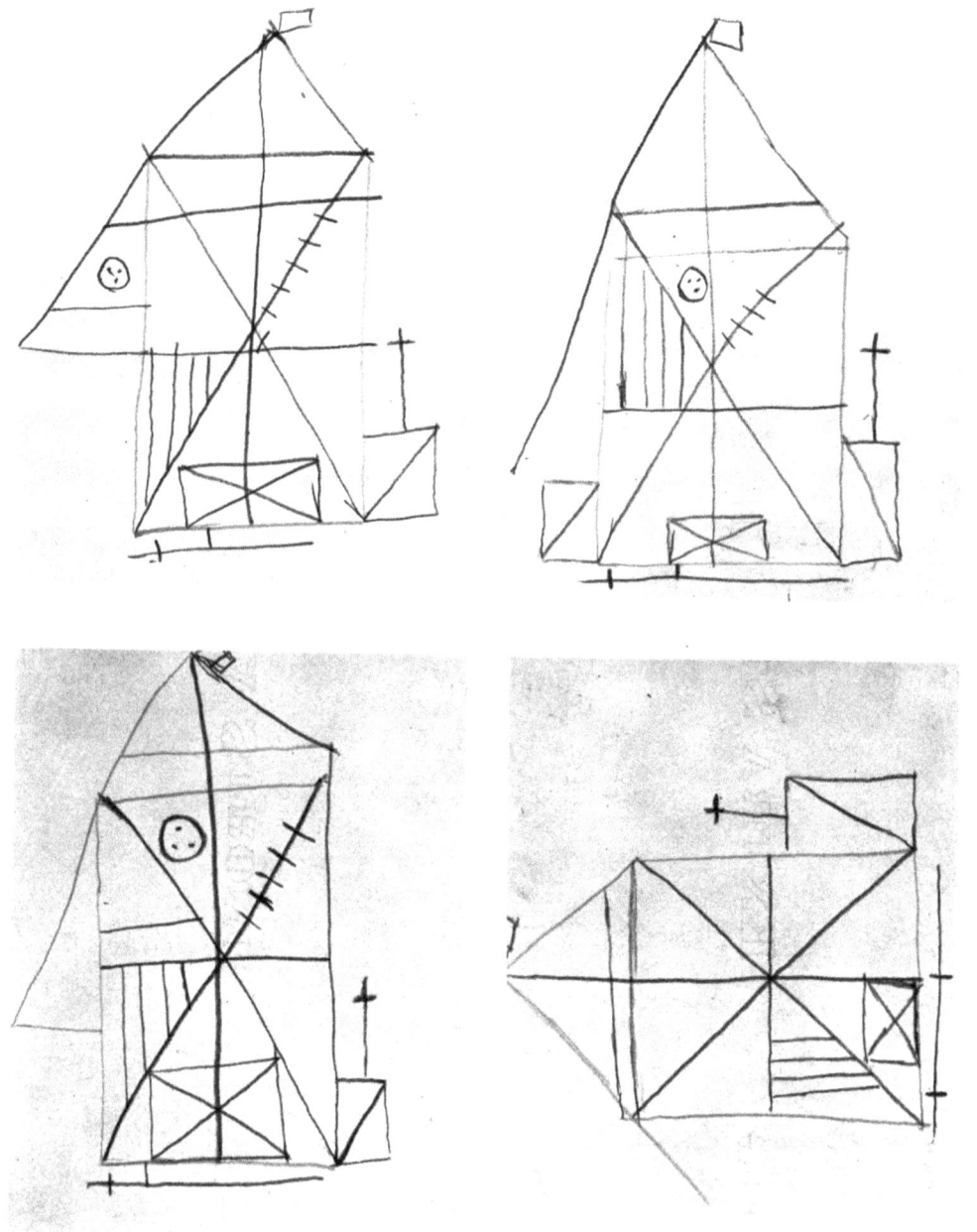

Fig. 40. Raymond C. : Figure de Rey, copie (Ht.) et reproduction de mémoire (bas), 1er (g.) et 2e (dr.) examen.

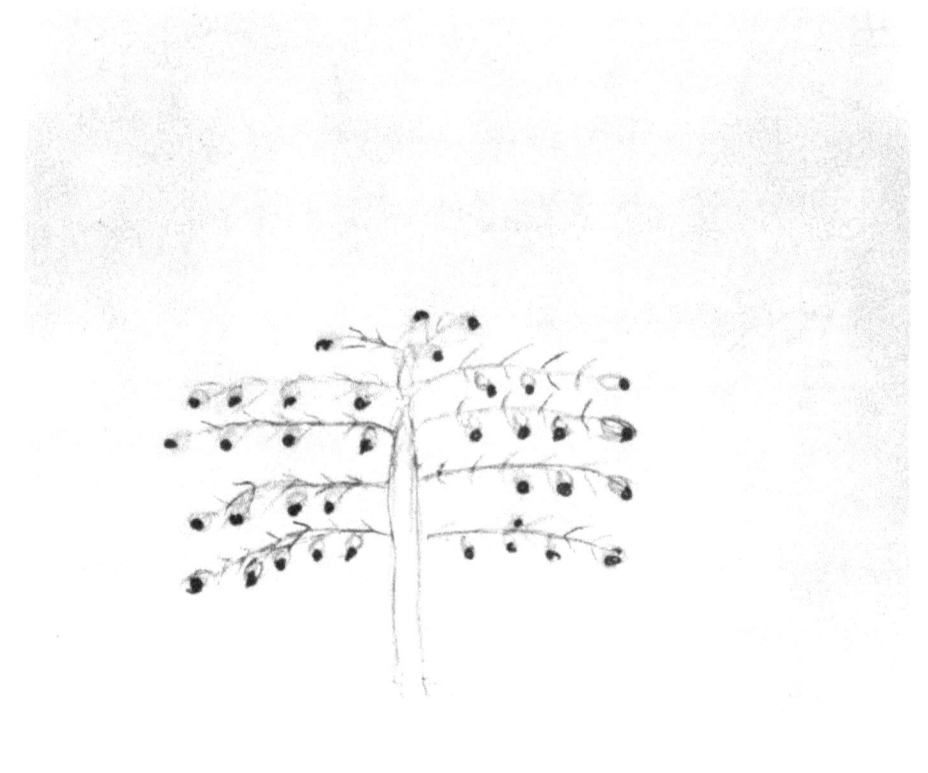

Fig. 41. Raymond C. : Dessin de l'Arbre, 1er (Ht.) et 3e (bas) examen : avant traitement et après deux semaines de cure de sommeil.

P.M.K.

On remarque des difficultés à couvrir le modèle et des déformations : les zigzags sont commencés par un mouvement homologue des deux mains; les marches de l'escalier se transforment en angles aigus et les deux branches descendantes s'incurvent vers l'axe; les chaînons prennent des formes allongées et à tendance polygonale dans la chaîne égocipète gauche.

Les agrandissements sont fréquents. Les chaînes présentent cependant des pelotonnements. On note une déviation vers l'axe des zigzags égocifuges — accompagnée de boucles — de la chaîne égocifuge gauche, des deux U sagittaux qui accentuent ce mouvement de fermeture en s'abaissant en même temps vers le sujet; des torsions axiales de la chaîne égocipète gauche, des parallèles égocifuges gauches, des parallèles égocipètes droits; tandis que des déviations vers l'extérieur ont lieu dans les deux linéogrammes horizontaux et les cercles de la main droite. La déviation dépressive vers le bas est marquée dans le linéogramme vertical droit et les deux U verticaux; la déviation secondaire des linéogrammes et U verticaux se fait vers l'axe à la main gauche et vers l'extérieur à la main droite.

Figure complexe de Rey (fig. 40)

Copie : type de construction IV; 39 points (centile 10); durée 5′ (centile 25).

La construction du cadre s'entremêle d'autres éléments, sans plan, et il y a une confusion dans la jointure inférieure droite entre le grand rectangle et le triangle latéral; le losange est déformé. La figure est agrandie; le tracé manque de précision, malgré la recherche de repères. Au cours de l'exécution, la feuille est tournée à la verticale et c'est dans cette position que l'épreuve est terminée.

Reproduction de mémoire : type de construction II; 21 points (centile 40), durée 5′.

La figure est redressée, le triangle latéral du modèle et le losange se plaçant au sommet. La construction part du contour formé par trois côtés du grand rectangle et les deux côtés extérieurs du triangle latéral (sur le modèle). Le triangle supérieur (devenu latéral) est inachevé, la croix verticale (horizontale dans l'exécution) n'est pas rattachée au cadre et le rond manque. Le trait est appuyé et des repères sont utilisés, comme dans la copie.

Deux jours après le 1ᵉʳ examen, commence la cure de sommeil, qui dure 21 jours; 278 heures de sommeil, avec une moyenne journalière de 13 h. 14′; 7,6 g. Eunoctal en comprimés à 0,10, 5,5 g. Immenoctal en comprimés à 0,10, 1,375 g. Largactil en injections à 0,025.

2ᵉ examen après la première semaine de cure de sommeil.

(Le traitement est encore pratiqué le matin, puis suspendu au cours de la journée d'examen. L'examen commence au réveil, à 11 h. 30).

Le malade est un peu excité. Il parle beaucoup et avec une certaine familiarité. Il se déclare satisfait de la cure : « le moral est meilleur, je suis content ».

Dans la salle de traitement, on a noté aux heures de repas : très communicatif, aime beaucoup se mêler des conversations des autres.

E.E.G. (fig. 38)

Le tracé est constitué à présent par un rythme de base occipital à 8 c/s, d'environ 25 µv, assez continu, auquel s'entremêlent parfois des fréquences à 6 et surtout à 7 c/s. Les fréquences bêta infravoltées, à dominance frontale et diffusant sur toutes les dérivations, sont nombreuses.

La réaction d'arrêt à l'ouverture des yeux est parfois insuffisante, surtout durant l'hyperpnée.

L'action d'entraînement de la S.L.I. s'exerce entre 5 et 13 é/s, avec des rythmes induits plus amples que sur le premier tracé.

Le malade dit spontanément, à propos du stroboscope : « c'est beau comme couleur, rouge, vert » et répond à nos questions : « des triangles (mime la forme avec ses mains), des tout petits, je peux pas désigner ce que c'est (mime encore); ça bouge comme un film, ça revient, ça s'en va (mime beaucoup) ». La réaction à la couleur est plus vive, l'expression du mouvement est davantage accompagnée par le geste et paraît impliquer un enchaînement d'images (« film »).

Dessin

Le malade travaille avec intérêt, au début en silence, ensuite en apportant quelques commentaires, des appréciations, des critiques.

Les arbres sont plus grands qu'au 1ᵉʳ examen, le premier ne laissant plus d'espace blanc au bas de la page et le deuxième s'élevant davantage en hauteur; le noir des racines et de la terre est plus soutenu. Dans le premier arbre, l'insertion des branches dans le tronc et leur déploiement en lignes arrondies est plus harmonieux. Le tronc du deuxième n'est plus blanc, mais couvert de vert.

La maison s'étend sur toute la page, d'une façon démesurée ; en haut, la place manque ; les traits montent davantage en oblique et parfois ils débordent le papier. Les formes sont maintenant mal construites, confuses, mais les détails sont bien apparents. Le sujet dit : « une petite maison ouvrière avec la gouttière, puis une petite pelouse verte avec l'escalier ». Le mouvement en rond est marqué dans l'exécution de la grosse poignée de la porte. Le crayon n'est plus du tout utilisé ; dans un coloris vif et bariolé, le rouge, le jaune, le noir, le vert et le bleu s'entremêlent. (fig. 39)

Le personnage est toujours un enfant, « un petit bonhomme ». Le crayon est employé au début : « je vais le faire au crayon, c'est plus difficile ». Le dessin s'est agrandi. L'exécution des bras est plus confuse, mais les mains sont grandes ; le détail des boutons prend encore plus de place ; la tête, qui s'inclinait un peu au 1er examen, maintenant se relève. Le coloris est plus soutenu, il est devenu plus vif et plus gai par l'importance qu'y prend le rouge. (fig. 39)

Comme dessin libre, c'est encore un meuble présent qui est choisi, cette fois très proche, la table où nous sommes assis ensemble (« votre bureau »). Exécutée en vert, sans l'aide du crayon, la table, aux contours arrondis (ce que le modèle n'imposait pas), est cernée d'un trait épais jaune. Les tiroirs sont vus d'une façon détaillée. Le trait est appuyé, dans les contours comme dans le remplissage des surfaces. Les formes de ce dessin libre sont moins fermées et moins rectilignes que celles du 1er examen.

Le tracé hachuré intervient peu dans ce 2e examen, le trait est en général appuyé. Les formes se sont beaucoup agrandies ; elles sont, en même temps, plus confuses. Les couleurs sont devenues plus intenses et plus vives ; dans certains dessins, le crayon n'est plus employé.

P.M.K.

Le trait est tremblé et la difficulté à suivre le modèle marquée.

Les zigzags commencent toujours par un mouvement homologue des deux mains.

Les formes sont, en général, encore plus mauvaises et plus irrégulières.

L'escalier descend dans une chute rapide près de l'axe à la main droite, tandis que le mouvement de la main gauche s'élargit. La déviation vers le bas du linéogramme vertical droit persiste ; elle s'exagère beaucoup dans le U vertical droit, tandis qu'au contraire la main gauche s'élève, faisant penser à une labilité de l'humeur.

Les pelotonnements des chaînes persistent.

Une modification dans le sens d'une orientation vers l'extérieur des tracés qui au 1er examen déviaient vers le centre apparaît dans les zigzags égocifuges et les parallèles aussi bien égocifuges qu'égocipètes, le U vertical gauche et les deux U sagittaux. Dans les parallèles égocifuges gauches, alternent des tassements et des décollements [1], qu'accompagne une perte de la configuration. Dans les linéogrammes horizontaux, la déviation secondaire est devenue plus importante.

Cependant, les zigzags et les parallèles égocifuges sont plus tassés et, en général — contrairement au dessin et en apparente contradiction avec les résultats d'ensemble du 2e examen — les tracés sont moins amples que dans le 1er P.M.K.

Figure complexe de Rey (fig. 40)

Copie : type de construction IV ; 27 points (< centile 10) ; durée 4′ (centile 50).

Les tracés sont devenus beaucoup plus imprécis et des déplacements importants se produisent, tel celui du rond, dessiné dans le triangle supérieur. La médiane verticale, déplacée à gauche, ne croise plus au centre les diagonales du grand rectangle. Le malade cherche des repères et essaie des rectifications.

Reproduction de mémoire : type de construction IV ; 20 points (centile 30-40) ; durée 3′.

La figure est moins géométrique qu'au 1er examen. Les éléments sont plus nombreux, tout en comportant d'importantes inexactitudes. Très déplacée à gauche, la médiane verticale ne croise plus au centre les grandes diagonales ; les parallèles sont transposées à droite ; la diagonale du carré inférieur est inversée et un élément symétrique à celui-ci est ajouté en haut du grand rectangle. La croix verticale est maintenant rattachée au cadre et le rond apparaît.

Dans la copie, ainsi que dans la reproduction de mémoire, la figure

---

[1] Ces alternances sont étudiées comme une expression d'adhésivité et explosivité dans les P.M.K. d'épileptiques, par M. LEFETZ : « Essai d'utilisation du test myokinétique de Mira dans la perspective de la typologie de Mme Minkowska », *Cahiers du Groupe Françoise Minkowska*, 1958.

occupe toute la page, comme au 1er examen. Des ondulations du tracé apparaissent maintenant.

Après une semaine de traitement, les formes sont devenues plus imprécises aux trois épreuves psychologiques à un moment où l'état de vigilance s'est abaissé; à l'E.E.G., la réaction d'arrêt est insuffisante. Il est d'autant plus frappant de voir la reproduction de mémoire de la Figure de Rey s'enrichir en détails. Les dessins s'agrandissent et la couleur augmente. Les formes, plus confuses, sont aussi plus liées, plus ouvertes, plus arrondies; le trait hachuré régresse. Une poussée sensori-motrice importante accompagne la transformation, à l'E.E.G., du tracé plat en activité alpha continue, avec amplification des rythmes induits par le stroboscope. Les effets moteurs secondaires du traitement sont visibles dans les traits ondulés qui apparaissent à l'épreuve de Rey et le tremblement au P.M.K.; le dessin ne les met pas en évidence. Faut-il rattacher à une gêne motrice et à un essai réactionnel de contrôle le rétrécissement des tracés du P.M.K., qui fait exception aux variations générales du 2e examen?

3e examen après la deuxième semaine de cure de sommeil.
(Le traitement est pratiqué le matin; l'examen commence à 12 h. 30.)

Le malade est moins excité qu'au 2e examen. Il se déclare content du traitement, il se sent beaucoup mieux qu'avant; mais aussi il le dit avec une insistance qui montre son besoin d'être rassuré.

Dans la salle de cure, on a noté : coopérant et calme.

E.E.G.

Le tracé est constitué, comme au dernier examen, par un rythme de base occipital à 8 c/s; à présent, celui-ci est par moments moins continu. Il s'y mêle des bouffées sporadiques à 7 c/s et, parfois, des rythmes à 9 c/s plus petits. Les fréquences bêta infravoltées, à dominance frontale, sont toujours nombreuses.

La réaction d'arrêt à l'ouverture des yeux est positive sur le tracé de repos, insuffisante sous hyperpnée.

L'action d'entraînement de la S.L.I. rappelle, avec de petites variations, celle du dernier tracé.

Aux questions sur le stroboscope, le malade répond : « ça va; du rouge, du vert; des losanges, des carrés; ça danse, comme au cinéma (mime) ».

Rorschach

Nous comparons ce test à celui du 1er examen, avant traitement.

L'aspect n'est plus triste, bien qu'une inquiétude latente subsiste. On note encore quelques soupirs et des hésitations ; le sujet craint de se tromper, est soucieux du résultat, tourne fréquemment les planches. Au cours d'une digression, à la fin de la pl. IX, il fait des remarques rassurantes sur son état actuel (« pas fatigué, bien calme »).

Des références à des souvenirs personnels s'enchaînent avec certaines réponses.

Le malade tient les planches, qu'il regarde attentivement. Il contourne parfois du doigt l'image vue, cherche aussi ses réponses avec la main, mime.

Il s'adresse souvent à l'examinateur, en l'appelant par son nom.

(Pl Behn-Ror.)

I

(Prend pl.) J'ai déjà vu celle-ci. (Nous lui disons que ce sont d'autres pl.) Ah, bon !

1. ∨ C'est pas une chauve-souris, c'est une chauve-souris en découpe ça, en croquis (passe la main dessus). ∧ Ça présente bien, parce que voilà les pattes de la bête ici, la tête, le dos (gris bas, puis noir méd.), puis la queue (méd. Ht). ∨ C'est comme une vraie souris la chauve-souris. Le museau qu'on appelle (il touche son nez, puis montre sur la pl.). J'en ai déjà vu et c'est difficile à voir, ça ne vole que le soir (parle beaucoup, tout n'est pas noté).   G   F +   A ban/Dessin
  P

   ENQUÊTE : C'est un croquis, pas une coupe.

2. (Enc.) ∧ Ici, on dirait, ça représente deux animaux, un de chaque côté, on dirait deux chiens. Oui, ça représente bien le chien, le museau, la tête, le dos là, puis les pattes et la queue là.   D   F +   A ban

   ENQUÊTE : Ils s'observent tous les deux, ils se regardent tous les deux. Ils sont montés sur quelque chose (ajoute D méd.).   (Gz   F K)

< Oui... ∧ Je vois plus rien. > (Lève la pl. en l'air, la tenant un peu éloignée de la main gauche, puis la rapproche des deux mains) ∨ > ∧ ∨ Non. ∧ Il faut être habitué pour voir (en souriant). < (A posé la pl., mais la regarde encore)

II

Hum, hum... (Soupire)

1.	Y a deux animaux ici... pour dire ce que c'est... on dirait deux chiens (noir ban).	D	F +	A ban
2.	∨ > Ça c'est un lézard, ça (rouge int.). < Il me semble.	D	F —	A
3.	> ∨ > ∨ ∧ Ça c'est un corps humain, le tronc, je crois. (Où?) Ici (gris et noir méd., rouge sup. et inf.). (?) Pour dire, je ne peux pas... c'est d'une bête, le corps d'un chien, c'est la gueule, la tête, quoi (rouge sup.), puis le tronc (noir), le thorax (bl. et rouge inf.).	D/Dbl	F —	Hd/Ad/Ost
4.	Je crois que ça représente une lampe de chevet, il y a l'abat-jour, puis la lampe (rouge sup. et noir méd.).	D	F C	Lumière
	(Le sujet a détaillé la réponse anatomique 3 sur nos insistances; il aurait voulu vite passer à la réponse 4, la « lampe ».) ∨ > ∧ Oui, c'est bien ça. Il fait bon chez vous, Mme H. (chaleur). (Laisse la pl., nous demande si la cure de sommeil doit durer longtemps)		Digression	
5.	(Renversons pl. ∨) Je ne vois pas. (Enc.) C'est plutôt un cœur. La forme (geste en demi-cercle de droite à gauche). Je ne sais pas si je me trompe... Je ne vois plus. ∧ < ∨ Non, je vois plus, Mme. (Quand nous enlevons la pl.) Ça vous fait du travail!	G	F —	Anat
	ENQUÊTE : rép. 2 (les chiens) Ils se regardent à la lampe éclairée (D méd. Ht) (geste de rapprochement des deux mains).		(F K lien méd.)	

III

(Prend pl.) Merci, Mme !

1.	∨ ∧ On dirait deux... deux bêtes ici (noir sup. droit et gauche), un genre d'écureuils, des écureuils pour moi, c'est une idée comme ça, une petite tête fine, le nez (Ht int.), les oreilles, les pattes ici (bras Hd ban.), le corps, le dos. < C'est ceci, encore un ici.	D	F —	A
2.	∨ > ∨ < > C'est un oiseau ça, Mme, dire ce que c'est, un coq, le bec, la tête, le cou, le dos, la queue, puis les pattes (rouge ext. bas, tête : vers gauche). Y en a deux, encore un ici (id. Ht).	D	F C → F K	A

ENQUÊTE : Il chante ou il marche.

3.	Ce que je voudrais savoir c'est ça (rouge int.). (Tourne pl. en différents sens) > Ah, ça y est, c'est un papillon, c'est un oiseau, pour dire ce que c'est, je ne sais pas. La tête ici (rouge Ht, tête à droite) et le ventre, les pattes, puis la queue; c'est les ailes, il vole. Y en a deux. ∨ > C'est bien ça.	D	F C F K	A P
4.	∧ < ∧ On dirait un personnage ici, c'est un personnage, deux personnages, oui, ça représente bien des personnages (noir inf., jambe H ban.). (?) La tête ici et son ventre, son dos ici, ses jambes et les pieds. Je ne sais pas si je me suis trompé, je ne crois pas. C'est le genre d'un personnage. C'est pas grand, mais il faut bien distinguer. Y en a ici aussi (g. id. dr.). Deux personnages, y a deux oiseaux, deux coqs, deux écureuils, ça fait huit sujets qu'y a comme ça : un, deux, trois, quatre, cinq, six, sept, huit, ça représente huit sujets, Mme H. (Il remarque que le carton se salit, parle de ses enfants écoliers)	D	F —	H
			Digression	

ENQUÊTE : (Le personnage est vu couché)

5.	(Renversons pl. ∨) Comme ceci... un croquis, de quoi je ne sais pas. Ça représente un croquis, mais pour dire quoi... Ici ça représente une branche, il a un feuillage mettons, un arbre, retourné de l'autre	G	F —	Pl

côté. Une branche d'arbre avec un feuillage (noir entier de chaque côté, le feuillage vu en bas, le tronc en Ht).

ENQUÊTE : (Sugg. H) Ah oui, tenez, par ici, j'ai pas vu tout à l'heure (désigne à gauche noir sup., visage vu vers l'ext.), il a les bras étendus derrière son dos comme ça (laisse la pl. pour mimer, puis la reprend). Il a un chapeau sur la tête. Son nez, sa bouche, ses yeux là, sa tête, ses bras, encore ses jambes.

(D K H)

(Sugg. H ban dans noir entier) Ah, c'est parce qu'il est couché sur le ventre à ce moment-là, comme ça <. Il est coupé en deux, les jambes elles sont séparées du tronc.

(G K H)
(coupure)

IV

Merci, Mme ! ∧ ∨ > ∧

1. C'est une chauve-souris ça. ∨ > ∧ La tête (bas méd.), les pattes (petits append. vus souvent comme H), ça c'est les ailes pour voler ça (lat.), puis la queue là (Ht méd.). Ça a deux pattes comme une vraie souris, parce que ça tient sa proie quand elle prend quelque chose (mime en serrant le poing). C'est ça, Mme H. ? (Demandons où sont les pattes ; il cherche et les montre ailleurs qu'auparavant, en renversant la pl.) ∨ Ceci (lat. bas). Ça a une tête très fine la chauve-souris (en portant la main à sa figure), ça voyage beaucoup la nuit, ça se cache dans les bâtiments le jour, ça dort, ça vit beaucoup d'insectes.

   G | F Clob A ban
     | F K

2. (Remettons pl. ∧) Deux personnes assises ici (saillies lat. Ht. dr. et g., visages tournés vers l'int.), ça représente deux enfants. Voyez? Le chapeau, la tête là, y en a de chaque côté, son nez, son front, son bonnet, il a un bonnet sur la tête, puis sa figure ici. C'est bien ça. Puis ici on voit la main, il lève la main, une de chaque côté. (?) Ça représente pas bien, ça représente juste que le corps (montre sur lui-même le haut du corps jusqu'aux

   D | F (c) Hd
     | K

hanches). > ∧ C'est bien ça (pose pl.).
(Quand nous enlevons pl.) C'est rigolo ce
qu'on présente sur des cartes comme ça!

V

1. ∧ ∨ ∧ Ça représente un... un papillon   G   F K   A ban
   qui vole, plutôt un oiseau qui plane; sa   → F (c)
   tête ici, le nez, la tête, parce que ça c'est
   le ventre, c'est le dessous ça (noir méd.),
   ses pattes (bas méd.), puis les ailes
   (contourne parties lat.).

2. (Tourne plusieurs fois la pl. en rond) ∨ G   F K   A ban
   Puis de l'autre côté, ça représenterait   → F (c)   P
   plutôt un papillon qui volerait. Je ne sais
   pas si c'est un papillon ou une chauve-
   souris. ça a deux grandes ailes (Ht méd.).
   Des oreilles, la tête, après le dos, la queue,
   puis les deux pattes (petits append. para-
   méd. Ht), puis les ailes. Il est bien
   découpé comme ceci (en contemplant la
   pl.). (?) C'est bien comme sujet, c'est
   beau, ça représente bien une bête.

VI

Merci, Mme! ∧ < ∨

1. ∧ Ça représente un papillon, les deux   G   F (c)   A/Dessin
   yeux et le nez (Ht méd.), le nez, les yeux.   → F Clob
   (Passe son doigt sur le centre foncé de
   haut en bas) C'est bien ça? Ça représente
   un croquis ça, c'est pas un vrai papillon.
   < > ∨ > < >

   ENQUÊTE : (La tête du papillon déplaît,
      elle est « vilaine ».)

2. < Si, ça représente un homme, son cha- D | F (c)   H
   peau, sa figure, puis son corps, il est assis | K
   (D Ht dr.). (Regarde?) Il regarde sur
   nous par ici, il fixe sur nous, sur moi.
   > C'est la même chose. < > ∧ Ça je ne
   vois pas qu'est-ce que c'est (petites taches
   ext. lat. bas), c'est tellement petit. < >
   Non, je vois pas (pose pl.).

3. (Renversons pl. ∨, il la reprend ∧) Ici D   F (c)   A
   c'est plutôt un papillon (1/3 sup.), la tête
   du papillon (Ht méd.), son dos (centre),

puis ses ailes (lat). Il est tourné de l'autre côté. (?) Comme ça (renverse pl. ∨), il est bien. (Soupire, laisse la pl.)

VII

Merci, Mme! ∧ ∨ < ∧ ∨ ... Je vois pas.   T R long
> ∨ < > ∨ < Non...

1. ∨ Ça représente un corps, mais quoi je   G   F —   Anat
ne sais pas. (?) (Pose la pl. pour montrer sur lui-même simultanément des deux mains) Le corps d'une bête, pour dire ce que c'est, je ne peux pas le dire... un papillon, les pattes (append. lat. bas), la découpe d'un papillon; ça c'est le nez, la tête, le thorax ici (Ht); c'est comme la personne, c'est pareil. > < ∧ < ∧ Non, je ne vois pas autre chose. ∨ >

2. ∧ (Enc.) Oui, c'est ceci que je regarde   Dd   F (c) —   Hd
justement (gris lat. Ht), c'est ce que je ne peux pas arriver à déchiffrer, non... Ah, c'est la tête d'une personne, maintenant j'ai vu, elle fixe de l'autre côté (vers le verso du carton). (forme difficile à voir)

ENQUÊTE : Deux dames.

VIII

1. Merci! > Ah, ça c'est une bête (rouge).   D   F +   A ban
∨ Hum, hum... > ça représente deux   → F K
bêtes ici. Un crocodile, il me semble que ça doit être ça (dit qu'il en a vu en « naturel » au Jardin des Plantes à Paris).   Digression

ENQUÊTE : Ils sont en train de marcher, je crois.

2. ∨ Puis ça, ça représente deux « chevals »   D   F +   A ban
(marron).   → F K

ENQUÊTE : Ils sont dressés sur leurs pattes, puis ils regardent.

3. ∧ Ça, c'est deux oiseaux (bleu).   D   F +   A

4. Y a encore deux bêtes ici, on dirait deux   D   F —   A
petites chèvres (jaune).

ENQUÊTE : Elles sont arrêtées.

5. (Passe son doigt sur le gris, cherche) Ça, ça représente deux personnes à cheval, ça, Mme H. Y en a une de chaque côté (tache int. foncée, côté gauche). — Dd — F (c) — | H
| A

ENQUÊTE : (gris entier) Les chevaux marchent dans un sentier, dans un bois. — ↓ (D — ↓ k — Paysage)

(3) Ça c'est deux oiseaux, j'avais dit. (Soupire, tourne pl. >, la laisse, puis y revient, la fait tourner en rond, ∨, la laisse) — Répét

IX

Merci! ∧ > ∨ ∧ < ∨ ∧ > ∨ < ∨ Je ne vois pas ce que c'est. — T R long

1. < C'est plutôt des oiseaux ici, Mme, qui volent. Y en a deux, là son ventre, puis le plumage (marron, la tête touche le bleu). — D — F K — A

2. ∨ Ici ça représente un canard, le bec, la tête, ses yeux ici, son cou, c'est le corps quoi, la queue ici, y en a un de chaque côté (rouge d. et g., tête vers l'ext.). — D — F (c) + → F K — A

ENQUÊTE : Ils sont couchés, ils sont perchés.

3. ∧ Le bleu, je ne peux pas arriver à déchiffrer ce que c'est. Ah, c'est un personnage, je l'ai vu maintenant, ça représente un peau-rouge. Ici la tête... je ne sais pas comment ils appellent ça chez eux, le plumage, ils ont sur leur tête. Y en a deux, puis son corps ici (deux append. bleu Ht méd.). — Dd — F (c) + — H

4. ∨ Le premier (mauve), c'est un papillon, Mme H. — D — F C → F K — A

ENQUÊTE : Il vole là.

(Soupire, laisse pl. et croise les mains) Ça va, je ne suis pas fatigué, je suis bien calme (continue dans le même sens). — Digression

X

Merci, Mme!

1. C'est des oiseaux (rouge sup.). Ils volent. — D — F K — A ban

2.	Ici ça représente deux ours (vert ext.). Je ne sais pas si je me suis trompé. (?) La tête, les pattes, le ventre, il est couché sur le dos.	D	F K	A
3.	Ici, il y en a encore deux (rouge int.), ça c'est des libellules. Ça ne doit pas être des oiseaux, je ne crois pas, ça doit être des libellules d'après les pattes.	D	F +	A
	ENQUÊTE : Elles volent, elles essayent de prendre quelque chose, un insecte ou quelque chose (lien méd.) (cherche en mimant).	(	F K	lien méd.)
4.	Ça c'est deux serpents (vert int.), Mme, je les reconnais à la tête, le nom je ne sais pas, des pythons je crois, parce qu'ils ont la tête comme des chauves-souris. Ils se lèvent, se dressent (mime en répétant plusieurs fois), ils vous fixent (le mouvement n'est pas vu sur la pl.).	D	F C	A
5.	> Ça c'est deux têtes de poisson (bleu int.), sa langue là, sa gueule, ses yeux, puis sa tête.	D	F (c)	Ad
6.	Ça je ne sais pas, c'est une bête, mais de quoi je ne sais pas (bleu ext.). C'est pas un hérisson? Il me semble bien, ça se voit aux pattes, le corps, la tête fine. Il marche là. Quand il voit quelqu'un, il rentre sa tête dans le corps. Là, il marche.	D	F K	A
7.	< C'est deux têtes de chiens (bleu ext.). (Regardent?) Par là, vers vous (vers ext.). Son museau, ses yeux, sa tête, puis son cou.	D	F (c)	Ad
8.	∨ > J'ai pas trouvé encore (marron). ∨ C'est deux, c'est des fleurs, c'est quatre fleurs, c'est juste les pétales de fleur, par exemple quatre pétales de fleur. (?) Ici (désigne les petites taches foncées marron d. et g., geste en rond).	Dd	F C → F (c)	Pl
	ENQUÊTE : Têtes de rose, couleur marron.			

APRÈS LE TEST

« Ça me déplaît pas, je suis pas fatigué, je suis bien calme, ça m'a plu et puis ça apprend, on ne connaît pas tout dans la science. » Préfère les couleurs, le noir est triste. Préfère la pl. VIII : « parce qu'il y a des bêtes vivantes et des oiseaux, des oiseaux vivants, c'est des oiseaux que j'ai déjà vus, des bêtes que j'ai déjà vues en naturel ». Teinte préférée : rouge pl. IX, « c'est plus gai, des canards ». Aime la pl. II : « les chiens avec la lampe de chevet; ça fait beau du rouge là-dedans ». La pl. VII déplaît : « parce que je ne sais pas ce que c'est; le corps d'un animal, mais je ne sais pas lequel ». La pl. IV est « trop noire ». Dans la pl. III, le noir déplaît; préfère le rouge.

Durée	= 1 h 13′		
Réponses	= 38/17		
G	= 8 + 1 D → Gz et 1 G add		
D	= 26 (1 D/Dbl) + 1 Dd → D et 1 D add		
Dd	= 4		
F	= 15 (— 8)	F + %	= 47
F (c)	= 10 + 3 →		
F Clob	= 1 + 1 →		
F C	= 6	Σ C	= 3
K	= 2 + 2 add		
F K	= 8 + 5 → + 3 add		
k	= 1 add	Σ Kin	= 10 — 15 + 6 add
A	= 25 (2 dessins)	A %	= 71
Ad	= 2		
H	= 4 + 2 add		
Hd	= 3 (1 Hd/Ad/Ost)		
Anat	= 2		
Pl	= 2		
Pays	= 1 add		
Lumière	= 1		

Pour une durée de passation équivalente à celle du 1er examen, le nombre des interprétations a doublé et les contenus se sont diversifiés.

Les réponses sont très détaillées et le mot « puis » fréquemment employé.

Les grands détails augmentent beaucoup et il n'y a plus de réponses globales aux planches colorées.

Les kinesthésies sont beaucoup plus importantes. Elles s'accompagnent de liens au centre de la planche (I 1, II 1, X 3) et d'une persévération accrue sur l'image du vol. A l'action de « grimper », s'ajoutent : « assis, perchés, dressés, lève la main, les bras étendus ».

On retrouve la « découpe », le « croquis » dans plusieurs réponses globales. Mais, à la pl. III, qui commence maintenant par l'image d'un animal vivant, la forme ostéologique a disparu. La kinesthésie humaine n'y est toujours pas donnée spontanément et une expression de coupure apparaît à la fin de l'enquête ; mais dès qu'on suggère des hommes, ils sont vus d'une façon kinesthésique, dans la partie supérieure du noir, et leur attitude est mimée. Dans la même planche, le rouge provoque des réponses sensorielles : grands détails avec forme-couleur et kinesthésie, réunis par une persévération de thème (III 2 et 3).

Les réponses de couleur sont maintenant presque toutes de grands détails (5 D FC) ; la première, à la pl. II, fait surgir une image de lumière : « lampe éclairée » (II 4 et enquête II 1).

Les nuances, dans le gris et dans la couleur, jouent davantage et font augmenter les F (c). Des réponses F Clob sont données aux pl. IV et VI. L'image des « yeux » revient parfois.

L'indice de précision des formes a baissé (F + % 75 au 1er examen, 47 au 3e), dans une production qui a cependant dans l'ensemble beaucoup gagné. Elle est moins stéréotypée, plus riche en images et plus dynamique qu'avant la cure de sommeil.

Dans le *Dessin*, la poussée sensori-motrice par rapport au 1er examen se maintient, bien qu'en régression sur le 2e examen.

Le deuxième arbre, dont la forme se rapproche de celle du 1er examen — il représente toujours un poirier — est nettement plus grand, avec des racines plus importantes, des fruits rouges plus gros, les lignes du tronc et des branches plus mouvementées (fig. 41). La maison est plus ample aussi, sans être aussi démesurée qu'au moment d'excitation du 2e examen, ni aussi bariolée et vive en couleur ; elle est plus pauvre en détails ; sa construction reste plus mauvaise qu'au 1er examen et le crayon n'est pas employé. Le personnage — cette fois « un monsieur », la tête de profil — est plus grand qu'au 1er examen, mais il a perdu le coloris vif du 2e. Le dessin libre — qui représente une chaise vue de profil —

emploie le vert et le jaune comme au 2ᵉ examen, mais après un tracé au crayon hachuré et repassé.

P.M.K.

Le tremblement est en général moins marqué qu'au 2ᵉ examen. Des agrandissements réapparaissent.

On note une amélioration dans la forme des chaînons. Mais d'autres formes sont très mauvaises. A la difficulté de comprendre le modèle des zigzags s'ajoute une déformation importante de la partie finale du tracé égocifuge. L'escalier perd sa configuration, à la main droite et encore plus à la gauche; descente en festons le long de l'axe, pour les deux mains.

Les déviations vers l'extérieur notées au 2ᵉ examen pour les zigzags égocifuges et les parallèles régressent en partie. Par contre, dans les chaînes (où nous avons noté aussi une amélioration des formes), la déviation vers l'axe cède à la main gauche et le mouvement de la main droite va vers l'extérieur. Tous les U dévient vers l'extérieur, au 3ᵉ comme au 2ᵉ examen.

Les U verticaux n'offrent plus la chute exagérée de la main droite et l'élévation de la gauche du 2ᵉ examen; la déviation primaire s'atténue beaucoup; elle est négligeable à gauche et, à droite — de même que pour le linéogramme vertical — la descente est inférieure à celle du 1ᵉʳ examen.

La déviation secondaire des linéogrammes horizontaux reste plus importante qu'au 1ᵉʳ examen.

Après deux semaines de cure de sommeil, la poussée sensori-motrice se manifeste très nettement dans le Rorschach, comparé à celui d'avant traitement, en correspondance avec la synchronisation de l'E.E.G. Le dessin le confirme; il note aussi une légère régression par rapport à l'épreuve de la semaine précédente, quand l'activité alpha était encore plus continue. Les formes restent plus mauvaises qu'au 1ᵉʳ examen, ainsi la construction du dessin de la maison, la configuration de l'escalier du P.M.K. Cela n'empêche pas une amélioration de la forme dans l'épreuve des chaînes, où se manifeste en même temps une ouverture dans la direction du mouvement. Cela n'empêche surtout pas un enrichissement venant des images, de la kinesthésie et du lien, qui trouve son expression dans le Rorschach.

4ᵉ examen après trois semaines de cure de sommeil; pas de traitement le jour de l'examen; il doit être pratiqué pour la dernière fois le soir, après l'examen.

Le malade est calme et se déclare toujours satisfait. L'inquiétude perce encore un peu dans les questions qu'il pose, entre deux dessins, au sujet de son état.

E.E.G.

Le rythme de base occipital à 8 c/s, d'environ 20-40 μv, est un peu plus abondant et plus ample qu'au dernier examen. Il s'y mêle un peu de rythmes à 9 c/s. Les fréquences thêta sont rares. Les bouffées bêta infravoltées à dominance antérieure sont moins importantes.

La réaction d'arrêt est en général bonne, un peu affaiblie durant la deuxième hyperpnée.

Quelques phases très courtes où le tracé tend à s'aplatir indiquent de légères fluctuations du niveau de vigilance.

Les rythmes induits par la S.L.I. entre 7,5 et 12 é/s sont plus importants qu'aux examens précédents; à des fréquences plus hautes se produisent des bouffées lentes de 4,5 c/s. La sensibilité à la S.L.I. s'est accrue.

Le malade a trouvé la lumière « pas désagréable ». Il a vu : « du violet et du jaune, du rouge et du vert, du rose; des petits carreaux; ça bouge » (mime des deux mains le scintillement).

Dessin

Les arbres prennent toute la hauteur de la page et les racines sont assez importantes. Le premier porte des fruits jaunes. Le deuxième est exécuté directement avec la couleur, dans une gamme plutôt dépressive : noir, vert pâle et marron; ensuite le sujet dit : « j'ai fait un sapin, ça n'a pas d'importance ? »; il demande aussi : « vous croyez que ça va aller pour moi ? ». La maison occupe toute la page et est plus détaillée qu'au dernier examen; elle est aussi un peu mieux construite. Le personnage est à nouveau « un petit garçon », vu de face, la tête un peu relevée; il est plus grand qu'au 1ᵉʳ examen et le rouge donne à la partie supérieure un coloris plus clair; sa dimension n'atteint pas celle du 2ᵉ examen et sa couleur est moins vive qu'à cette phase d'excitation qui s'est produite au début de la cure de sommeil. Le dessin libre représente une chaise, comme au dernier examen, avec les mêmes couleurs; tournée vers la droite, la ligne du siège monte, les pieds ont plus d'importance et on leur a ajouté une base qui est montante, elle aussi.

Dans l'ensemble, l'épreuve de dessin est assez proche de celle du 3ᵉ examen, avec quelques détails un peu plus sensoriels.

P.M.K.

Le tremblement est marqué, les difficultés d'attaque et de poursuite du modèle sont accusés.

La configuration de l'escalier est toujours très perturbée, avec tendance à la descente le long de l'axe; les branches ascendantes montent davantage qu'aux examens précédents.

L'ouverture vers l'extérieur des chaînes reste acquise et les chaînons sont un peu moins pelotonnés; deux petits décollements ont lieu dans l'égocipète droite au moment où l'on pose l'écran. Les zigzags s'éloignent de l'axe à la main gauche. Il en est de même pour les parallèles gauches. Les deux U sagittaux dévient vers l'extérieur, en s'élevant un peu à gauche; la déviation vers le centre avec abaissement vers le sujet, qui caractérisait cette épreuve au 1ᵉʳ examen, a disparu avec la cure de sommeil.

Le P.M.K. du 4ᵉ examen apparaît plus sensoriel que celui du 3ᵉ.

L'E.E.G. a une activité alpha un peu plus riche et une réaction plus marquée au stroboscope.

Sur les 4 examens pratiqués jusque-là à une semaine d'intervalle, les E.E.G. enregistrés durant la période de traitement diffèrent nettement de celui qui précède la cure de sommeil : le tracé plat avec un rythme à 10 c/s très pauvre a fait place à une activité à 8 c/s plus continue et plus ample. Une poussée sensori-motrice accompagne cette modification; elle suit aussi, dans ses atténuations et rebondissements, les fluctuations plus légères qui se manifestent d'une semaine à l'autre dans l'abondance de l'activité E.E.G. de base et la réponse à la stimulation lumineuse intermittente. Importante et accompagnée d'une phase d'excitation au début de la cure de sommeil, la poussée sensori-motrice baisse ensuite, puis remonte légèrement. Sur le plan clinique, la réaction à la cure de sommeil se montre favorable.

5ᵉ examen une semaine après la cure de sommeil; depuis la fin de celle-ci, 200 mg/j. Nembutal le soir.

Le malade est calme et toujours content du résultat de la cure. Il paraît moins communicatif, parle un peu moins spontanément.

E.E.G.

Sur le tracé vigile, le rythme occipital, avec une fréquence légèrement plus rapide (8,5 ou 9 c/s) est devenu un peu moins ample (environ 25 μv) et moins abondant qu'au dernier enregistrement ; les fréquences thêta, à part quelques très rares rythmes à 7 c/s, ont disparu. La réaction d'arrêt est positive.

Les fluctuations du niveau de vigilance sont à présent fréquentes et marquées. L'activité vigile est interrompue par des phases où le rythme alpha se raréfie et tend à être remplacé par des fréquences thêta ; réactions d'éveil aux stimuli. Parfois le sommeil devient plus profond, avec apparition de potentiels à 3-4 c/s, de pointes lentes rolandiques et enfin d'ondes lentes plus amples atteignant 75 μv, moment où le sujet ronfle ; on voit réapparaître un rythme alpha entremêlé de bêta quand les ronflements cessent. Le sujet ne s'assoupit pas durant la première hyperpnée, mais le fait à deux reprises durant la deuxième. Interrogé par la suite, il n'a pas conscience d'avoir dormi.

La sensibilité à la S.L.I., qui a une action d'entraînement entre 6 et 14 é/s, est moins forte qu'au dernier examen. Les rythmes induits, dont les plus réguliers répondent à la fréquence de 9 c/s, sont moins amples et il ne se produit plus de bouffées lentes aux hautes fréquences.

Le malade a vu : « du violet et du jaunâtre, du rouge ; des petits dessins dedans, pour dire je ne sais pas ; ça bougeait un petit peu (mime le scintillement quand on insiste) ». La lumière n'était « pas désagréable » ; il l'avait aimée davantage la semaine précédente (4e examen), « ça tournait plus vite ». Le mouvement tournoyant a été ressenti d'une façon plus marquée à un moment où la réaction enregistrée à la S.L.I. s'est montrée plus forte.

Si l'activité alpha du tracé de repos vigile est un peu moins abondante qu'au dernier examen, l'E.E.G. actuel reste cependant nettement différent du tracé plat d'avant la cure de sommeil.

Dessin

Le premier arbre, toujours grand et avec une base assez importante, a des branches plus symétriques qu'au dernier examen. Le deuxième est plus petit ; il représente un poirier, comme au 3e et au 1er examen, auxquels on peut ainsi bien le comparer : il a perdu l'expansion et la ligne mouvementée du 3e examen ; plus droit et plus symétrique, il se rapproche du 1er examen, dont il se distingue cependant par un tronc coloré en vert plus consistant et des racines plus importantes.

La maison est dessinée sans l'aide du crayon et encore grande, mais déjà moins massive qu'au dernier examen et moins détaillée.

Le personnage est une femme, dont la tête, de profil, est très mal dessinée, dont les jambes se voient en transparence sous une jupe bleue ; le corsage est vert ; le rouge a disparu.

Le dessin libre représente encore une chaise, toujours vert et jaune. Elle est maintenant tournée vers la gauche ; le siège est droit et il n'y a plus de base ; les contours sont moins nets, plus effilochés qu'au dernier examen.

P.M.K.

Le tremblement régresse, les difficultés d'attaque et de poursuite sont moindres.

L'escalier est toujours déformé, d'une configuration semblable à celle du 4ᵉ examen, avec des marches moins grandes.

Les zigzags sont plus rectilignes. Dans les chaînes de la main droite, la déviation vers l'extérieur se maintient pour le tracé égocifuge, mais pas pour l'égocipète, où aussi les décollements notés au 4ᵉ examen ne se reproduisent pas ; les chaînons restent plus grands et moins peletonnés qu'au 1ᵉʳ examen. De légers retours vers l'axe s'ébauchent dans les parallèles égocifuges gauches (après une déviation vers l'extérieur) et égocipètes droites.

La déviation des U sagittaux a une direction semblable à celle du dernier examen, mais elle est moins grande ; à la main droite elle est très réduite.

Le U vertical droit dévie toujours vers l'extérieur et vers le bas ; le gauche ne descend plus.

La déviation secondaire des linéogrammes horizontaux se maintient ; elle est, à la main gauche, plus limitée qu'au dernier examen, mais encore importante.

En général, des agrandissements persistent. Mais les déviations deviennent moins importantes, indiquant plus de contrôle.

Figure Complexe de Rey

Nous pouvons comparer cette épreuve à celle du 1ᵉʳ (avant la cure de sommeil) et du 2ᵉ examen (durant le traitement).

Copie : type de construction IV ; 28 points (centile 10) ; durée 4′ (centile 50).

La mauvaise combinaison entre le grand rectangle avec ses diagonales et le triangle latéral avec son segment intérieur, l'absence du petit trait horizontal au-dessus du rectangle intérieur gauche, la déformation du losange rappellent les examens précédents. On n'a plus les imprécisions et les déplacements importants du 2e examen; le rond est à sa place et le croisement central des médianes et diagonales se fait à nouveau comme au 1er examen.

Reproduction de mémoire : type de construction I; 23,5 points (centile 50-60); durée 3'.

La construction commence par le grand rectangle et la forme du losange s'est améliorée. Mais la médiane verticale est déplacée à gauche et ne croise pas au centre les diagonales, ce qui rappelle le 2e examen. Comme dans ce dernier, les parallèles sont transposées à droite. La diagonale du carré inférieur gauche manque et un carré symétrique est ajouté en haut du cadre. La croix verticale est absente. Mais le rond est présent.

Le tracé est imprécis. Les ondulations du 2e examen ont régressé.

Malgré quelques aspects plus rationnels qu'au 2e examen, la présence du rond dans la reproduction de mémoire de la Figure Complexe de REY témoigne, après la fin de la cure de sommeil, d'une persistance de la poussée sensori-motrice que celle-ci a provoquée. Le dessin et le P.M.K. nous montrent que cette poussée est en régression par rapport au dernier examen. A l'E.E.G., l'activité de base, un peu plus rapide, est moins abondante et l'action de la S.L.I. s'est atténuée.

6e examen, 1 mois après la fin de la cure de sommeil.

Le malade a quitté l'hôpital depuis 3 semaines et il n'a plus de traitement. Il se sentait bien à sa sortie, après une cure de sommeil qui avait eu un effet très favorable. Il n'a cependant pas repris le travail, mais a demandé un prolongement de congé de maladie. Il dort bien, il se sent mieux qu'avant la cure de sommeil; mais il se plaint à nouveau de céphalées. Chez lui, il aide dans le travail ménager de sa femme, qui paraît avoir encore des soucis de santé. Raymond a retrouvé les difficultés de sa vie quotidienne. A nos questions, il répond : « ça va mieux qu'avant »; il est mieux qu'avant l'hospitalisation, mais tout ne va pas bien encore.

E.E.G.

Sur le tracé de repos vigile, le rythme alpha, à 8-8,5 c/s (rarement 9 c/s), a une amplitude et une abondance assez semblables à celles du dernier E.E.G. Les rythmes bêta sont moins importants. La réaction d'arrêt à l'ouverture des yeux est positive.

L'hyperpnée ne change pas le tracé, à part l'apparition de quelques rares fréquences thêta et un léger affaiblissement de la réaction d'arrêt.

Après hyperpnée, se produisent quelques phases de baisse du niveau de vigilance, quand un thêta plus ample remplace l'alpha. Les fluctuations de la vigilance sont moins importantes qu'au dernier E.E.G.

La réaction à la S.L.I. ressemble à celle du dernier examen.

Le malade a vu : « du violet et du rouge ; des dessins, genre carte de France ; ça bougeait ».

L'enrichissement en activité alpha par rapport au tracé plat d'avant la cure de sommeil persiste.

Rorschach (pl. Ror.)

L'aspect est un peu triste, mais plus calme qu'au 1er examen. Les soupirs sont plus rares et les digressions ayant pour thème des soucis de santé ne se reproduisent pas. Le malade tourne encore beaucoup les planches et son ton est parfois interrogatif.

Il tient les planches et les gestes circulaires, dans la désignation des réponses, sont maintenant très fréquents. A la pl. VIII, la 1re réponse (D FC A, rose-orange médian) s'accompagne d'un mouvement en rond itératif et la kinesthésie animale banale de la 2e (D K A ban) est mimée.

La production de ce Rorschach se rapproche de celle du 1er examen, avec certaines différences.

Les réponses sont plus nombreuses, pour une durée qui reste sensiblement la même, et les grands détails sont plus importants (6 G, 15 D, 1 Do ; au 1er examen : 10 G, 6 D, 1 Do) ; ils remplacent entièrement les G aux planches colorées. Les contenus sont, dans une certaine mesure, moins stéréotypés.

L'énumération est abondante et le mot « puis » intervient beaucoup.

Nous retrouvons la kinesthésie du vol avec persévération à la pl. IV, les « loups » qui « courent » à la pl. VIII, l'animal « couché » et le lien de « l'écureuil sur l'arbre » à la pl. X ; on voit aussi un « lion assis » à la pl. IX.

A nouveau, à la pl. III, les hommes suggérés à l'enquête sont réalisés avec retard et « ils s'observent ». A la première présentation, on n'a toujours que 2 réponses. Mais cette fois c'est l'« oiseau » (noir supérieur) qui est vu d'abord ; la forme ostéologique (« le tronc d'une bête, le corps, le squelette », D dans le noir médian) vient en deuxième lieu et n'est plus globale.

Les images animales sont encore en partie inanimées : « découpe, croquis, squelette ». La pl. IV nous donne l'exemple d'une image vivante qui est secondairement soumise au doute et se dévitalise. Après la vision kinesthésique de la « chauve-souris en train de voler » qui persévère au renversement de la planche, le sujet ajoute : « c'est pas une vraie chauve-souris, c'est une découpe peut-être; c'est juste la peau ça; c'est le croquis d'un animal ». (A l'enquête, il ne reconnaît que la « chauve-souris » vivante, il ne se rappelle pas avoir vu une « peau »).

Trois FC sur l'image du « papillon » rappellent les réponses de couleur du 1er examen; mais ce sont maintenant de grands détails.

Les réponses F Clob et F (c) sont importantes et l'image anxieuse des « yeux » se répète d'une façon accusée.

Au fond, la dépression persiste.

En ce qui concerne la poussée sensori-motrice, non seulement elle a régressé par rapport au 3e examen, mais sa présence face au 1er examen se manifeste d'une façon assez pauvre. Ce sont surtout les modifications persistantes du mode de perception qui l'indiquent encore.

Dessin

Les arbres sont exécutés en noir et vert, sans aucune couleur vive. Dans le premier, le lien entre les branches et le tronc reste meilleur et, dans le deuxième, la base est plus marquée qu'au 1er examen (les espèces choisies sont les mêmes : un pommier et un poirier). La maison, après un léger tracé au crayon, est exécutée en rouge et vert, d'une étendue semblable à celle du dernier examen, donc plus grande qu'au 1er; elle a toujours sa porte d'entrée avec des marches et « une pelouse autour »; la cheminée se confond en partie avec le toit et la construction générale est plus mauvaise qu'au 1er examen (il en est ainsi depuis la cure de sommeil). Le personnage, « un jeune homme », a une dimension semblable à celle du 1er examen; le corps est de face, la tête, les pieds et les bras de profil; les jambes se voient en transparence sous le pantalon et les bras, tendus obliquement en avant, s'ajustent mal en partant du cou; le vêtement est bleu, le visage et les bras sont rouges. Le thème du dessin libre est proche de celui choisi au 1er examen, avec une forme moins massive, mais aussi moins fermée : une armoire vitrée.

En général, la comparaison des dessins avec ceux du 1er examen n'apporte pas de données saillantes.

P.M.K.

La configuration de l'escalier est proche de celle du dernier examen. Depuis la cure de sommeil, cette forme, d'un niveau déjà insuffisant au départ, est plus mauvaise qu'avant.

Cependant, les angles des zigzags ont une forme plus régulière qu'au 1er examen et certains agrandissements sont moins importants.

Une déviation secondaire des linéogrammes horizontaux — que nous notons depuis la cure de sommeil — persiste par rapport au 1er examen.

La descente dépressive ne se produit plus dans le linéogramme vertical droit. Mais nous la retrouvons avec les deux U verticaux, comme au 1er examen ; à la différence de celui-ci, le U gauche ne dévie plus vers l'intérieur ; le droit s'oriente toujours vers l'extérieur, avec une déviation moindre qu'au 5e examen.

Dans les U sagittaux, une déviation égocipète réapparaît, moins importante qu'au 1er examen ; la main gauche dévie à nouveau vers l'intérieur, mais beaucoup moins qu'au 1er examen, et la droite — contrairement à celui-ci et en accord avec tous les autres examens — va vers l'extérieur.

Les zigzags égocifuges restent plus ouverts qu'au 1er examen et n'ont plus de boucles.

Les parallèles égocifuges sont plus tassés qu'au 1er examen, mais la déviation vers l'intérieur de la main gauche est moindre. Les égocipètes ressemblent au dernier, comme au 1er examen.

Les linéogrammes vertical et sagittal gauches dévient vers l'extérieur, contrairement au 1er examen.

Les chaînes ressemblent au 5e examen, leur orientation reste donc plus ouverte qu'au 1er. Le tracé des chaînons retourne moins sur lui-même et ils sont moins pelotonnés.

Dans l'ensemble, il y a des mouvements plus ouverts au 6e examen qu'au 1er.

Figure Complexe de Rey

Copie : type de construction IV ; 27 points (< centile 10) ; durée 3′ (centile 75).

Cette fois, la figure est redressée à la verticale, losange au sommet. On retrouve la difficulté à combiner le cadre rectangulaire avec le triangle équilatéral adjacent, la mauvaise forme du losange, l'absence du petit segment près du rectangle intérieur. Le croisement central des diagonales et médianes est défectueux.

Reproduction de mémoire : type de construction II ; 27 points (centile 75) ; durée 2′.

La figure est redressée, comme dans la copie, et construite d'une façon analogue. Le croisement central s'est amélioré. Le losange reste déformé, comme dans la copie, et la diagonale du carré inférieur manque. Les deux croix sont présentes et rattachées ; le rond est là.

Absent au 1er examen, dans une figure d'aspect plus géométrique que celles qui suivront et où la croix est séparée du cadre, le rond-visage apparaît avec la poussée sensori-motrice provoquée par la cure de sommeil et persiste à tous les examens pratiqués depuis.

Quelques indices de la persistance de cette poussée sensori-motrice sont notés aux épreuves psychologiques du 6e examen, un mois après la fin de la cure de sommeil. Mais ils sont, dans l'ensemble, assez pauvres. L'E.E.G. reste modifié par rapport au tracé enregistré avant la cure, nettement plus synchronisé ; et nous nous serions attendus à trouver, dans le Rorschach et le dessin, des différences plus importantes avec le 1er examen. La correspondance entre l'évolution psychologique et E.E.G. que nous avons suivie au cours de 5 examens successifs, nous la voyons encore, mais moins clairement au dernier examen.

Un facteur d'un autre ordre intervient maintenant d'une façon assez importante pour marquer son rôle et masquer probablement en partie l'évolution psycho-biologique que nous suivons ici : facteur réactionnel aux conditions de vie que le sujet retrouve en quittant l'hôpital, qui affaiblit aussi l'effet thérapeutique qu'on attendait de la cure de sommeil dans ce cas de syndrome subjectif d'ancien traumatisé crânien, effet qui s'était d'abord manifesté d'une façon très favorable.

Une autre cure de sommeil sera pratiquée un an après celle que nous venons d'étudier, les céphalées continuant et l'insomnie ayant recommencé ; la réaction dépressive sera moins marquée au moment de cette deuxième hospitalisation que lors de la première. La deuxième cure apportera une grande amélioration des symptômes somatiques et des manifestations dépressives.

Nous ajoutons ici le compte rendu d'E.E.G. et le résumé des résultats psychologiques obtenus à un

7e examen, pratiqué le 9e jour de cette seconde cure de sommeil.

L'aspect est calme ; communicatif, sans excitation ; réponses adéquates.

L'*E.E.G.* comporte une activité thêta abondante de 5 à 7 c/s et, par moments seulement, des fuseaux à 8 ou 8,5 c/s. Les petites bouffées bêta sont fréquentes.

Au repos et sous hyperpnée, apparaissent parfois des bouffées thêta plus amples et pointues.

La réaction d'arrêt s'exerce à l'ouverture des yeux, mais s'épuise rapidement; elle s'améliore lorsqu'on stimule l'attention du sujet.

La S.L.I., avec un entraînement qui s'étend entre les fréquences thêta de 5 é/s et les fréquences bêta, a une action plus ou moins équivalente à celle des 2e, 3e, 5e et 6e examens, moins marquée que celle du 4e. A présent, les rythmes alpha paraissent être induits moins facilement que les fréquences thêta et bêta.

Il n'y a pas de fluctuations du niveau de vigilance durant cet enregistrement, mais une réaction d'arrêt affaiblie, dans un tracé globalement ralenti.

Durant la S.L.I., le malade a vu : « des nuances rouge, bleu, vert, de toutes les couleurs; ça faisait comme une rosace; ça faisait ça (mime le mouvement d'une roue), elle tournait (mime plusieurs fois) ». Ce n'était pas désagréable; le stroboscope a été plus pénible au 1er examen que maintenant. L'expression de la couleur, de l'image et du mouvement paraît plus forte.

Le *Rorschach* (pl. Ror., même série qu'au 1er examen) montre une poussée sensori-motrice importante par rapport au 1er examen et une baisse de la dépression. Il rappelle l'épreuve pratiquée durant la première cure de sommeil, au 3e examen, par l'élévation de la somme des réponses et l'importance des grands détails (35 rép. : 7 G, 26 D, 2 Dd), par l'augmentation des kinesthésies et des persévérations, tandis que la stéréotypie baisse. On remarque une persévération sur la kinesthésie adhésive « assis ». Les réponses forme-couleur sont toutes de grands détails; à l'image répétée du « papillon » (pl. II rouge, VIII rose-orange et gris-bleu, IX orange) s'ajoutent : « deux oiseaux » (X jaune), « un paon... c'est joli, c'est grand, de grandes ailes » (X vert inf.). Les réponses ostéologiques ont disparu. Ce n'est que rarement que des animaux sont vus sous forme de « peau » ou de « croquis »; ils sont en général vivants. Des images humaines font leur apparition (6 rép. H).

On retrouve quelques images anxieuses, de même que le retournement excessif des planches et le ton interrogatif exprimant le doute; il y a hésitation sur l'attitude des personnages de la pl. III, vus d'abord « assis », puis « debout ». Mais cette planche ne comporte plus que des images vivantes et les thèmes sont en général plus gais.

Le *dessin* montre des variations de même sens.

Les arbres, un cerisier et un pommier qui portent des fruits rouges plus flamboyants qu'au 1er examen, ont une base plus importante et un tronc plus massif; la forme s'agrandit du premier au deuxième arbre. La maison, exécutée en rouge, violet, vert et quelques tracés au crayon, prend presque toute la page; son côté latéral monte beaucoup, l'escalier s'agrandit et s'arrondit. Le personnage, visage et bras rouges, est « un petit garçon qui va pour cueillir des fruits » : kinesthésie de lien, avec persévération de l'image de l'arbre, dessiné à côté de l'enfant, qui tend les bras vers lui; ceux-ci ont la même direction qu'au 6e examen et cependant cette fois ils s'ajustent bien aux épaules; le corps est toujours de face, tandis que la tête et les pieds sont tournés vers la gauche, il y a encore une transparence des jambes et maintenant le cou manque (ce qui s'est amélioré dans la forme, l'ajustement des bras, est lié à l'action). Le dessin libre est à nouveau une chaise tournée vers la droite, assez massive, avec une base.

La poussée sensori-motrice se manifeste dans ces dessins, sans l'excès coloristique et la démesure, avec leur note d'excitation, du 2e examen. C'est la kinesthésie de lien du dessin de l'homme que nous devons maintenant souligner.

Au *P.M.K.*, les difficultés d'attaque et de poursuite s'accentuent et l'escalier est très déformé.

Nous retrouvons la difficulté d'interprétation rencontrée au 2e examen (situé d'une façon semblable dans la première partie de la cure) quant à certains tracés moins agrandis qu'au 1er examen et aux tassements des zigzags et parallèles égocifuges; notons que celles-ci sont très irrégulières, avec alternance de quelques espacements.

Il n'y a plus de chute de la main droite au linéogramme vertical et elle existe à peine dans le U vertical, ce qui paraît bien en rapport avec la baisse de la dépression; le U vertical gauche s'élève un peu.

La déviation secondaire des linéogrammes horizontaux, notée à partir du 2e examen, persiste et, dans plusieurs épreuves, la comparaison du 7e examen avec le 1er montre une tendance vers l'ouverture par rapport à l'axe. Les deux U verticaux dévient vers l'extérieur, le droit d'une façon très accusée. Les U sagittaux ont encore une déviation égocipète; la main gauche dévie vers l'intérieur, moins qu'au 1ᵉʳ examen, et, en opposition avec celui-ci, la droite se déplace vers l'extérieur. Quant aux chaînes, plus droites, elles ne présentent plus ni déviation vers l'intérieur, ni torsion axiale.

A l'*épreuve de Rey*, le sujet se plaint de ce que ses mains tremblent, le tracé est très imprécis.

Dans la copie, comme dans la reproduction de mémoire, la figure est redressée à la verticale, losange au sommet.

Copie : type de construction IV; 19,5 points (très inférieur au centile 10); durée 7′ (< centile 10).

Des déplacements importants ont lieu, ce qui rappelle le 2ᵉ examen, avec des formes encore plus confuses et une exécution ralentie. Le croisement des grandes diagonales avec la médiane verticale — tout à fait repoussée à droite — et des diagonales du petit rectangle intérieur avec l'horizontale ne peuvent plus se faire. On note de la persévération dans l'augmentation du nombre des parallèles (6 au lieu de 4) et des petites barres (6 au lieu de 5).

Reproduction de mémoire : type de construction IV; 20 points (centile 30-40); durée 3′.

Il y a un peu moins d'éléments que dans la copie, mais les déplacements sont moins importants et la construction un peu plus claire que d'après modèle, la médiane verticale du cadre surtout reprenant sa place centrale. Le nombre de petites barres a encore augmenté (11). La figure est relativement riche en détails. Les croix sont présentes et le rond, d'un dessin grand et marqué, a pris encore plus l'expression d'un visage.

A l'examen pratiqué au cours de la deuxième cure de sommeil, à un an d'intervalle de la première, la poussée sensori-motrice se manifeste à nouveau — en variant d'ailleurs ses éléments — avec netteté. L'E.E.G. montre une activité de base ralentie, beaucoup plus abondante et plus ample que celle de notre 1ᵉʳ examen.

Au 1ᵉʳ examen de Raymond C. nous avions, avant traitement, l'E.E.G. bas volté, le « tracé plat » qu'il est classique de décrire dans le syndrome subjectif des traumatisés crâniens. Tout en pouvant, bien entendu, se rencontrer aussi dans d'autres cas et être le fait de sujets normaux, la fréquence de ce genre de tracé chez les traumatisés crâniens a attiré tout particulièrement l'attention [1].

D'autre part, l'expérience clinique de la cure de sommeil a montré que de bons résultats ont été obtenus par cette thérapeutique dans les états post-commotionnels [2]. Dans notre observation, nous voyons comment un traitement biologique a pu agir sur l'état dépressif du syndrome subjectif, avec la perte de dynamisme qu'il implique, en modifiant en même temps un tracé E.E.G. de ce genre.

La poussée sensori-motrice, accompagnant la synchronisation de l'activité électrique cérébrale, apporte un nouveau dynamisme. Liée à lui, la pensée s'enrichit en images.

C'est la présence de la poussée sensori-motrice qui nous permet de comprendre une donnée, à première vue, paradoxale : la reproduction, dans une épreuve mnémonique, d'éléments qui auparavant faisaient défaut, à un moment où cependant le niveau de vigilance s'abaisse. La mémoire devient en un sens plus vive parce que, comme la perception, elle est moins schématique, plus imagée. Les résultats de la Figure Complexe de Rey s'inscrivent ici avec un relief particulier.

Sur le plan psycho-moteur, les difficultés d'interprétation que nous avons rencontrées dans deux des sept P.M.K. pratiqués font penser que les effets secondaires du traitement, avec la gêne motrice qu'ils entraînent, peuvent entraver en partie l'expression par le geste de la poussée sensori-motrice. Remarquons que cette entrave a joué ici dans le P.M.K. et non dans le dessin : davantage sur le plan moteur que sur celui de l'expression.

En considérant l'ensemble des épreuves, l'exception que l'un des examens constitue par rapport à toute la série, en ce qui concerne la netteté des rapports entre les variations psychologiques et biologiques sur lesquels se polarise notre étude, marque leur place aux facteurs d'ordre réactionnel : le 6e examen correspond à un changement de situation important, celui où le malade retrouve, en quittant l'hôpital, les difficultés de sa vie habituelle. Dans l'intrication des différents facteurs qui peuvent

---

[1] M. Dondey, J. Le Beau et M. Feld, « L'E.E.G. dans les traumatismes crânio-cérébraux », *Encyclopédie médico-chirurgicale*, Neurologie, t. 3, 1957.
G. Arfel, H. Fischgold et J. Weiss, « Le silence cérébral » (p. 118-121) in *Problèmes de base en électro-encéphalographie*, éd. Masson, 1963.
H. Ey, P. Bernard et C. Brisset, *Manuel de Psychiatrie*, chap. IX, éd. Masson, 1963.

[2] E. Monnerot, J. Puech, L. Benichou, C. Robin et H. Langlois, « La cure de sommeil conserve-t-elle des indications psychiatriques ? Considérations personnelles portant sur 700 cas », *Annales médico-psychologiques*, t. 2, décembre 1957.

jouer à la fois, une méthode d'investigation psycho-biologique doit aider, à l'occasion, à mieux apprécier la part de chacun.

Dans la série des 5 examens successifs pratiqués chaque semaine durant l'hospitalisation, nous voyons la poussée sensori-motrice apparaître avec la synchronisation de l'E.E.G., puis, en correspondance avec celle-ci, suivre de légères fluctuations — atténuation, recrudescence, nouvelle baisse — à de courts intervalles. Une deuxième cure de sommeil, pratiquée un an plus tard, nous donne l'occasion d'une nouvelle manifestation de poussée sensori-motrice accompagnant la modification de l'E.E.G. Cette nouvelle manifestation n'est pas, dans tous ses éléments, identique à celle de la première cure de sommeil et, dans toute la série d'examens que comporte cette observation, aucun n'est tout à fait superposable à un autre. La poussée sensori-motrice et ses implications psycho-biologiques, les rapports qui se dégagent lorsqu'on considère les directions des variations concomitantes, nous guident à travers une réalité mouvante et riche en possibilités.

CHAPITRE VI

Vue d'ensemble

POUSSÉE SENSORI-MOTRICE ET SYNCHRONISATION

Tout au long de nos observations, nous voyons la poussée sensori-motrice introduire dans la structure de la personnalité des modifications qui marquent ses différentes manifestations, qu'elles soient intellectuelles, affectives ou motrices, telles qu'elles apparaissent dans le langage et dans le geste, telles que nous pouvons les appréhender par des moyens d'approche et sous des angles variés.

Ce processus se caractérise, dans ses grandes lignes, par une ouverture dans le sens d'une entrée en contact avec le réel, un geste plus dynamique et plus continu, une vision plus concrète et plus imagée.

S'imprégnant davantage de notes affectives et syntones et plus intimement reliée à l'acte, la pensée perd de son schématisme et de sa rigidité, pour devenir plus vivante, plus colorée, plus riche en détails et aussi se rapprocher de ce qui l'entoure.

Plus ouvert et plus ample, plus directement engagé dans l'action et rattachant le sujet à ce sur quoi il agit ou avec quoi il entre en contact, le geste gagne en force et en efficience. Il peut devenir plus souple même lorsqu'il perd de sa précision. Il peut aussi aller dans le sens des décharges impulsives, au détriment des mouvements contrôlés qui s'inscrivent dans des constructions statiques, géométriques, rectilignes ou symétriques.

Animé par l'image, le lien et le mouvement, le langage s'enrichit en métaphores sensorielles ; il prend un caractère plus concret et plus direct, plus immédiat par rapport à ce qu'il exprime, à ceux auxquels il s'adresse, au monde dans lequel il évolue.

Chez les malades soumis au traitement, nous voyons le mode d'action de la poussée sensori-motrice sur différents terrains : les modifications qu'elle introduit dans la structure schizo-rationnelle en atténuant l'autisme et le blocage, l'effet qu'elle exerce sur les déformations délirantes en rendant la représentation plus adéquate à la réalité, celui qu'elle peut avoir sur des états dépressifs par un apport dynamique qui lui est propre.

Elle apparaît en général comme un facteur favorable dans l'évolution de l'état mental et, même lorsqu'elle est insuffisante ou passagère, elle représente un moment où l'accès vers le malade, le dialogue avec lui sont facilités.

Reprendre contact avec autrui et avec le monde dont on se sent solidaire, retrouver un dynamisme naturel et inhérent à la vie, s'y retremper, tel paraît être le sens profond du processus qui se déroule sous nos yeux.

« Le pouvoir sensoriel », dit E. Minkowski, se trouve « centré sur le cosmos, sur les images qui, tournées vers nous, viennent de lui. Son royaume est celui de la profondeur. C'est dans ce cosmos que plongent les êtres et les choses. Ils s'y rejoignent »[1]. C'est ce « pouvoir sensoriel » que notre poussée met en marche.

Ajoutons que, dans l'exposé dont nous tirons cette citation, E. Minkowski parle de trois pouvoirs formels, chacun lié à un type dérivé de la psychopathologie de la schizophrénie, de la psychose maniaco-dépressive et de l'épilepsie : le rationnel, l'affectif, le sensoriel. C'est évidemment à ce dernier avant tout que se rattache le processus que nous étudions et qui lui donne son orientation de fond ; mais il faut noter que le pouvoir affectif, en tant que facteur de syntonie, capacité de vibrer à l'unisson avec l'ambiance, y participe aussi. Dans la poussée sensori-motrice, il est difficile de détacher ce pouvoir affectif du pouvoir sensoriel, celui-ci attirant celui-là et en partie se l'intégrant.

A travers le Rorschach, l'expression plastique et les tests graphiques qui les accompagnent, un facteur dynamique sous-tend les modifications du langage, du mode de vision et du geste. Ce dynamisme s'exprime à la fois sur le plan moteur et sur celui de l'image, il met justement en valeur les rapports étroits qui existent entre le potentiel moteur et la « vision en images ».

La poussée sensori-motrice nous est d'abord apparue à l'occasion des importantes modifications psychiques et biologiques provoquées

---

[1] E. Minkowski, « La réalité et les fonctions de l'irréel », *L'Évolution Psychiatrique*, t. XV, n° 1, 1950; reproduit dans : E. Minkowski, recueil d'articles 1923-1965, *Cahiers du Groupe Françoise Minkowska*, 1965.

par une intervention neuro-chirurgicale. La psychochirurgie constituait une première expérience, qui permettait de la découvrir, en la mettant en rapport avec l'hypersynchronie, déclenchée en même temps dans l'activité électrique du cerveau. Il nous a été ensuite possible de la reconnaître au cours de variations plus légères, sous l'action d'un traitement beaucoup moins perturbateur comme l'est la cure de sommeil hypotoxique, en relation avec différents degrés et formes de synchronisation de l'E.E.G.

Certaines observations de malades lobotomisés suggéraient déjà la possibilité d'établir des corrélations psychologiques, non seulement avec les altérations lentes qui constituaient là le fait dominant, mais aussi avec des modifications du rythme de base. Une plus grande abondance et continuité de l'activité alpha occipitale accompagnait parfois la production des ondes lentes frontales post-opératoires. Dans l'évolution ultérieure, il arrivait aussi que ce genre de modifications du rythme alpha représentent, après la disparition des perturbations lentes, le seul concomitant de variations psychologiques, plus ténues mais encore décelables [1].

Avec la cure de sommeil, les relations entre les variations sensori-motrices et la synchronisation de l'activité alpha passent au premier plan, celles-ci prenant parmi les modifications E.E.G. que nous enregistrons une place marquante.

Face à des modifications E.E.G. moins massives et plus proches d'une dynamique normale, la poussée sensori-motrice se manifeste dans la cure de sommeil avec moins d'intensité et au milieu de bouleversements beaucoup moins considérables que dans les lobotomies. Nous la constatons encore comme une tendance majeure, mais nous ne la voyons plus dans une proportion de cas aussi élevée qu'en psychochirurgie. Il faut même faire une place à présent aux cas, moins nombreux mais devant aussi retenir notre attention, où se manifestent des effets opposés, allant dans le sens soit d'un simple appauvrissement de la production à l'examen psychologique, soit même dans celui d'une poussée vers le pôle schizo-rationnel caractérisée, accompagnée d'une désynchronisation de l'E.E.G. Leur étude peut servir de contre-épreuve. Ils indiquent aussi que les effets de l'accroissement des heures de sommeil, obtenu par la cure, sur l'état de veille ne vont pas toujours dans le même sens.

Chez le même sujet, des fluctuations ont lieu durant la période de cure; des examens rapprochés, répétés d'une semaine à l'autre, le

[1] Z. HELMAN, *Activité électrique du cerveau et structure mentale en psychochirurgie.*

montrent. Au cours de ces variations rapides et assez fines que nous pouvons ainsi saisir, c'est surtout une poussée sensori-motrice plus marquée au début et s'atténuant ensuite que nous relevons.

Si la poussée sensori-motrice se présente en général comme un facteur favorable, elle ne s'accompagne cependant pas toujours de la constatation d'une amélioration clinique. En psychochirurgie, il nous est arrivé de voir l'apport épilepto-sensoriel s'associer à un fond schizoïde, l'un et l'autre présents sous un aspect à la fois très accentué et défavorable (emprise du lien et impulsivité associées à la coupure et à la destruction) [1]. Dans les cas où la poussée sensori-motrice entraînait une amélioration clinique — ce qui était fréquent — c'est le problème de sa stabilité qui se posait; car elle pouvait aussi régresser après quelques semaines ou quelques mois, avec l'hypersynchronie post-opératoire. Dans la cure de sommeil, c'est surtout le caractère parfois trop ténu ou trop fugace des modifications, leur réversibilité trop facile peut-être aussi, que nous rencontrons.

S'appuyant sur les recherches antérieures, la cure de sommeil les continue, en les confirmant et en permettant d'aller plus loin, donnant à l'étude des rapports psycho-physiologiques une extension plus grande. Des corrélations psychologiques avec l'hypersynchronie, nous passons à celles, de même lignée, avec la simple synchronisation.

VARIATIONS STRUCTURALES ET NIVEAU DE CONSCIENCE

Dans la cure de sommeil, les variations structurales que nous étudions, avec leurs concomitants E.E.G., interfèrent avec un autre ordre de faits psychobiologiques, celui des fluctuations du niveau de vigilance.

Au cours de nos examens, pratiqués toujours sur le sujet éveillé, l'E.E.G. nous apporte des informations sur le degré de cette vigilance, le niveau d'attention qu'elle comporte, sa plus ou moins grande stabilité, ses fléchissements. Nos observations nous mettent souvent en présence d'un affaiblissement de l'état de vigilance après l'intervention de la cure,

---

[1] *Activité électrique et structure mentale en psychochirurgie*, Observ. V.

quelquefois de son amélioration et, dans une partie des cas, devant des niveaux équivalents.

La baisse du niveau de vigilance s'accompagne assez fréquemment de la poussée sensori-motrice. Mais celle-ci peut aussi se produire dans des cas où un trouble de la vigilance antérieur à la cure est disparu après [1]. Il y a aussi des poussées vers le pôle schizoïde s'accompagnant d'un affaiblissement de l'état de vigilance. Au cours d'examens successifs multiples chez le même sujet, des associations d'orientation variable sont possibles. Les variations entre les pôles épilepto-sensoriel et schizo-rationnel et celles du niveau de conscience se combinent et se croisent de diverses façons, sans qu'une intercorrélation manifeste indique une direction déterminée.

La psychopathologie de l'épilepsie inciterait à chercher des rapprochements entre les troubles de la conscience, même légers comme ceux que nous avons en vue ici, et la structure sensori-motrice. D'ailleurs, dans nos études antérieures, au cours des examens familiaux auxquels nous soumettions des sujets épileptiques, nous rencontrions des troubles (en dehors des équivalents comitiaux) — parmi eux les somnolences diurnes, les signes électriques de fluctuations subvigiles auxquelles répondait une attention déficiente — qui se montraient favorisés par le terrain épilepto-sensoriel [2].

Cependant, dans l'observation des malades mentaux, des cas existent où un trouble d'apparence similaire accompagne un renforcement des caractères schizoïdes. L'affaiblissement de la vigilance sous-tendant un fléchissement de l'attention a-t-il dans ce cas une signification différente? D'un point de vue psychologique, c'est ce qu'on est tenté de croire et ici la désinsertion face au réel et à l'action vient plutôt à l'esprit [3]. Ce qui ne veut pas dire que nous penchions à considérer le schizophrène comme un « rêveur éveillé »; il nous paraît difficile de voir l'autisme et la coupure du côté de l'image, que celle-ci corresponde ou non à une réalité objective

---

[1] On en trouve un exemple dans l'observation présentée dans les *Cahiers du Groupe Françoise Minkowska* de 1961 : Z. HELMAN, « Modifications psychologiques et électroencéphalographiques sous l'influence de la cure de sommeil et des électrochocs dans un cas de schizophrénie ».

[2] Z. HELMAN, *Rorschach et électro-encéphalogramme chez l'enfant épileptique*, chap. III, Examens familiaux.

[3] On peut aussi penser à la conception physiologique de PAVLOV, voyant dans l'abaissement de la vigilance une inhibition du cortex et, dans celle-ci, un processus de défense contre l'épuisement motivé par une faiblesse des cellules corticales chez le schizophrène. (I. P. PAVLOV, *Typologie et pathologie de l'activité nerveuse supérieure*, trad. fr. P.U.F., 1955, « Essai de digression d'un physiologiste dans le domaine de la psychiatrie », p. 49-56.)

et quelles que soient bien sûr les différences entre la « vision en images » du sensoriel, le « rêve » du dormeur et tout le domaine de l'« imaginaire ».

Nous ne voulons qu'ébaucher ici ces problèmes. D'autres études sont nécessaires et nombre de questions se pressent, que nous ne pouvons pas encore envisager avec assez de clarté.

En tout cas, nous nous trouvons devant deux ordres de phénomènes — demandant à être analysés chacun en lui-même — l'un concernant le niveau de conscience, l'autre le type de structure mentale, qui s'entrecroisent dans notre étude sur la cure de sommeil. Les cas où les examens comparés se situent à des niveaux de vigilance équivalents permettent de voir varier une seule des deux séries, celle notamment qui constitue l'objet central de nos recherches. Dans les autres cas, ce que la cure de sommeil fait ressortir avec beaucoup d'intérêt c'est la façon dont parfois les deux variables se combinent.

On est frappé par un fait que nous avons relevé dans plusieurs des observations présentées, donnée à première vue paradoxale d'une fixation mnémonique accrue à un moment de fléchissement de la vigilance. On peut voir des reproductions de mémoire de la Figure complexe de Rey plus riches en détails durant la cure de sommeil qu'avant traitement, malgré un abaissement du niveau de conscience, que traduit à l'E.E.G. l'affaiblissement de la réaction d'arrêt visuelle ou la labilité du tracé vigile alternant avec des phases subvigiles ou de léger assoupissement. On peut voir, même au milieu de tracés graphiques plus imprécis et de formes devenues plus confuses avec l'engourdissement de la conscience, surgir des éléments plus nombreux et, parmi eux, un détail comme le rond à trois points de la Figure de Rey tellement suggestif d'un visage.

Cet enrichissement des détails tient à la poussée sensori-motrice : la mémoire est devenue, comme la perception, comme la pensée en général, non pas plus précise, mais plus imagée. C'est le moment où le Rorschach s'enrichit en images, où les couleurs du dessin s'avivent, où le test myokinétique peut enregistrer à la fois plus de souplesse et moins de précision dans le mouvement. Il y a là des changements qualitatifs du rendement; la poussée sensori-motrice comporte une libération motrice et affective et aussi, à l'occasion et d'une certaine façon, intellectuelle. C'est la mémoire imagée qui est ici en cause, non le processus mnémonique qui construit par schématisation et ellipse, mais celui qui évoque et fait vivre les détails.

En traitant du sommeil et de la veille, I. Oswald dit : « La qualité d'une réponse varie selon le degré de vigilance cérébrale : les réponses d'une personne somnolente ou qui rêve en présence d'un stimulus sont qualitativement aussi bien que quantitativement différentes de celles d'une personne tout à fait éveillée. »[1]

Dans la perspective où nous nous situons et dans les limites de l'état de veille que nous étudions, avec ses degrés d'un niveau de conscience soit stable, soit variant d'un moment à l'autre, c'est bien des changements qualitatifs que nous enregistrons. Les variations structurales impliquées par la poussée sensori-motrice nous aident à les comprendre.

LES TRAITEMENTS BIOLOGIQUES EN PSYCHIATRIE, TERRAIN EXPÉRIMENTAL

L'étude de la cure de sommeil s'insère dans un ensemble d'investigations portant sur les traitements biologiques pratiqués en psychiatrie, qui apportent à l'étude des modifications structurales de la personnalité et de leurs relations avec l'activité électrique du cerveau des conditions expérimentales.

Ces thérapeutiques psychobiologiques provoquent à la fois des variations psychologiques et électroencéphalographiques qui peuvent ainsi être saisies conjointement dans leur déclenchement et rapportées les unes aux autres dans leur évolution. Nous abordons ces rapports avec l'aide des données issues de la psychopathologie de l'épilepsie et de sa confrontation avec l'E.E.G.

De ces données, ce sont des traitements comme les lobotomies, les électrochocs et les comas insuliniques qui se rapprochent le plus, avec leurs grandes perturbations électrographiques, rappelant celles de l'épilepsie. La poussée vers le pôle épilepto-sensoriel s'y manifeste, elle aussi, d'une façon marquée, accompagnée souvent d'une amélioration clinique, visible à l'examen psychologique aussi dans des cas où cette dernière ne se produit pas. Cette poussée est plus ou moins stable et on peut la voir régresser après des périodes plus ou moins longues,

---

[1] I. Oswald, *Le sommeil et la veille*, trad. fr. P.U.F., 1966.

pendant que s'atténue ou disparaît l'hypersynchronie déclenchée par le traitement.

La cure de sommeil augmente la durée du sommeil journalier, dont nous savons qu'il introduit normalement dans l'activité électrique du cerveau des phases lentes, rapidement réversibles puisqu'elles disparaissent avec le retour de l'état de veille. Cette augmentation se fait dans les conditions de l'action médicamenteuse, qui s'exerce d'une façon quasi continue, influençant le sommeil et la veille, pendant toute la période de la cure. Les modifications que la cure de sommeil hypotoxique apporte au tracé E.E.G. de veille sont beaucoup moins fortes et moins perturbatrices que celles des traitements précédents et, par cela même, elles permettent, entre autres, de mieux mettre en valeur les synchronisations de l'activité de base auxquelles se relient des variations sensori-motrices. Des modifications plus fines deviennent accessibles à l'observation, tantôt persistant après la cure, tantôt très passagères.

Avec les neuroleptiques, nous voyons des variations qui ressemblent à celles observées dans la cure de sommeil, cette fois sous l'action de traitements continus et prolongés. Les données apportées par l'étude de la cure de sommeil deviennent un guide pour les recherches sur l'action des neuroleptiques.

Au cours de traitements aussi divers que les lobotomies, les électrochocs, les comas insuliniques, les cures de sommeil, les neuroleptiques, on peut voir la poussée sensori-motrice accompagner l'apparition d'ondes lentes monomorphes ou un enrichissement de l'activité alpha, une sensibilisation à l'hyperpnée, un entraînement plus marqué des rythmes cérébraux sous l'action du stroboscope. La poussée sensori-motrice et ses relations avec la synchronisation de l'activité électrique cérébrale apparaissent ainsi comme un facteur commun à des thérapeutiques multiples. Et celles-ci étendent et diversifient les possibilités d'expérience et d'analyse.

Les cas où nous revoyons le même malade soumis successivement à des traitements différents font encore mieux ressortir ce qui s'organise autour d'une signification commune, en même temps qu'ils nous permettent d'étudier une évolution à la fois psychologique et biologique à plusieurs niveaux, avec ce que chaque moment peut avoir de particulier [1].

Les thérapeutiques psycho-biologiques apparaissent comme un

---

[1] Z. HELMAN, « Modifications psychologiques et électro-encéphalographiques sous l'influence de la cure de sommeil et des électrochocs dans un cas de schizophrénie », *Cahiers du Groupe Françoise Minkowska*, 1961.

terrain tout indiqué à l'extension d'une méthode qui joint l'E.E.G. à une analyse structurale de la personnalité. Elles s'avèrent aussi être une matière très sensible à un instrument de recherche forgé d'abord dans l'étude de l'épilepsie. La poussée sensori-motrice s'y inscrit comme une notion essentielle, d'une portée étendue, en liaison avec des variations E.E.G. qui expriment les différents degrés de synchronisation de l'activité électrique par les caractères spontanés du tracé au repos, comme par la sensibilisation aux activations. Parmi celles-ci, la stimulation lumineuse intermittente montre l'intérêt que pouvait faire prévoir *Rorschach et électro-encéphalogramme chez l'enfant épileptique*.

Soulignons que, dans la voie qui nous mène de l'épilepsie à la psychochirurgie et de celle-ci à la cure de sommeil, la psychopathologie de l'épilepsie sur laquelle nous nous appuyons ne se confond point avec l'élaboration d'un tableau de « signes d'organicité » qui caractériseraient en général les atteintes organiques du cerveau en tant que telles.

Notre expérience de ces atteintes organiques ne cadre d'ailleurs pas avec l'existence d'un tel tableau qui leur serait commun. Lorsque nous avons employé le Rorschach et le dessin confrontés avec l'E.E.G. dans des cas de souffrances cérébrales diverses [1] — tumeurs différemment localisées, traumatismes crâniens, atrophies cérébrales, épilepsies lésionnelles — nous nous sommes trouvés devant un ensemble très hétérogène et d'un abord difficile. Face à la complexité des tableaux psychologiques et électro-encéphalographiques de ces diverses souffrances organiques cérébrales et des interventions qu'elles occasionnent, une expérience comme celle de la psychochirurgie se détache avec sa relative homogénéité.

Les perturbations lentes polymorphes, signes E.E.G. les plus directs d'une destruction corticale, et les ondes lentes monomorphes rappelant le type hypersynchrone de l'épilepsie s'entremêlent souvent dans les processus lésionnels et toute atteinte organique du cerveau ne va pas dans le sens épilepto-sensoriel. Certaines observations nous ont même suggéré l'hypothèse que la détérioration mentale accompagnant une atteinte lésionnelle du cerveau pouvait éventuellement favoriser l'intervention de tendances dissociatives, s'exprimant par des traits schizoïdes au Rorschach. D'ailleurs, lorsqu'une détérioration mentale se produit, des éléments soit opposés, soit d'un autre ordre que la dominante sensori-motrice, marquent de leur empreinte le tableau psychochirurgical, comme cela arrive aussi dans les cas graves d'épilepsie.

[1] Travail poursuivi dans le Service neuro-chirurgical Sainte-Anne pendant plusieurs années jusqu'en 1960.

Certes, des points de convergence peuvent apparaître même entre des faits éloignés, lorsqu'on les aborde par une méthode commune. Celle que nous employons est peut-être susceptible d'éclairer en partie l'abord des troubles organiques du cerveau, par la façon dont elle mène à poser les problèmes et à considérer des moments différents dans l'évolution de la maladie : essayer de distinguer les corrélations psychologiques des altérations lentes polymorphes et monomorphes, d'étudier les variations qui correspondent soit à une désorganisation de l'activité électrique de base ralentie, irrégulière et appauvrie, soit à une amélioration du rythme alpha.

Ces études, complexes et difficiles, doivent être reprises et poursuivies. Nous les mentionnons ici seulement pour mieux délimiter le champ et le sens des faits et des notions que les traitements biologiques psychiatriques nous paraissent être plus particulièrement aptes à mettre en lumière.

Soulignons aussi que la psychopathologie dont nous nous inspirons n'est pas un inventaire de tares ou de troubles, mais qu'elle mène à considérer les caractères d'une même structure mentale sous leur aspect tantôt nocif et tantôt bénéfique. L'orientation vers le pôle sensori-moteur sous l'action des traitements représente le plus souvent un processus favorable. Notons qu'à ce point de vue, il n'y a pas de symétrie entre les pôles épilepto-sensoriel et schizo-rationnel ; bien que les deux types de structure mentale aient leurs traits positifs et négatifs, c'est en général l'orientation vers le premier qui apparaît comme un facteur d'amélioration.

Par rapport aux buts thérapeutiques, l'analyse structurale jointe à l'E.E.G. aide à mieux comprendre l'évolution de l'état mental et l'action du traitement. Elle apporte des informations dont il faut tenir compte lorsqu'on essaie de faire la part des facteurs psycho-biologiques et réactionnels. Elle attire l'attention sur le moment aigu, celui où la poussée sensori-motrice fraie un chemin vers le malade.

Les modifications provoquées par les traitements apportent des possibilités expérimentales à des problèmes posés par la clinique psychiatrique et à une méthode d'esprit « clinique » au sens large du mot.

L'expérience se fait sur un terrain où le contact avec autrui et l'expression de la personne sont sollicités et jouent leur rôle de premier ordre. C'est dans ces conditions qui ne sacrifient pas les caractéristiques essentielles de la réalité qu'on étudie et qui font continuellement prévaloir une situation concrète sur des éléments qu'on aurait plus ou moins artificiellement découpés à l'avance, que cette expérience apporte sa contribution au développement d'une psychologie structurale, à l'élaboration et à la vérification de ses notions et de ses méthodes. C'est dans ces conditions qu'une approche expérimentale des qualités expressives du langage et du geste devient possible; il en est de même pour les caractéristiques de fonctions particulières rapportées au fond mental, pour les connexions psychobiologiques qui apparaissent ou se confirment au cours des variations concomitantes.

DÉVELOPPEMENT D'UNE PSYCHOLOGIE STRUCTURALE

Profondément reliés à l'histoire de la psychopathologie et soulignant tout l'apport de celle-ci à une psychologie structurale, rattachés l'un à l'autre par une interprétation commune où le langage et les manifestations plastiques mettent l'expression au premier plan, épreuves essentiellement cliniques qui peuvent — en gardant avant tout ce caractère — pénétrer sur un terrain expérimental, le Rorschach et le dessin jouent dans la méthode que nous exposons un rôle central. Dans le développement d'une analyse de la structure mentale que la confrontation avec l'E.E.G. vient étayer et aider, ils ont été les premiers instruments psychologiques employés.

C'est autour d'eux et en prenant surtout appui sur le Rorschach qui constitue par lui-même un tout méthodologique, que d'autres épreuves sont venues s'intégrer progressivement à ces recherches. Au cours de l'étude sur la cure de sommeil, les tests de psychomotricité et de structuration spatiale que sont le P.M.K. de MIRA, la Figure complexe de REY, la Balle dans le champ de TERMAN, sont devenus des instruments complémentaires, en s'adaptant eux-mêmes au contexte. Moins riches sur le plan de l'expression, mais plus analytiques, ils ont, chacun dans des conditions qui lui sont propres, élargi les possibilités d'investigation.

Remarquons que la démarche, par laquelle des épreuves relativement plus « simples » que le Rorschach et le dessin s'introduisent plus tardivement dans la recherche et s'appuient sur eux, se montre profitable. Elle mène vers une meilleure compréhension de tâches particulières et déterminées — où sont étudiées des caractéristiques du geste, de la perception, de la mémoire, de l'organisation spatiale — considérées en rapport avec le fond mental, avec la structure de l'ensemble de la personnalité.

L'augmentation des épreuves disponibles a facilité la répétition des examens à des intervalles plus courts chez le même sujet. Elle multiplie, en général, les possibilités de contact entre examen psychologique et E.E.G.

En même temps, l'interprétation de ces épreuves acquiert des significations nouvelles par rapport à leur usage antérieur. Quand il s'agit de tests qui ont été d'abord employés en rapport avec des échelles de niveau intellectuel en psychologie génétique, des différenciations qualitatives s'y introduisent, dont l'intérêt n'est pas seulement théorique. Ces significations une fois dégagées dans l'examen des malades mentaux, elles ont d'ailleurs, par une action en retour, leurs prolongements en psychologie de l'enfant et en psychologie générale.

Situées dans ces perspectives, ces épreuves auxiliaires n'apportent pas seulement, selon le cas, des renseignements complémentaires utiles. Elles arrivent aussi à dégager des aspects fondamentaux sur le plan moteur et sur celui de la représentation.

Avec le test myokinétique de Mira, l'impulsion motrice et le blocage du mouvement apparaissent comme les tendances majeures autour desquelles se groupe, à chaque pôle, tout un ensemble de caractéristiques du geste et du graphisme qui influencent la continuité, l'ampleur, l'appui, l'orientation et la forme des tracés. La poussée sensori-motrice provoquée par le traitement s'inscrit entre ces pôles. Malgré les difficultés qui peuvent provenir des perturbations dues aux effets moteurs secondaires de la médication, les correspondances entre les variations du P.M.K. ainsi comprises et celles des autres épreuves psychologiques utilisées en rapport avec l'E.E.G. dans la cure de sommeil sont appréciables. En employant le P.M.K. comme une épreuve clinique, dans laquelle nous ne cherchons d'ailleurs pas un « psychodiagnostic » au sens d'un profil caractérologique du sujet, mais l'expression sur le plan psycho-moteur d'une trame structurale et de ses modifications dans les perspectives que nous avons définies, nous trouvons dans le test que nous devons à Mira y Lopez un instrument fécond. Le problème du dynamisme moteur que le P.M.K. met en avant vient rejoindre celui de la kinesthésie dans le Rorschach.

La Figure complexe de Rey souligne l'importance du cadre rationnel (grand rectangle qui sert de base à une construction de la figure sur l'armature) et des détails concrets (les éléments, surtout ceux qui suggèrent des images significatives) en tant que facteurs de la structure de la perception et de la mémoire. Nous pouvons étudier leurs rôles respectifs dans la façon de voir et de se souvenir, qui varient d'un individu à l'autre et chez le même sujet au cours d'un processus évolutif. Nous avons vu, avec la cure de sommeil, comment ces facteurs jouaient dans la poussée sensori-motrice, comment celle-ci mettait en valeur la mémoire imagée, comment elle modifiait la construction spatiale en atténuant la schématisation ou l'ordonnance symétrique. De son côté, la psychopathologie de la schizophrénie mettait en valeur le cadre, susceptible de se conserver vidé de son contenu, de même que des formes logiques désinsérées du réel subsistent dans la désagrégation schizophrénique. Ce problème du cadre se retrouve dans l'étude du dessin.

Les données qui se dégageaient ainsi devaient nous servir de guide lorsque nous allions introduire la Figure complexe de Rey, dans le même contexte méthodologique, en psychologie de l'enfant[1]. Nous donnons ici quelques indications sur les perspectives ainsi ouvertes.

Dans l'application de l'épreuve chez l'enfant, où la présence, l'ébauche ou l'absence du cadre, sa prééminence ou son rôle secondaire par rapport aux autres éléments tiennent une place importante dans l'interprétation, on voit de grandes variétés interindividuelles, où le niveau n'est pas seul en cause. Des facteurs typologiques apparaissent lorsqu'on confronte la Figure de Rey au Rorschach et au dessin. Nous pouvons considérer aussi sous cet angle la persévération et la simplification, la symétrie comme élément de construction primaire ou comme facteur rationnel caractérisé, l'exécution en continuité ou par schématisation.

Les expériences où le cadre est absent dans la copie de la figure et apparaît quand celle-ci est reproduite sans modèle mettent en valeur le rôle des processus rationnels dans l'élaboration qu'implique la mémoire par rapport à la perception.

Au cours d'examens répétés sur les mêmes enfants, la Figure de Rey nous donne un moyen de suivre le développement de certains mécanismes rationnels de la perception et de la mémoire, que nous rapportons toujours au fond mental par le contexte des épreuves. Elle nous permet aussi de différencier la forme et le sens des progrès qui se font avec l'âge selon le sujet et selon l'époque, de distinguer des mécanismes et selon leur dominance des types d'évolution : l'enrichissement et la différenciation des détails d'une part, l'affirmation du cadre et la schématisation d'autre

---

[1] Études poursuivies auprès de la Consultation de Henri WALLON au Laboratoire de Psychologie de l'Enfant et dans le Service pédiatrique du Pr. A. MINKOWSKI à la Clinique Baudelocque.

part. Des moments de l'évolution de l'enfant où ont lieu des modifications importantes, tel l'âge de la scolarisation avec la poussée rationnelle qu'il est susceptible d'entraîner sur tous les plans, ont intérêt à être ainsi étudiés.

Des relations apparaissent entre ces modes d'évolution traduits par la Figure de Rey et les variations de l'ensemble de la personnalité qui s'expriment dans le Rorschach. Ceci ouvre des possibilités dans la recherche des rapports entre l'évolution psychique et celle de l'E.E.G. Si nous ne voyons pas de liens entre l'E.E.G. et le niveau intellectuel, nous savons par contre que des rapports existent entre l'activité électrique du cerveau et des modalités structurales du psychisme.

La Figure de Rey nous intéresse dans des perspectives à la fois typologiques et génétiques qui ont été ouvertes par des études à point de départ psychopathologique.

Dans le test de Terman, la recherche d'une Balle perdue dans un champ joint l'organisation spatiale à l'action. Cette combinaison, qui peut aboutir à des solutions plus ou moins adéquates de la tâche proposée, est susceptible aussi de donner la prédominance au plan ou au mouvement. C'est celui-ci que nous voyons favorisé par la poussée sensori-motrice dans l'étude des malades soumis à la cure de sommeil, comme cela se retrouve aussi avec d'autres traitements. Il nous oriente à nouveau vers le problème de la kinesthésie.

Parmi les thèmes psychologiques qui traversent les différentes épreuves confrontées avec l'E.E.G. et que leurs variations concomitantes doivent aider à approfondir et à enrichir progressivement, l'importance des facteurs dynamiques — dans le geste comme dans l'image — pour l'ensemble de la structure mentale est l'un des plus marquants.

Dans le Rorschach, la kinesthésie, vision liée au mouvement, se présente comme un élément du plus grand intérêt. Sa signification a évolué sous l'influence de la psychopathologie de l'épilepsie [1], corroborée ensuite par la confrontation avec l'E.E.G. [2]. Comprise essentiellement comme un facteur dynamique, elle ouvre aussi largement le passage entre le Rorschach et d'autres modes d'exploration, cliniques, psychologiques, psycho-biologiques.

---

[1] F. MINKOWSKA, *Le Rorschach*.

[2] Z. HELMAN, *Rorschach et électro-encéphalogramme chez l'enfant épileptique*, Activité électrique du cerveau et structure mentale en psychochirurgie. — Voir aussi au sujet de la kinesthésie : M. J. PARIZET, « La kinesthésie dans un Rorschach d'enfant épileptique », *Cahiers du Groupe Françoise Minkowska*, 1962.

Les examens successifs du même sujet montrent comment l'ensemble du test — le mode de perception concret ou abstrait, lié ou morcelé, la tendance à la stéréotypie ou à la persévération, la réaction à la couleur, le comportement et le langage, la richesse des images surtout — varie avec ce facteur [1].

A la kinesthésie du Rorschach, correspond, dans les épreuves graphiques, le dynamisme du geste avec toutes les caractéristiques qui en dépendent et, sur le plan clinique, la mobilité et l'assouplissement de l'attitude qui entraînent un contact plus proche et plus vivant.

A partir de la kinesthésie, diverses relations se dessinent avec d'autres facteurs structuraux. Il en est ainsi pour celles qui l'unissent au lien dans le Rorschach et dans le langage, pour celles qui se font jour entre l'impulsion motrice et la continuité du geste dans le dessin et les différentes manifestations graphiques. Le mouvement assouplit les formes et oriente davantage vers les courbes que vers les tracés rectilignes. Il s'harmonise avec la figure rayonnante, qui s'ouvre sur l'espace qui l'entoure [2]. La forme symétrique représente, au contraire, une construction rationnelle par dédoublement autour d'un axe, qui tend vers un équilibre statique.

Les comparaisons entre les diverses épreuves mettent en lumière les rapports qui se tissent à travers la structure de la personnalité entre le geste et la représentation. Le Rorschach, le dessin, la reproduction de la Figure de Rey montrent une vision plus détaillée ou plus schématique, tandis que le mouvement se prolonge ou s'enraie dans le P.M.K. et les autres exécutions graphiques. Le blocage du mouvement s'accompagne d'un appauvrissement des images et d'une schématisation des formes; c'est ce que nous voyons au cours des évolutions schizophréniques. De telles observations peuvent mettre en évidence d'une façon frappante les connexions entre l'impulsion motrice et l'image, leurs caractéristiques apparentées, leur tarissement simultané [3].

La poussée sensori-motrice souligne avec force ces connexions : sous son impulsion, c'est conjointement que le geste devient plus dynamique et que la pensée s'enrichit en images.

[1] Z. HELMAN, « Modifications psychologiques et électro-encéphalographiques sous l'influence de la cure de sommeil et des électrochocs dans un cas de schizophrénie », *Cahiers du Groupe Françoise Minkowska*, 1961.

[2] H. WALLON et L. LURÇAT, « L'espace graphique de l'enfant », *Journal de Psychologie*, n° 4, octobre-novembre 1959.

[3] Z. HELMAN, « Impulsion motrice et expression graphique. Dessin, Rorschach, test myokinétique de Mira et électro-encéphalogramme dans l'observation d'une schizophrénie infantile entre 12 et 17 ans », *Cahiers du Groupe Françoise Minkowska*, 1963.

Les relations qui s'établissent entre la kinesthésie et l'image à l'intérieur du Rorschach [1] prennent encore plus d'ampleur lorsqu'on confronte les différentes voies d'approche de la personnalité.

Nous ne pensons pas à un simple parallélisme, mais à des liens profonds entre le mouvement et la vision en images.

Au cours du développement de la psychopathologie de l'épilepsie et de la typologie qui s'y rattache dans l'œuvre de F. MINKOWSKA, cette « vision en images » a constitué, à côté du mécanisme du « lien », l'une des principales acquisitions dues au Rorschach.

C'est vers ce mode de vision que nous oriente aussi la poussée sensori-motrice, qui le fait surgir et s'animer et nous permet de le voir évoluer au cours de nos observations.

Particulièrement apte à les mettre en lumière, le Rorschach nous montre le rôle de ces images dans l'entrée en contact avec le réel. Elles ne déterminent pas seulement le mode de perception, lui donnant un caractère concret, proche et vivant. Elles sous-tendent le sentiment de la réalité et de l'existence, leur évidence vécue d'une façon directe et immédiate. Avec la dissolution et l'effacement de la vision en images, c'est le sentiment du réel qui est ébranlé, mis en doute, altéré; c'est ce que des protocoles de jeunes schizophrènes au début de leur maladie font ressortir d'une façon aiguë et dramatique [2]. Quand la pensée vient suppléer à la déficience d'une vision en images, quand dans ces conditions le *savoir* remplace le *voir* [3], ce qui se dégage d'une façon marquée chez le malade nous fait mieux comprendre des aspects typologiques de l'homme normal. Le Rorschach du schizophrène souligne aussi, par la façon dont il met en évidence un trouble essentiel, toute l'importance de la vision en images, qui peut être plus ou moins dominante, mais en soi indispensable même pour le développement et la réalisation adéquate de la pensée abstraite qui doit prendre au moins quelque appui sur elle.

Les connexions, qui se font jour dans la schizophrénie au début chez l'adolescent, entre les modifications profondes qui atteignent la

---

[1] Dans l'étude de D. Osson sur les confusions des traumatisés crâniens, le moment onirique relie lui aussi dans le Rorschach l'effervescence des images au déchaînement kinesthésique : « Rorschach et épreuves graphiques dans l'observation des confusions traumatiques », *Congrès International de Rorschach*, Paris, 1965; *Les confusions traumatiques, analyse phénoméno-structurale par le Rorschach et les épreuves graphiques*, thèse en Psychologie, Université de Lille, 1970.

[2] Observ. Lionel M., p. 76-83.

[3] Même observation.

vision en images et les bouleversements dans le sentiment du réel, nous renvoient aussi vers des aspects de l'étude structurale de l'adolescence.

En même temps que la vision en images, le Rorschach nous apporte ses ressources dans l'un des chapitres de psychologie structurale les plus importants : celui de l'expression par le langage des formes de l'expérience vécue. Il s'insère ainsi dans l'histoire de tout un courant de pensée, qui précède le Rorschach, puis s'enrichit à son contact de données originales, pour s'ouvrir par la suite à d'autres recherches.

L'analyse phénoménologique qui part du langage courant et de son étude chez les malades psychiatriques, développée d'abord par E. MINKOWSKI et se poursuivant tout au long de son œuvre, a orienté, on le sait, les travaux sur le Rorschach de F. MINKOWSKA.

En pénétrant dans le Rorschach, ce chapitre ne s'est pas seulement enrichi d'apports originaux, parmi lesquels ceux qui ont trait aux mécanismes essentiels de la coupure et du lien ont le plus marqué. Il est aussi entré en contact avec une méthode et une typologie. Il s'est mis en rapport avec des modes de vision et de comportement, il est devenu accessible à une compréhension et une analyse en connexion avec eux dans le cadre de l'épreuve. Sur le plan de l'expression, le Rorschach — et avec lui le langage — s'est aussi rapproché du dessin, s'éclairant l'un l'autre.

Par la suite, les études poursuivies avec cette méthode ont continuellement donné une grande place au langage. Il est ainsi entré dans nos recherches, portant sur le type et l'évolution, avec les confrontations qu'elles ont fait intervenir.

Dans le cadre de ces développements, les recherches sur le langage littéraire et poétique commencées par G. GANIDEL [1] et celles que poursuit Y. RISPAL [2], par une méthode qui a été d'abord élaborée dans le Rorschach, font encore mieux ressortir le rôle de celui-ci. Pensée globale et généralisatrice ou détaillée et concrète, modalités de la forme, de la couleur et de la kinesthésie, mécanismes essentiels du lien et de la coupure, métaphore vécue et symbole spéculatif, vie des images : autant d'aspects que le Rorschach et l'expression plastique ont mis en évidence, qu'ils

---

[1] G. GANIDEL, « Esquisse d'une étude sur le langage de Baudelaire », *L'Évolution Psychiatrique*, fasc. 1, janvier-mars 1956. — « Métaphore vécue et symbole, éléments typologiques du langage », *Cahiers du Groupe Françoise Minkowska*, 1958. — « Étude sur le langage de Flaubert et de Giraudoux », *Cahiers du Groupe Françoise Minkowska*, 1960.

[2] Y. RISPAL, « Le monde de Lautréamont à travers son langage », *Cahiers du Groupe Françoise Minkowska*, 1962.

nous ont donné le moyen d'aborder et qui ouvrent aussi un chemin vers la compréhension du « monde des formes » de la création littéraire [1]. Les productions écrites de l'enfant et surtout de l'adolescent sont, à leur tour, envisagées d'une façon analogue (Y. RISPAL [2]) et toutes ces études, apparentées les unes aux autres, se poursuivent dans un continuel va-et-vient entre ces domaines, le Rorschach et l'expression plastique [3]. Entre autres, d'intéressantes recherches sur la structure de la personnalité adolescente sont parties de là.

Ces recherches axées sur le langage tirent leur source et leur orientation du développement pris par l'étude de l'expression en relation avec la psychopathologie. Tenant de l'une et de l'autre, lié à leur évolution, y contribuant par des apports qui lui sont propres, le Rorschach se présente comme un noyau méthodologique pour une psychologie structurale envisagée dans ces perspectives.

La notion de structure que nous avons en vue s'est développée à l'intérieur de la psychopathologie, indépendamment des modèles que d'autres sciences humaines — la linguistique et l'anthropologie sociale — élaboraient de leur côté. La psychopathologie contemporaine la compte parmi ses grandes acquisitions [4].

Cette psychopathologie dont nous nous inspirons dépasse, par les notions qui en sont issues, la nosographie clinique. Les développements de psychologie structurale et les données psychobiologiques que nous recherchons vont dans le même sens. Ils traversent des domaines différents et leurs résultats ne se confondent pas avec les classifications cliniques

---

[1] M. FOUCAULT dit dans une très belle page des *Mots et les choses* qu'après l'instauration du « discours » du 17ᵉ siècle, axé sur la représentation et le signe, « l'être vif du langage » se réfugie à l'âge moderne dans la littérature ; celle-ci, souligne-t-il, ne peut pas être pensée à partir d'une théorie de la signification, que ce soit « du côté du signifié (de ce qu'elle veut dire, de ses « idées », de ce qu'elle promet ou de ce à quoi elle engage) ou du côté du signifiant (à l'aide de schémas empruntés à la linguistique ou à la psychanalyse) » (*Les mots et les choses*, éd. Gallimard, Paris, 1966, p. 58-59). Il nous semble que cet « être vif du langage » — que nous ne voyons cependant pas réservé uniquement à la littérature — peut être justement abordé d'une façon appropriée par l'étude de l'expression dont nous parlons.

[2] Y. RISPAL, « Une personnalité adolescente au travers du langage écrit, du dessin et du Rorschach. Convergences et rencontre avec un poète de l'adolescence : Lautréamont », *Cahiers du Groupe Françoise Minkowska*, 1964. — « Correspondance entre langage écrit et dessin en fonction de la typologie chez des adolescents », *Dessin et structure de la personnalité*, 1963.

[3] P. DELAUNAY introduit cette méthode dans l'étude d'une psychothérapie, le rêve éveillé de Désoille : *Image et langage dans le rêve éveillé, analyse structurale*, exposé au Groupe Françoise Minkowska, thèse en cours à l'Université de Lille.

[4] E. MINKOWSKI, *Traité de psychopathologie*, P.U.F., Paris, 1966.

ni avec le diagnostic médical. Il nous paraît important de le dégager avec clarté, non seulement d'un point de vue théorique, mais aussi dans l'intérêt de l'application. Dans *Rorschach et électro-encéphalogramme chez l'enfant épileptique*, nous insistons sur le fait que, ni le Rorschach, ni sa confrontation avec l'E.E.G. n'étaient des moyens directs de diagnostic de la maladie, mais à cet égard seulement des auxiliaires de l'observation clinique. La structure sensori-motrice et ses relations avec l'hyper-synchronie débordent l'épilepsie et il en est de même pour la méthode d'investigation dont elle nous a fourni les premières bases. Notre étude sur l'enfant épileptique — auquel se rattachait toute une série typologique, celle de l'enfant épilepto-sensoriel — se situait déjà dans cette perspective. Cela devient encore plus évident lorsqu'on envisage, avec la synchronisation, des variations E.E.G. plus éloignées des figures pathographiques.

Tout en partant de la clinique psychiatrique, revenant sans cesse aux problèmes concrets et ardus qu'elle pose et menant avec elle un continuel dialogue — des plus indispensables et des plus féconds — la psychopathologie, le Rorschach, l'expression plastique, puis les variations structurales en rapport avec des phénomènes biologiques dégagent des dimensions et des modes d'approche nouveaux qui leur sont propres.

TYPOLOGIE ET ANALYSE STRUCTURALE

Avec la poussée sensori-motrice, c'est un processus, un ensemble de modifications qui se déroulent dans le temps, que nous étudions. Ces modifications s'inscrivent entre les pôles schizo-rationnel et épilepto-sensoriel auxquels les deux grands types de structure mentale issus de la psychopathologie servent de modèle et de référence de base. Par rapport aux notions typologiques sur lesquelles ces recherches ont pris appui, celle de poussée sensori-motrice introduit une perspective évolutive.

Avec la typologie constitutionnelle bâtie par F. MINKOWSKA, nous nous trouvions devant l'observation privilégiée des cas typiques — les plus propres à mettre en évidence les ensembles structuraux et les mécanismes essentiels — pour entrer ensuite dans l'analyse des composantes adaptée à chaque cas particulier.

Ultérieurement, en même temps que cette orientation typologique continuait et en union avec elle, les études poursuivies depuis 1950 — en psychopathologie, en psychologie génétique, dans les recherches sur le langage — ont fait de plus en plus intervenir aussi des problèmes d'évolution.

La confrontation avec l'E.E.G., avec son utilisation de séries d'examens successifs chez le même sujet et tout le développement de la méthode des variations comparées qu'elle a entraînée, a beaucoup contribué à diriger les recherches dans ce sens.

Nous avons vu cette méthode à l'œuvre dans l'étude des traitements pratiqués en psychiatrie, qui nous apparaissent comme l'un des meilleurs terrains d'observation des modifications psychiques et psycho-biologiques et qui nous ouvrent un important champ expérimental.

Impliquant l'action thérapeutique ou en dehors d'elle, le cours des maladies nous a par lui-même mis en présence de toute une gamme de variations [1], tantôt légères et tantôt plus profondes [2].

Parmi ces maladies, l'épilepsie, avec ses aggravations et ses rémissions et avec ses références électro-encéphalographiques, nous avait d'abord permis d'étudier des variations concomitantes.

Dans *Rorschach et électro-encéphalogramme chez l'enfant épileptique*, nous envisagions côte à côte l'aspect du terrain — compris dans un sens large, qui débouche sur la typologie plus qu'il n'implique l'hérédité inéluctable des tares — et celui des variations : le Rorschach et l'E.E.G. se joignaient dans des examens familiaux d'une part et, d'autre part, des examens répétés chez le même sujet étaient comparés entre eux. Si l'étude du terrain ne nous offre pas encore la même qualité de précision que celle vers laquelle nous acheminent, en un sens, les variations concomitantes, elle n'en garde pas moins toute son importance. Les deux aspects ont chacun son existence et sa valeur et ce serait ne pas tenir compte de la réalité des faits, ni de leur complexité, que de nier l'un au profit de l'autre.

L'étude de l'enfant épileptique faisait intervenir aussi un autre

---

[1] Si l'œuvre de F. MINKOWSKA est dans son ensemble consacrée aux types et ne touche que très peu aux variations au cours de la vie de l'individu, celles qu'elle relève cependant dans la peinture de VAN GOGH en rapport avec l'aggravation de sa maladie ont déjà, à elles seules, un grand intérêt.

[2] Exemple de dévastation schizophrénique chez un malade examiné à 8 ans d'intervalle : J. DÉHU, « Évolution d'une schizophrénie suivie au moyen du Rorschach », *Cahiers du Groupe Françoise Minkowska*, 1962.

facteur de changement que celui de la maladie : l'âge [1]. Les problèmes psychopathologiques et typologiques se croisaient avec ceux de la maturation. Ce qui pouvait constituer une difficulté d'un point de vue diagnostique menait, par contre, vers d'intéressantes convergences sur le plan psychophysiologique. Des points de rapprochement apparaissaient entre l'épilepto-sensorialité et la mentalité infantile d'une part, entre l'E.E.G. de l'épileptique et celui de l'enfant, d'autre part [2]. La comparaison entre les données psychologiques et électro-encéphalographiques devait faire ressortir une des grandes lignes de l'évolution psycho-biologique de l'enfant : les caractères sensori-moteurs, de même que la tendance à l'hypersynchronie, sont favorisés par le jeune âge et ils suivent, en général, une pente descendante au cours de la maturation. En même temps, les différences individuelles interviennent et elles peuvent être notables pour un même âge. Les apports de l'étude de l'épilepsie à la psychologie de l'enfant — que nous ne pouvons ici qu'évoquer [3] — sont multiples; ils se situent aussi bien sur le plan typologique qu'à un point de vue génétique. Rappelons l'importance de ce double point de vue dans l'œuvre d'Henri WALLON, où l'observation psychiatrique se croise continuellement avec les investigations psychogénétiques. Dans notre confrontation avec l'E.E.G., les données issues de la psychopathologie de l'épilepsie se développent dans cette double perspective.

Dans l'étude de l'enfant, nous voyons que les types jouent à tous les âges, pendant que l'évolution introduit elle-même des variations de structure.

Une fois dégagée la trajectoire générale de cette évolution de l'enfant à l'adulte dont nous parlions plus haut, il faut s'attacher aussi au rythme et aux modalités du développement, qui n'est pas linéaire. Les périodes critiques, celles où se produisent des changements importants, demandent à être étudiées d'une façon particulière. Il en est ainsi du moment de la scolarisation et de l'apprentissage de la lecture, où une poussée rationnelle peut être constatée, accompagnée d'un appauvrissement des images :

---

[1] L'observation d'une enfant épileptique suivie entre 10 et 16 ans, présentée par S. L. GUITON dans « La peinture chez une enfant épileptique, Rorschach et expression plastique » (*Cahiers du Groupe Françoise Minkowska*, 1964), offre un bel exemple de cas typique, ainsi que des variations qui se manifestent selon le cours de la maladie et l'influence de l'adolescence.

[2] *Rorschach et électro-encéphalogramme chez l'enfant épileptique.*

[3] Z. HELMAN, « Apport de l'étude de l'épilepsie à la psychologie de l'enfant », *Revue de neuro-psychiatrie infantile*, 1961.

schématisation du dessin, expression plus schizo-rationnelle de tests de Rorschach même très sensoriels antérieurement [1].

Ce sont surtout des études sur l'adolescence qui ont trouvé dans cette perspective d'analyse structurale de la personnalité une voie des plus intéressantes. Elles ont pris leur essor avec les recherches de Y. RISPAL, utilisant en premier lieu la richesse et les nuances du langage, étudiant les productions écrites d'élèves adolescentes à l'école, les confrontant avec le Rorschach et le dessin, menant conjointement cette analyse avec celle du langage poétique [2]. Nous sommes amenés à comparer ce qui se dégage des données ainsi recueillies en classe normale avec nos observations en hôpital psychiatrique, touchant aux problèmes de la schizoïdie et de la schizophrénie au début chez des adolescents, que nous étudions avec C. GUIMBAL [3].

Il s'agit d'approfondir les rapports qu'il peut y avoir entre la psychopathologie de la schizophrénie et les poussées schizo-rationnelles de l'adolescence, entre les processus dissociatifs à leur début et ce bouleversement profond dans l'évolution de la personnalité constitué par une de ses étapes normales. Il s'agit d'éclairer l'un par l'autre et de mettre en relief des aspects structuraux du psychisme d'une grande portée, en nous situant cette fois aussi, à un croisement entre la psychopathologie et la psychologie génétique.

Poussée souvent rationnelle [4]; alternance et interférence de tendances

---

[1] C'est ce que nous montrent des observations d'enfants que nous avons suivis à l'Hôpital Baudeloque, Consultation du Pr. M. MINKOWSKI.

A. BAUMIER, « Étude typologique et évolutive par le dessin et le Rorschach d'une enfant entre 4 et 9 ans », exposé au Groupe F. Minkowska en février 1965, observation continue d'Annette, dont le Rorschach pris à l'âge de 4 ans est présenté dans « Rorschach de deux sœurs », Cahiers du Groupe Françoise Minkowska, 1961. — Ce facteur peut aussi jouer son rôle dans l'observation de M. DREYFUS, suivant une enfant entre 4 et 9 ans : « Répercussion de l'atmosphère de l'école sur le comportement d'une fillette, confirmée par l'étude du Rorschach et des dessins », Cahiers du Groupe Françoise Minkowska, 1958.

[2] Y. RISPAL, « Le monde de Lautréamont à travers son langage », Cahiers du Groupe Françoise Minkowska, 1962. — « Une personnalité adolescente au travers du langage écrit, du dessin et du Rorschach. Convergences et rencontre avec un poète de l'adolescence : Lautréamont », Cahiers du Groupe Françoise Minkowska, 1964. — D'autres exposés ont été présentés par Y. RISPAL au Groupe F. Minkowska sur des travaux en cours.

[3] Travaux en cours dans les Services psychiatriques des Drs Ém. et Év. MONNEROT du Centre Édouard Toulouse, Marseille.

C. GUIMBAL, « Schizoïdie et schizophrénie au début dans des Rorschach d'adolescents », exposé au Groupe F. Minkowska, décembre 1965.

[4] Dans Rorschach et électroencéphalogramme chez l'enfant épileptique, nous relevons, chez des enfants suivis pendant plusieurs années, une poussée vers le pôle rationnel, s'exerçant sur un terrain à base sensorielle (chap. « Variations comparées du Rorschach et de l'E.E.G. », observ. I et IV).

et de mécanismes contradictoires, comme l'impulsivité et l'idéation abstraite, le lien et la coupure; irruption de l'irréel dans un monde concret; possibilité de voir la même réalité sous des formes très différentes allant jusqu'à la discordance : autant d'aspects marquant la façon de voir et de vivre de l'adolescence qu'une étude de l'expression permet d'approcher. Nous voyons comment se manifeste le développement du virtuel, avec le rôle exacerbé qu'il vient jouer à ce moment. Ce virtuel s'oppose à l'actuel dans lequel se meut l'enfant. Il en est de même pour la représentation rationnelle et l'abstraction, pour la mise en doute du réel que l'adolescence oppose au monde concret et à l'adhérence à une vision en images de l'enfance. Dans les observations de malades, nous voyons la perte de la vision en images aller de pair avec une altération du sentiment du réel; sous l'action de la poussée sensori-motrice provoquée par le traitement, la réactivation de l'une et de l'autre atténue ce drame adolescent et paraît donner à la vision et au vécu un caractère plus enfantin [1].[2]

Les rencontres entre les études typologiques issues d'une psycho-pathologie structurale et le courant psycho-génétique élargissent nos possibilités de compréhension et d'investigation. Le développement d'une psychologie structurale y gagne.

En parlant du « structuralisme » dans son exposé sur « Les apports de la linguistique à la psychiatrie contemporaine », G. LANTERI-LAURA dit : « l'une des spécificités du structuralisme est de restaurer la prééminence de la forme sur la genèse, des constantes d'organisation sur le devenir et, pour tout dire, de la structure sur l'histoire » [3]. Dans le même paragraphe, il constate que la psychiatrie actuelle — l'influence de la théorie de la forme et de la phénoménologie aidant — cherche « des moyens conceptuels qui l'aident à ne pas méconnaître les aspects

---

[1] C. GUIMBAL, « Altération du réel dans une schizophrénie au début et poussée sensori-motrice sous l'action du traitement chez un adolescent », exposé au Groupe F. Minkowska, janvier 1967.

[2] L'étude structurale de la personnalité adolescente constitue depuis plusieurs années l'un des centres d'intérêt de l'activité du Groupe F. Minkowska. Travaux présentés dans l'exposition *Dessin et structure de la personnalité*, I.P.N., Paris, 1963 :
M. BONNAFOUS, « Dessins d'adolescents caractériels ».
S. GRUNER, « Peintures d'un centre d'observation d'adolescents délinquants ».
D. OSSON, « Dessins d'enfants d'un Institut médico-pédagogique ».
Y. RISPAL, « Correspondance entre langage écrit et dessin en fonction de la typologie chez des adolescents ».

[3] G. LANTERI-LAURA, « Les apports de la linguistique à la psychiatrie contemporaine », p. 88, rapport au *Congrès de Psychiatrie et de Neurologie de langue française*, Grenoble, septembre 1966.

formels des maladies mentales », tout en ajoutant qu'elle ne rejette pas l'orientation génétique.

Y a-t-il vraiment opposition entre la structure et l'histoire? Et, même si une telle opposition se dessine entre ces deux orientations, cela empêche-t-il « l'histoire » de la recherche d'aller de l'une à l'autre?

Ce sont bien des relations structurales entre des phénomènes mouvants que nous étudions et tous les développements dont nous avons parlé montrent comment une analyse structurale partie de la typologie se dirige aussi vers des problèmes d'évolution, y pénètre avec son esprit et sa méthode. Nous pouvons dire que les variations comparées sont venues confirmer, préciser, développer ce qui est issu des cas typiques.

L'analyse structurale, qui permet de s'adapter à chaque cas particulier et aussi de le suivre dans ses variations et dans son devenir, assouplit la notion de type, sur laquelle en même temps elle se base et qui lui est indispensable.

Il faut souligner qu'au cours de toutes ces recherches nous restons continuellement dans une psychologie concrète. Le cas typique comporte un choix certes, celui qu'oriente notre besoin de comprendre; mais il est toujours une observation individuelle. Le type n'est pas une moyenne statistique et il n'est pas construit en dehors de l'observation d'un sujet; il ne se réalise qu'à travers celle-ci et par son approfondissement. L'analyse des composantes typologiques, c'est chaque cas particulier qui l'exige. Les variations dans le temps sont elles aussi abordées, pas à pas, à l'intérieur de l'observation individuelle, telles qu'on peut les atteindre par des examens successifs du même sujet. Les exigences que G. Politzer avait formulées en vue d'une « psychologie concrète » nous viennent ici à l'esprit : individu, drame humain, signification et compréhension, spécificité du fait psychique [1].

Qu'est-ce qui fait la valeur d'une typologie, pouvons-nous nous demander aujourd'hui. Qu'est-ce qui fait que nous la choisissions, que nous nous y attachions en profondeur, que nous venions y puiser des notions qui nous guident dans des recherches variées et aussi dans les différentes applications vers lesquelles nous mène notre action, en rapport avec la psychopathologie, la psychopédagogie ou d'autres domaines? Est-ce de nous offrir une classification dans laquelle nous rangerions les hommes comme on répartit des espèces biologiques bien délimitées?

---

[1] G. Politzer, *Critique des fondements de la psychologie*, 1re éd. 1928, 2e éd. P.U.F., 1967.

Et faudra-t-il avoir à notre disposition un nombre plus ou moins grand de catégories pour arriver à un résultat satisfaisant?

Une classification exhaustive de cette sorte n'existe pas et, d'ailleurs, elle ne nous paraît même pas souhaitable. L'intérêt majeur d'une typologie réside ailleurs. Plus que l'essai de classification, ce qui compte c'est le fait de toucher par les plans de clivage que celle-ci dessine à des facteurs humains fondamentaux. C'est d'abord à travers les notions typologiques des problèmes qui intéressent la psychologie en général, en ouvrant des perspectives assez larges, en apportant des moyens de compréhension et d'analyse appropriés, en suscitant de nouvelles voies d'approche.

Quand, se référant à la typologie de Kretschmer, E. Bleuler voyait dans la schizoïdie et la syntonie deux principes vitaux dont la dominance caractérisait deux grands types et qui s'unissaient dans des proportions variables chez chaque individu, il donnait à la notion de contact affectif avec l'ambiance un rôle central dans le développement de la psychopathologie et de la pensée psychologique qui s'y rattachait.

Dans notre perspective, les lignées schizo-rationnelle et épilepto-sensorielle nous mènent vers un ensemble d'études sur la structure et l'expression, avec des ouvertures vers la psychobiologie.

PSYCHOLOGIE DE L'EXPRESSION ET PSYCHOBIOLOGIE

Nous avons abordé des problèmes psychobiologiques, en nous servant des instruments et des conceptions d'une psychologie de l'expression et de la structure. C'est justement l'apport de cette psychologie à la psychobiologie que nous voulons souligner, ainsi que le prolongement qu'elle trouve elle-même dans cette jonction.

Des relations se sont établies par cette voie, non d'élément à élément, mais entre des fonctionnements d'ensemble psychologiques et physiologiques.

Tout au long des confrontations poursuivies sur des terrains différents, nous avons principalement : une propriété fondamentale de l'activité électrique du cerveau qui se manifeste sous des formes et à des degrés divers, des ondes convulsives au rythme alpha, et des notions structurales issues en premier lieu de la psychopathologie de l'épilepsie qui se montrent d'une portée étendue.

Dans les rapports de l'E.E.G. avec les données psychopathologiques et les caractéristiques de la personnalité que nous avons en vue, ni le rôle privilégié qu'on a voulu accorder — sous l'influence d'études électro-encéphalographiques — aux localisations temporales de l'épilepsie [1], ni même la dominance frontale des altérations post-opératoires des lobotomies, ne nous apportent de réponse satisfaisante. Avec l'étude de la cure de sommeil, nous voyons encore mieux que les phénomènes en jeu au cours de nos recherches successives ont, avant tout, un caractère global. Aucune référence à une localisation cérébrale comme celles que nous mentionnons plus haut ne réunit tous ces domaines : épilepsie, évolution de l'enfant, psychochirurgie, cure de sommeil, auxquels viennent s'ajouter encore d'autres traitements psychiatriques.

La confrontation avec l'E.E.G. met en relief la valeur d'une psychopathologie de l'épilepsie, qui n'est pas conçue comme liste de « signes » d'une maladie, ni comme inventaire d'une série de troubles, mais comme donnant accès à des études typologiques, psychogénétiques, psychobiologiques, où la structure et l'expression prennent des aspects multiples, dont le caractère n'est pas toujours, loin de là, défavorable. La poussée sensori-motrice, avec son action souvent bénéfique sur l'évolution de l'état mental, renforce beaucoup cette perspective.

La psychopathologie de la schizophrénie n'a pas de lien direct avec l'E.E.G., mais elle entre dans cette confrontation et lui devient même indispensable en tant que pôle opposé. Elle lui apporte ainsi toute la richesse de ses acquisitions qui jouent un rôle si important dans l'évolution des notions en psychopathologie [2] et dans leur utilisation par une psychologie structurale.

Comme nous l'avons dit dans les travaux précédents [3], une typologie basée sur l'extratension et l'introversion comme celle qu'avait adoptée H. RORSCHACH dans son *Psychodiagnostic* ne nous offre pas le moyen d'une mise en rapport avec l'électroencéphalographie.

---

[1] *Rorschach et électro-encéphalogramme chez l'enfant épileptique*, chap. III 3, « Mentalité épileptique et localisation cérébrale ».

[2] E. MINKOWSKI, « Aperçu sur l'évolution des notions en psychopathologie », *Toulouse Médical*, 1962; reproduit dans : E. MINKOWSKI, Recueil d'articles 1923-1965, *Cahiers du Groupe Françoise Minkowska*, 1965.

[3] *Rorschach et électro-encéphalogramme chez l'enfant épileptique*, Conclusions. — *Activité électrique du cerveau et structure mentale en psychochirurgie*, Conclusions.

Nous n'avons pas la possibilité non plus de faire entrer dans la confrontation avec l'E.E.G. les pôles excitation — dépression du type cycloïde de KRETSCHMER issu de la maladie maniaco-dépressive. Quand, dans nos observations, les variations entre la dépression et l'excitation s'entremêlent avec celles qui se déroulent entre les pôles schizo-rationnel et épilepto-sensoriel, la référence électro-encéphalographique ne joue que pour ces dernières. L'amélioration des états dépressifs ne trouve son concomitant dans une modification de l'E.E.G. que là justement où intervient la poussée sensori-motrice.

Il appartient à d'autres investigations de rechercher les relations avec d'autres phénomènes physiologiques que ceux de l'E.E.G. En ce qui concerne la poussée sensori-motrice, il faudrait d'ailleurs poursuivre son étude dans ce sens; il est probable que d'autres modifications biologiques que celles de l'E.E.G. l'accompagnent.

La confrontation avec l'E.E.G. trouve dans la typologie des lignées épilepto-sensorielle et schizo-rationnelle son point d'appui, en souligne l'importance, en montre de nouveaux prolongements.

Les relations entre les aspects psychiques et l'E.E.G. apparaissent surtout dans l'évolution, par la comparaison des variations concomitantes.

Nous pouvons, certes, voir des ondes lentes à tendance hypersynchrone dans des cas de schizophrénie, surtout avec l'extension que les traitements ont pris de nos jours. Mais, même si leur présence ne fait pas disparaître une maladie qui se situe à l'opposé de l'épilepsie, ce que notre expérience nous montre c'est que l'apparition de ces figures électrographiques s'accompagne de modifications structurales de la personnalité qu'on peut apprécier lorsqu'on compare des moments différents du même sujet.

La méthode conjointe E.E.G. — analyse structurale et la poussée sensori-motrice qu'elle a mise en évidence nous aident dans l'application du Rorschach et des épreuves graphiques, nous les fait mieux comprendre et apprécier. Ceci d'autant plus qu'une grande partie des examens pratiqués aujourd'hui s'adresse à des malades qui doivent être traités ou qui l'ont déjà été. Au problème des associations typologiques, s'ajoute celui des effets des traitements, plus ou moins importants et plus ou moins stables, qu'il faut toujours envisager.

Les troubles mentaux que nous étudions n'entrent en rapport avec l'E.E.G. qu'à travers la structure mentale et ses variations.

Il en est de même pour les troubles caractériels de l'enfant. Ce n'est pas eux que nous mettons directement en relation avec l'E.E.G. et son évolution, mais les variations structurales qui les sous-tendent. C'est dans ce sens seulement que nous avons pu étudier des troubles du comportement, accompagnés ou non d'épilepsie, de caractère épilepto-sensoriel [1].

Dans l'étude du développement de l'enfant, ce ne sont pas des liens directs entre l'E.E.G. et le niveau intellectuel que nous pouvons envisager, mais là encore des rapports entre l'activité électrique du cerveau et des modalités structurales qui marquent l'évolution du psychisme.

Pour situer les rapports psychobiologiques qui se développent à partir d'une psychologie de l'expression, nous devons nous rendre compte combien nous sommes loin de l'ancien parallélisme psycho-physiologique. Nous sommes très loin des « éléments » psychiques découpés de façon à pouvoir correspondre à des éléments physiques et de la traduction d'une réalité dans une autre. Chacun des domaines de connaissance en cause ne se bâtit pas à l'image de l'autre, mais suit son propre développement et forge ses méthodes. Il ne s'agit ni de calquer la psychologie sur des modèles physiologiques, ni de faire parler à l'électro-encéphalographie un langage psychologique. C'est en respectant les conditions propres à chaque terrain, en approfondissant ses données et ses méthodes qu'il faut trouver les points de rencontre qui nous conduisent à une meilleure compréhension de ce tout qu'est l'homme.

---

[1] *Rorschach et électro-encéphalogramme chez l'enfant épileptique.*

RÉFÉRENCES BIBLIOGRAPHIQUES

A. BAUMIER	– « Rorschach de deux sœurs », *Cahiers du Groupe Françoise Minkowska*, 1961. – « Dessins de deux enfants de type différent », in *Dessin et structure de la personnalité*, exposition du Groupe de Recherche et d'Enseignement Françoise Minkowska : Institut Pédagogique National de Paris 1963; Centre Pédagogique de Lille 1964, Pestalozzianum de Zurich 1964; Catalogue, Centre d'Édition et de Vente des Publications de l'Éducation Nationale, Paris.
C. BEIZMANN	– « Portée diagnostique de la projection dans une épreuve graphique », *Bulletin de Psychologie*, Paris, Nov. 1963.
L. BENICHOU	– *La cure de sommeil hypotoxique en pratique psychiatrique*, thèse médicale, Paris, 1957.
M. BONNAFOUS	– « Rorschach d'un adolescent présentant des troubles graves du comportement », *Cahiers du Groupe Françoise Minkowska*, 1958. – « Dessins d'adolescents caractériels », in *Dessin et structure de la personnalité*, 1963.
Ch. BRISSET, Ch. DURAND et V. GACHKEL	– « Les cures de sommeil », *Encyclopédie médico-chirurgicale*, Psychiatrie, t. III, 37840A10.
A. CAZÉ	– *Alternance d'insuline et de sommeil thérapeutique appliquée à des états schizophréniques en hôpital psychiatrique*, thèse médicale, Paris, 1957.
J. DÉHU	– « Évolution d'une schizophrénie suivie au moyen du Rorschach », *Cahiers du Groupe F. Minkowska*, 1962.
J. DELAY et P. DENIKER	– *Méthodes chimiothérapiques en psychiatrie*, éd. Masson, Paris, 1961.
M. DONDEY, J. LE BEAU ET M. FELD	– « L'E.E.G. dans les traumatismes crânio-cérébraux », *Encyclopédie médico-chirurgicale*, Neurologie, t. III, 17585E10, 1957.
M. DREYFUS	– « Répercussion de l'atmosphère de l'école sur le comportement d'une fillette, confirmée par l'étude du Rorschach et des dessins », *Cahiers du Groupe F. Minkowska*, 1958.

– « Problèmes affectifs liés au milieu scolaire, dessins d'une fillette entre 4 et 9 ans », *Dessin et structure de la personnalité*, 1963.

H. EY, P. BERNARD et Ch. BRISSET – *Manuel de Psychiatrie*, Masson, 1967.

H. FAURE – *Cure de sommeil collective et psychothérapie de groupe*, Masson, 1958.

A. FESSARD – « Les mécanismes de synchronisation interneuronique et leur intervention dans la crise épileptique », *Bases physiologiques et aspects cliniques de l'épilepsie*, Masson, Paris, 1958.

H. FISCHGOLD, C. DREYFUS et Ph. PRUVOT – *Problèmes de base en électroencéphalographie*, Masson, 1963.

M. FOUCAULT – *Les mots et les choses*, Gallimard, Paris, 1966.

G. GANIDEL – « Les mauvaises formes chez le débile et chez l'épileptique », *Cahiers du Groupe F. Minkowska*, 1960.
– « Esquisse d'une étude sur le langage de Baudelaire », *L'Évolution Psychiatrique*, fasc. 1, janv.-mars 1956.
– « Métaphore vécue et symbole, éléments typologiques du langage », *Cahiers du Groupe F. Minkowska*, 1958.
– « Étude sur le langage de Flaubert et de Giraudoux », *Cahiers du Groupe F. Minkowska*, 1960.

H. GASTAUT – « Les épilepsies », *Encyclopédie médico-chirurgicale*, Neurologie, 1951.

H. GASTAUT, A. ROGER et J. ROGER – « De l'intérêt de l'électroencéphalographie dans les indications de la cure de sommeil », *Colloque sur la cure de sommeil*, Masson, 1954.

S. GRUNER – « Peintures d'un centre d'observation d'adolescents délinquants », *Dessin et structure de la personnalité*, 1963.

S. L. GUITON – « La peinture chez une enfant épileptique, Rorschach et expression plastique », *Cahiers du Groupe F. Minkowska*, 1964.

Z. HELMAN – *Rorschach et électroencéphalogramme chez l'enfant épileptique*, Presses Universitaires de France, Paris, 1959.
– *Activité électrique du cerveau et structure mentale en psychochirurgie*, P.U.F., Paris, 1959.
– « Modifications psychologiques et électroencéphalographiques sous l'influence de la cure de sommeil et des électrochocs dans un cas de schizophrénie », *Cahiers du Groupe F. Minkowska*, 1961.
– « Apport de l'étude de l'épilepsie à la psychologie de l'enfant », *Revue de neuro-psychiatrie infantile*, 1961.
– « Poussée sensori-motrice en rapport avec la sensibilisation de l'E.E.G. à la stimulation lumineuse intermittente après cure de sommeil », *Dessin et structure de la personnalité*, 1963.

– « Impulsion motrice et expression graphique ; dessin, Rorschach, test myokinétique de Mira et électroencéphalogramme dans l'observation d'une schizophrénie infantile entre 12 et 17 ans », *Cahiers du Groupe F. Minkowska*, 1963.

Z. HELMAN, A. BAUMIER et M. PERCHE – « Psychodiagnostic myokinétique de Mira chez un épileptique et chez un schizophrène », *Dessin et structure de la personnalité*, 1963.

– « Dessins d'un schizophrène comparés au Test myokinétique de Mira, à la Figure complexe de Rey et à la Balle dans le champ du test de Terman », *Dessin et structure de la personnalité*, 1963.

S. KEPES et M. PERCHE – « Dessin et test myokinétique de Mira y Lopez (P.M.K.), étude médico-psychologique en milieu industriel », *Dessin et structure de la personnalité*, 1963.

– « Rorschach et épreuves graphiques chez un alcoolique, étude médico-psychologique en milieu industriel », *Cahiers du Groupe F. Minkowska*, 1964.

G.C. LAIRY, J. GARCIA-BADARACCO et M.B. DELL – « Épilepsie et troubles de la vigilance », *L'Encéphale*, 1953.

G. LANTERI-LAURA – « Les apports de la linguistique à la psychiatrie contemporaine », Rapport au *Congrès de Psychiatrie et de Neurologie de langue française*, Grenoble, Sept. 1966.

S. LECLERC – « Quelques aspects de la structuration perceptive chez les enfants épileptiques », *Cahiers du Groupe F. Minkowska*, 1961.

M. LEFETZ – « Essai d'utilisation du Test myokinétique de Mira dans la perspective de la typologie de Mme Minkowska », *Cahiers du Groupe F. Minkowska*, 1958.

– « Expression graphique et psychopathologie de l'épilepsie dans le Test myokinétique de Mira (P.M.K.), *Dessin et structure de la personnalité*, 1963.

F. MINKOWSKA – *Epilepsie und Schizophrenie im Erbgang mit besonderer Berucksichtigung der epileptoiden Konstitution und der epileptischen Struktur*, 1937.

– *De Van Gogh et Seurat aux dessins d'enfants*, Presses du Temps Présent, Paris, 1949.

– *Le Rorschach*, Desclée de Brouwer, Paris, 1956.

E. MINKOWSKI – *Vers une cosmologie*, Alcan, Paris, 1936.

– « La réalité et les fonctions de l'irréel », *L'Évolution Psychiatrique*, t. XV, n° 1, 1950.

– *La schizophrénie*, Desclée de Brouwer, Paris, 1e éd. 1927, 2e éd. 1953.

– Recueil d'articles 1923-1965 : psychopathologie, expression et langage, phénoménologie, *Cahiers du Groupe F. Minkowska*, 1965.

– *Traité de psychopathologie*, P.U.F., 1966.

E. Minkowski et Z. Helman — « L'évolution des notions en psychopathologie et le Rorschach; ouvertures psychologiques et psycho-biologiques », Rapport au *Congrès International de Rorschach*, Paris, 1965.

Mira y Lopez — *Le psychodiagnostic myokinétique*, Centre de Psychologie Appliquée, Paris, 1e éd. 1951, 2e éd. 1962.

E. Monnerot, L. Benichou et C. Robin — « La cure de sommeil hypotoxique », *Semaine des Hôpitaux de Paris*, n° 7, Juillet 1956.

E. Monnerot et J. Le Cloarec — « Organisation du sommeil thérapeutique à Prémontré », *Annales médico-psychologiques*, Janvier 1955.

E. Monnerot, J. Puech, L. Benichou, C. Robin et H. Langlois — « La cure de sommeil conserve-t-elle des indications psychiatriques? », *Annales médico-psychologiques*, Décembre 1957.

Evelyne Monnerot, Émile Monnerot, L. Benichou et Doco — « Analyse des rôles respectifs du Largactil et du sommeil barbiturique dans les cures de sommeil potentialisées », *L'Encéphale*, n° 4, 1956.

G. Moruzzi — *L'épilepsie expérimentale*, Herman, Paris, 1950.

S. Netchine — *L'activité électrique cérébrale chez l'enfant normal de 6 à 10 ans*, P.U.F., 1969.

D. Osson — « A propos de dessins d'enfants d'un institut médico-pédagogique », *Cahiers du Groupe F. Minkowska*, 1958.
— « Le Rorschach formel de Françoise Minkowska et les deux grands types de personnalités délirantes de Henri Ey », *Cahiers du Groupe F. Minkowska*, 1960.
— « Dessins d'enfants d'un institut médico-pédagogique », *Dessin et structure de la personnalité*, 1963.
— « Rorschach et épreuves graphiques dans l'observation des confusions traumatiques », *Congrès International de Rorschach*, Paris, 1965.
— *Les confusions traumatiques, analyse phénomeno-structurale par le Rorschach et les épreuves graphiques*, thèse en Psychologie, Lille, 1970.

P.A. Osterrieth — *Le test de la copie d'une figure complexe, contribution à l'étude de la perception et de la mémoire*, Delachaux et Niestlé, Genève, 1944.

J. Oswald — *Le sommeil et la veille*, trad. fr. P.U.F., 1966.

M.J. Parizet — « La kinesthésie dans un Rorschach d'enfant épileptique », *Cahiers du Groupe F. Minkowska*, 1962.

I.P. Pavlov — *Typologie et pathologie de l'activité nerveuse supérieure*, trad. fr., P.U.F., 1955.

G. Politzer — *Critique des fondements de la psychologie*, 1e éd. 1928, 2e éd. P.U.F. 1967.

A. Rey — *Test de copie d'une figure complexe*, Manuel, Centre de Psychologie Appliquée, Paris, 1959.

Y. Rispal	– « Le monde de Lautréamont à travers son langage », *Cahiers du Groupe F. Minkowska*, 1962.
	– « Correspondance entre langage écrit et dessin en fonction de la typologie chez des adolescents », *Dessin et structure de la personnalité*, 1963.
	– « Une personnalité adolescente au travers du langage écrit, du dessin et du Rorschach. Convergences et rencontre avec un poète de l'adolescence : Lautréamont », *Cahiers du Groupe F. Minkowska*, 1964.
H. Rorschach	– *Psychodiagnostic*, 1921 ; 4e éd. fr. P.U.F., 1967.
H. Wallon	– *L'Enfant turbulent*, Alcan, Paris, 1925.
	– « La mentalité épileptique », *Journal de Psychologie*, 1925.
	– « La caractériologie », *Encyclopédie française*, La vie mentale, 8-10-9, 1938.
H. Wallon et L. Lurçat	– « L'espace graphique de l'enfant », *Journal de Psychologie*, n° 4, oct.-nov. 1959.

Le sommeil de nuit normal et pathologique, Études électroencéphalographiques, Sté d'E.E.G. et de neuro-physiologie clinique de langue française, Masson, Paris, 1965.

TABLE DES MATIÈRES

Avant-Propos 7

Chapitre I.
La poussée sensori-motrice, son étude dans la cure de sommeil . 9

Chapitre II.
Poussée sensori-motrice sur le terrain schizo-rationnel 23

Chapitre III.
Poussée sensori-motrice chez un délirant 105

Chapitre IV.
Variations contraires à la poussée sensori-motrice 115

Chapitre V.
Poussée sensori-motrice dans les états dépressifs 129

Chapitre VI.
Vue d'ensemble 207
   Poussée sensori-motrice et synchronisation 207
   Variations structurales et niveau de conscience . . . , . . 210
   Les traitements biologiques en psychiatrie, terrain expérimental 213
   Développement d'une psychologie structurale 217
   Typologie et analyse structurale 225
   Psychologie de l'expression et psychobiologie 231

Références bibliographiques 235

Figures 1 à 4 . . . . 32- 33
        5 à 8 . . . . 48- 49
        9 à 13 . . . . 64- 65
       14 à 17 . . . . 80- 81
       18 à 21 . . . . 96- 97
       22 à 26 112-113
       27 à 33 136-137
       34 à 37 160-161
       38 à 41 176-177

DOSSIERS DE PSYCHOLOGIE ET DE SCIENCES HUMAINES
Collection dirigée par Marc Richelle

ANDRÉ REY
    Les troubles de la mémoire et leur examen psychométrique.

RICHARD MEILI
    Le développement du caractère chez l'enfant.

C. DE BUYST,   W. HUBER,   P. LIEVENS,   G. SCHABER,   R. DIKES,
F. HASTERT,   J. HOCHMANN,   M. BLANC,   G. BAJARD   et   J. JOOS
    La criminologie clinique.

Dr L. CASSIERS
    Le psychopate délinquant.

CLAUDE KOHLER et FRANÇOISE BERUARD
    Les états dépressifs chez l'enfant.

GÉRARD LUTTE
    Le moi idéal de l'adolescent

Dr J.P. DEWAELE
    La méthode des cas programmés en criminologie.